COLEÇÃO
APROVADOS
Aprenda com quem
tem história para contar



# MAGISTRATURA FEDERAL

## Guia completo sobre como se preparar para a carreira

COLEÇÃO
APROVADOS
Aprenda com quem
tem história para contar

RODRIGO GONÇALVES DE SOUZA
*Aprovado no concurso do TRF da 1ª Região*

# MAGISTRATURA FEDERAL

## Guia completo sobre como se preparar para a carreira

4ª edição
Revista e atualizada

2024

EDITORA
*Jus*PODIVM
www.editorajuspodivm.com.br

EDITORA *Jus*PODIVM
www.editorajuspodivm.com.br

Rua Canuto Saraiva, 131 – Mooca – CEP: 03113-010 – São Paulo – São Paulo
Tel: (11) 3582.5757
• Contato: https://www.editorajuspodivm.com.br/central-de-relacionamento



**Diagramação:** Equipe *Jus*PODIVM

**Capa:** Marcelo Brandão

S729m Souza, Rodrigo Gonçalves de
Magistratura Federal: Guia completo sobre como se preparar para a carreira / Rodrigo Gonçalves de Souza – 4.ed., rev. e atual. - São Paulo: Editora JusPodivm, 2024.
288 p.

ISBN: 978-85-442-4727-3

1. Concursos e Provas. 2. Magistratura Federal. 3. Métodos de Estudos. I. Souza, Rodrigo Gonçalves de. II. Título.

CDD 341.33312

Bibliotecária responsável:

Ana Carolina Ribeiro Mois – CRB7 – RJ 007348/0

*Aos meus pais, por tudo na vida.*

*À Letícia, por me ajudar a transformar um sonho em realidade.*

*Deixo um agradecimento especial aos meus queridos amigos e colegas de Magistratura Federal – Alexandre Henry, Aline Soares, André Coutinho, Francisco Júnior, Frederico Martins, Hugo Abas, Manoel Pedro e Pedro Dimas –, exemplos de dedicação e seriedade no exercício da judicatura, e que, gentilmente, contribuíram com seus emocionantes depoimentos nos últimos capítulos desta obra. Certamente, as experiências de cada um servirão de estímulo e exemplo para aqueles que sonham em se tornar Juiz Federal.*

*Agradeço, ainda, à professora Mila Gouveia pelo convite para participar deste projeto, que me deixou tão honrado.*

# APRESENTAÇÃO DA COLEÇÃO

O principal propósito da *Coleção Aprovados* é direcionar você, leitor, que se prepara para uma carreira pública, com informações e dicas de quem já foi aprovado.

Notamos que a trajetória do concurseiro até a aprovação normalmente envolve etapas que costumam se repetir em quase todas as preparações, quais sejam:

– a decisão pelo concurso;

– o começo dos estudos;

– a temida fase "fiquei por uma questão";

– a possível vontade de desistir;

– aprovação na primeira fase;

– estudos e aprovação na segunda fase;

– preparação e o dia da prova oral;

– aprovação, finalmente!;

– nomeação e posse.

E, fazendo uma associação entre essa constatação e a famosa frase de Robert Baden-Powell no sentido de que *"não existe ensino que se compare ao exemplo"*, compreendemos a importância de reunir em livros relatos e dicas de preparação de profissionais aprovados nas mais diversas carreiras públicas (em excelentes colocações) a respeito do que fizeram, como estudaram e como superaram cada fase da preparação até a nomeação e posse.

Dessa forma, cada título da *Coleção* tem como foco uma carreira, da qual foi selecionado um profissional/autor que trata das etapas mencionadas no formato "depoimento" ou "entrevista", a depender do autor.

Em outras palavras, em cada capítulo do livro você poderá se sentir mais próximo de seu sonho, ao ver que a batalha para a posse, apesar de ser uma árdua caminhada, é possível de ser vencida.

A expectativa, enfim, desta *Coleção* é expor os caminhos pelos quais passou alguém que um dia desejou o que você, leitor, deseja agora.

Aproveitem e boa leitura a todos!

***Mila Gouveia***
*Coordenadora da coleção*

Mestranda em Direitos Fundamentais. Pós-graduada em Direito Público.
Advogada. Professora e Coordenadora de cursos jurídicos.
Apresentadora do *Fique por dentro dos Informativos STF/STJ* da Editora Juspodivm.
Criadora do canal "Mila Gouveia" no *YouTube*.

# SUMÁRIO

# PARTE I

## INTRODUÇÃO

Dizem que as grandes tristezas – e as grandes alegrias – tendem a vir de coisas que nunca passaram pela nossa cabeça preocupada e nos pegam no ponto fraco na tarde de uma terça-feira sonolenta.

No meu caso, a grande alegria veio na tarde de uma sexta-feira nublada e despretensiosa. Reunido em casa com alguns amigos do trabalho logo após o expediente, comendo batata *ruffles* e jogando conversa fora.

O celular começou a apitar desesperadamente. Conferi o que estava acontecendo no *Whatsapp*. Eram mais de sessenta mensagens simultâneas recebidas no grupo de candidatos do XV Concurso da Magistratura Federal do TRF da 1ª Região. Todos comemoravam a aprovação na última etapa do concurso: meu nome estava entre os aprovados para o cargo de Juiz Federal Substituto.

A sexta-feira despretensiosa tornou-se um dos dias mais importantes da minha vida. A simples reunião de amigos do trabalho acabou sendo uma festa de comemoração e, infelizmente, de despedida.

O concurso da Magistratura Federal está entre os mais difíceis – e cobiçados – da República. Todos os anos são realizados concursos para provimentos de cargos de juízes federais substitutos entre os seis Tribunais Regionais Federais. Milhares de candidatos sonham em ocupar uma das cadeiras para juízes federais e, movidos pela paixão, se preparam arduamente para as provas. No entanto, algumas vezes, não chegam a ser preenchidas sequer metade das vagas disponíveis. É isso mesmo: sempre sobram vagas para juízes federais!

É difícil pensar como um concurso tão concorrido e com tantos candidatos bem preparados possa ser concluído com menos da metade das vagas ocupadas...

Precisamos, então, retirar dessa dificuldade o nosso estímulo diário. Assim, se por um lado o não preenchimento das vagas mostra um elevado nível de dificuldade do concurso, por outro serve de incentivo aos candidatos que têm a certeza de que sempre haverá algum certame da Magistratura Federal em andamento.

A postura correta diante das dificuldades é o primeiro passo rumo ao sucesso. Em quase tudo na vida, é você quem decide se o copo pela metade está "quase cheio" ou "quase vazio". Particularmente, optei pela postura mais otimista: a fé na vitória deve ser inabalável.

Certamente, o otimismo não é suficiente para o sucesso. Há vários outros fatores envolvidos, tais como estratégia de estudo, força de vontade, controle emocional, maturidade e uma boa dose de... sorte!

Os concursos públicos de alta complexidade, ou seja, aqueles que possuem várias etapas e elevadíssimo grau de dificuldade, demandam uma preparação específica por parte dos candidatos. O sucesso do concurseiro dependerá, sobretudo, da estratégia adotada ao longo das diversas etapas previstas no edital.

Nos certames da Magistratura Federal, o processo seletivo está dividido nas seguintes etapas: Prova objetiva → Prova discursiva → Provas de sentenças cível e penal → Inscrição definitiva e exame de vida pregressa → Prova oral.

A prova objetiva é a que mais reprova, mas, geralmente, não é a etapa mais difícil do concurso. A prova discursiva e as provas de sentença são as mais difíceis em termos técnico-jurídicos, pois, demandam um conhecimento jurídico muito bem consolidado para a redação de questões discursivas e de sentenças cível e penal. A etapa de inscrição definitiva e de exame de vida pregressa é um complicador na vida do candidato, pois, justamente durante o período de preparação para a prova oral, faz-se necessário reunir dezenas de documentos, exames médicos e formulários a serem apresentados ao Tribunal para a efetivação da inscrição. Por fim, vem a derradeira fase do concurso: a temida prova oral, que apesar de não ser a etapa que mais reprova ou que mais exige conhecimentos técnicos, certamente é aquela que demanda do candidato capacidade de argumentação e, sobretudo, controle emocional.

Veremos nos próximos capítulos que a preparação do candidato deve ser diferenciada e específica para cada uma dessas fases do concurso. Assim, a metodologia de estudo, a bibliografia adotada e a forma de preparação deverão ser continuamente revisadas ao longo do certame. Compreender essa "dinâmica" peculiar na preparação do concurseiro é o segredo para o sucesso no concurso para juiz federal. Aqui, vale aquele conselho de Benjamin Franklin: "falhar em se preparar é se preparar para falhar".

A estratégia de preparação dependerá das peculiaridades de cada um e, nesse sentido, certamente, não há uma "receita de bolo" para a aprovação. Entretanto, conhecer um pouco das experiências daqueles que já passaram pelo mesmo percurso pode ser importante para que o candidato reveja algumas posturas e não cometa os mesmos erros de outros concurseiros mais experientes.

A proposta do presente estudo é apresentar ao candidato um pouco da estratégia que adotei especificamente para o concurso da Magistratura Federal ao longo da minha longa trajetória como concurseiro.

Desde já, quero enfatizar que não há método de estudo perfeito ou infalível. Tampouco existe método de estudo que seja adequado para qualquer pessoa. Cada concurseiro é um universo particular e o que se adapta a um não será adequado a outro.

A melhor estratégia de preparação é aquela que seja adequada para você. Além disso, qualquer estratégia adotada deve estar sujeita a constantes (re)adaptações conforme as modificações surgidas em sua vida.

O presente livro será dividido em quatro partes. No primeiro capítulo, falarei um pouco sobre a minha história com os concursos públicos. No segundo capítulo, mostrarei de forma detalhada como foi minha estratégia de preparação especificamente para o concurso da Magistratura Federal. O terceiro capítulo será dedicado para ajudá-lo a montar sua própria estratégia de preparação ao longo de cada uma das etapas do concurso. Por fim, o quarto capítulo traz algumas estatísticas sobre os concursos da Magistratura Federal.

Vamos caminhar juntos ao longo da sua trajetória rumo à Magistratura Federal. Tenha pressa sim, mas, não seja imediatista. O caminho será longo e este é apenas o primeiro passo de uma jornada.

Como última ressalva, nunca trabalhei com *coaching*. O presente livro não tem qualquer pretensão de se enveredar por esse tipo de atividade profissional. Na verdade, até pouco tempo atrás, nem sabia direito como isso funcionava. Na minha época de estudos, praticamente não existia essa tão disseminada figura de "treinador". Ofereço uma proposta mais objetiva: compartilhar minhas experiências pessoais como concurseiro para que outros colegas possam aproveitar aquilo que for pertinente para suas realidades cotidianas.

## UM POUCO DA MINHA TRAJETÓRIA NOS CONCURSOS PÚBLICOS

Minha trajetória no mundo dos concursos é um pouco diferente. Sou concurseiro desde os meus 19 anos. Atualmente, já passei dos 40 anos de idade. Ou seja, já acumulo quase metade da minha vida dedicada aos concursos públicos.

Sou o primeiro da família a ingressar na área jurídica. Minha família é a típica família de "classe média". Ou seja, com muito esforço, meus pais conseguiram dar uma boa educação aos filhos, mas, para conseguir custear minhas despesas diárias e meu lazer, trabalhei praticamente desde que passei no vestibular.

Aliás, minha primeira aprovação em vestibular foi para o curso de Direito da Universidade Católica de Brasília. Naquela época, fiquei muito feliz e vaidoso com a aprovação. Eu tinha 17 anos de idade. A Universidade era muito boa, mas, tinha um probleminha: o preço das mensalidades.

Minha família tinha dificuldades para pagar as mensalidades e, em função disso, decidi que o ideal seria voltar a estudar para tentar uma vaga no curso de Direito da Universidade de Brasília – UnB.

Tranquei o curso de Direito da UCB e me inscrevi em um cursinho pré-vestibular. Foi uma das épocas mais difíceis da minha vida. Estudava desesperadamente. Passava horas e horas em cima dos livros e nunca faltava às aulas.

Reprovei três vezes no vestibular da UnB. Cada reprovação era como se fosse o fim da minha vida. Fiz cursinho durante um ano e meio, quando, finalmente, fui aprovado.

Quando passei no vestibular para Direito na Universidade de Brasília – UnB, o curso era matutino. Comecei a fazer o curso pela manhã e já percebi a dificuldade que teria para conseguir trabalhar e estudar. E eu sabia que precisava trabalhar logo...

Fui até a reitoria da Universidade para me informar sobre a mudança de turno. Expliquei que eu havia sido aprovado para o curso matutino, mas, precisava estudar à noite. A resposta foi: "só dá para mudar se houver vaga sobrando no próximo semestre...". É óbvio que não ia sobrar vaga no semestre seguinte! O vestibular da UnB é um dos mais concorridos do país!

Então tomei uma atitude "drástica" no semestre seguinte: me inscrevi, novamente, para o vestibular do curso de Direito da UnB, mas, agora, para o curso noturno.

Todo mundo achou que eu estava ficando louco. Meus colegas de faculdade morriam de rir! Alguns brincaram e disseram que iriam até o meu local de prova só para tirar fotos do meu novo vestibular...

Meus colegas não foram até o local de prova do vestibular seguinte, mas, eu fui. Apesar de não ter sequer pegado em um livro para estudar, fiz o vestibular novamente. E o mais impressionante: fui aprovado mais uma vez!

Nem eu acreditei na minha segunda aprovação para o curso de Direito da Universidade de Brasília – UnB. Parecia um feito inacreditável! Meus pais contavam isso para as pessoas e tinha gente que nem acreditava.

Refletindo sobre o que havia ocorrido, cheguei à conclusão de que eu só havia sido aprovado por que o conteúdo estava muito bem fixado em minha mente, mas, principalmente, por que consegui manter a tranquilidade. Como eu já estava cursando a faculdade de Direito, fui fazer o segundo vestibular bem tranquilo e completamente "desencanado"...

Esse fato marcante na minha vida me trouxe o segundo ensinamento: "tranquilidade é fundamental para o sucesso do concurseiro".

Logo após ingressar na faculdade de Direito, surgiu o concurso da Caixa Econômica Federal.

Por influência dos meus pais, aproveitei que eu já havia estudado boa parte do conteúdo previsto no edital e resolvi tentar uma vaga.

De fato, o concurso era muitíssimo concorrido, mas, boa parte do que eu havia estudado para os vestibulares foi cobrado na prova da Caixa (português, matemática, raciocínio lógico, conhecimentos gerais...). Assim, minha primeira aprovação em concurso público foi para "Técnico Bancário" da Caixa Econômica Federal. Na época, tinha 19 anos de idade e ainda estava iniciando a graduação na faculdade de Direito da Universidade de Brasília – UnB.

Comecei a trabalhar no período da tarde e estudar à noite.

Logo após ingressar na Caixa, pensei em seguir carreira na empresa pública federal e continuar crescendo internamente. Cheguei a assumir algumas funções de gerência. Contudo, percebi que não me enquadrava muito no perfil de atividade bancária. Apesar de ser um ótimo emprego, o trabalho no banco tinha uma pressão constante que eu detestava. Meus ex-chefes eram bastante rigorosos em função das metas de produtividade na comercialização dos produtos bancários. A equipe de trabalho precisava "vender" cheque especial, cartões de crédito, seguros, fundos de investimento etc. A cobrança era muito grande. Recordo-me, inclusive, que alguns colegas chegavam a adoecer em razão do estresse. Só quem já trabalhou em uma instituição financeira tem noção do que eu estou falando...

No início, comecei trabalhando em uma agência bancária da CEF que ficava, exatamente, no mesmo prédio onde eu morava em Taguatinga, cidade satélite do Distrito Federal. É isso mesmo! A agência funcionava no térreo e eu morava com minha família em um dos apartamentos do mesmo prédio. Eu entrava no elevador e, alguns segundos depois, chegava ao meu local de trabalho. Era até engraçado, pois, mesmo assim, eu conseguia me atrasar alguns minutos...

Em razão dessa comodidade no meu primeiro emprego, achei que seria tudo muito fácil e que acabaria ficando muitos anos na CEF. No início foi bom, mas, aos poucos, eu já percebia que aquele tipo de trabalho não era para mim... Cheguei a mudar de função e de local de trabalho algumas vezes (deixei a comodidade de sair do elevador do meu prédio e já estar no meu local de trabalho), sempre na esperança de encontrar uma atividade que me deixasse mais satisfeito. Infelizmente, não deu certo. Apesar de ser um bom emprego, não me adaptei mesmo... A minha insatisfação foi aumentando e, dois anos após ingressar na CEF, decidi voltar a estudar para outro concurso.

A decisão de retomar os estudos para outro concurso não foi nada fácil. Eu ficava 24 horas por dia agoniado com essa ideia. Às vezes, parecia o mais certo a ser feito; em seguida, eu sentida que era uma loucura deixar um trabalho tão bom e tão concorrido. Milhares e milhares de pessoas disputando uma vaga de emprego na Caixa Econômica Federal e eu pensando em largar tudo... Parecia ser uma loucura! Se você já se sentiu assim, sabe que é uma sensação muito ruim...

Quando somos aprovados para um certame tão concorrido quanto o da CEF – lembro que a quantidade de candidatos por vaga era inacreditável –, logo pensamos: "agora está tudo garantido na minha vida...".

Só que nessa vida, definitivamente, não há nada garantido. Aliás, a terceira lição que aprendi durante esse período foi o fato de que a gente planeja uma coisa e a vida acaba nos empurrando para outro lado...

Num dia em que eu estava muito estressado no banco, por acaso, um colega cantarolou ao meu lado:

"Não sou eu quem me navega
Quem me navega é o mar.
Não sou eu quem me navega
Quem me navega é o mar.
É ele quem me carrega
Como nem fosse levar
É ele quem me carrega
Como nem fosse levar"
(Timoneiro – Paulinho da Viola)

Até então, eu nunca havia parado para prestar atenção na letra do Paulinho da Viola. Contudo, naquele momento, foi como se tudo começasse a fazer sentido. Não se trata de adotar uma postura passiva ou apática diante da vida, mas, de reconhecer que nem sempre temos o controle absoluto das coisas que interferem no nosso futuro...

No dia seguinte, corri até uma banca de jornal e comprei uma daquelas apostilas enormes com todo o conteúdo para o concurso de Técnico Judiciário do Tribunal Superior do Trabalho – TST. Minha carga de trabalho era pesada, pois, eu já havia assumido um cargo gerencial. Trabalhava cerca de nove horas por dia. Além disso, continuava fazendo a faculdade de Direito à noite. Portanto, como não era possível fazer cursinho, a única saída era estudar por conta própria.

Passei a estudar em todos os momentos livres. Na hora do almoço, devorava meu prato o mais rápido possível no *self-service* ao lado para poder ter alguns minutos livres para estudar. Então, estacionava o carro do meu pai (na época, eu não tinha carro e meu pai, gentilmente, me emprestava o dele...) embaixo de uma árvore perto do trabalho e começava a ler a apostila enorme. Em seguida, voltava para o trabalho.

Quando terminava o expediente, ia para a faculdade. Quando algum professor faltava, lá estava eu sentado na minha cadeira estudando a tal apostila... A aula terminava umas 22h, mas, a biblioteca da UnB só fechava às 23h. Então, saia da aula e corria para a biblioteca para estudar por mais uma hora.

Ao chegar em casa, minha mãe – que sempre me apoiou bastante nos estudos – já deixava um misto-quente na sanduicheira e uma garrafa de café bem forte. Era só o prazo de tomar o meu café com leite e comer o sanduíche enquanto assistia um pouco de televisão. Tomava meu banho e, em seguida, antes que o sono batesse, me acomodava na escrivaninha para continuar lendo a bendita apostila do TST...

Em um determinado período na Caixa, assumi uma função de gerência empresarial. Era meio estranho, pois, tinha apenas 20 anos e hoje vejo que eu era muito jovem e imaturo para o cargo... Junto com meus chefes, fazíamos reuniões de negócio com muitos empresários do Distrito Federal. Era um trabalho de muita responsabilidade. Felizmente, meus superiores imediatos eram pessoas mais experientes e de uma conduta ética irrepreensível. Aprendi muito, mas, hoje vejo que me coloquei em posição de risco várias vezes... Eu já tinha consciência disso e, portanto, foi uma época muito tensa e estressante.

Nesse período, eu precisava fazer visitas externas a clientes empresariais. Então, me organizava de tal modo que eu pudesse visitá-los o mais rápido possível e, assim, ter algum tempo para encostar o carro do meu pai embaixo de uma árvore e voltar a ler a tal apostila do TST.

Encontrar os amigos e namorar, só nos finais de semana. Eu estudava durante o sábado e o domingo de manhã. No período da tarde e da noite, saíamos para passear um pouco.

Foram vários meses nessa rotina: trabalho + faculdade + apostila do TST.

As cobranças na Caixa Econômica Federal não paravam. Cada vez mais, as metas de produtividade eram exigidas e isso ia dificultando ainda mais meu projeto de estudar para outro concurso público. A pressão, realmente, era grande naquela época. Eu trabalhava com atendimento ao público e os problemas com clientes eram frequentes. Cada dia era um problema diferente. O estresse e a insatisfação com o trabalho já estavam influenciando a minha forma de atender os clientes, faltava paciência para atendê-los de forma mais cortês. Tinha que me segurar e contar até 100 para não explodir diante de algum sujeito abusado que se julga superior aos demais por que possui muito dinheiro na conta bancária. "Todo o dinheiro da sua conta não é suficiente para comprar um único neurônio, meu senhor", eu pensava.

E quando por alguma falha nos sistemas informatizados da Caixa ocorria algum problema na conta do cliente?!?! Era um Deus nos acuda... O cliente – com toda razão! – chegava na agência vermelho de raiva. Mas não adiantava nem tentar colocar a culpa "no sistema": a bronca sobrava sempre para mim.

Senti o acúmulo do estresse dos estudos para o concurso público, das provas na faculdade, das cobranças no banco e dos problemas com atendimento dos clientes. Muitas vezes, eu tinha pesadelos ou insônia.

Eis que chega o dia da prova. Tenho aquela sensação de "fiz tudo o que podia" e de "fiz a minha parte"... Adivinhe o que aconteceu?! Isso mesmo: não passei nem perto de ser aprovado... Meu desempenho no concurso ficou muito aquém do que eu imaginava. Uma tragédia! Fiquei revoltado!

A revolta durou algumas semanas, mas, depois foi passando. Entrei na fase da "aceitação". Eu sabia que havia me esforçado, mas, ainda era pouco. Apenas o empenho não é suficiente. Faltava uma estratégia de estudo para aproveitar melhor o meu pouco tempo disponível. Foi quando veio meu quarto aprendizado: "não importa se você tem muito ou pouco tempo disponível para estudar, a estratégia é fundamental para o concurseiro".

Pela primeira vez, tive a iniciativa de preparar um planejamento de estudo antes de começar a estudar. Escolhi um concurso e estabeleci como sendo a minha meta: Técnico Judiciário do Superior Tribunal de Justiça – STJ, pois, já havia rumores sobre a abertura do concurso, mas, o edital ainda não havia sido publicado. A banca examinadora seria o CESPE, que havia sido a mesma do trágico concurso do TST.

Com base nessa meta, montei uma planilha simples no Excel com a distribuição dos meus horários para que eu pudesse enxergar melhor o tempo disponível para os estudos. Reservei o meu horário de expediente e o meu tempo de dedicação necessário para a faculdade. Também separei algumas horas para o lazer nos finais de semana.

Em seguida, peguei o edital do concurso anterior para ter uma referência de qual conteúdo, possivelmente, seria cobrado na próxima prova. Era possível que houvesse algumas modificações no edital, mas, certamente, seriam apenas alguns detalhes.

Elaborei um cronograma de estudo com base em uma mera previsão de quando poderia ser o certame. Assim, foi possível calcular o número de semanas disponíveis para distribuir o tempo entre as diversas disciplinas exigidas pela banca examinadora.

Com base no número de questões para cada disciplina e o tamanho do conteúdo, percebi que não era possível se dedicar a todas as disciplinas com o mesmo empenho. Algumas tinham o conteúdo enorme previsto no edital, mas, seriam cobradas pouquíssimas questões na prova. Logo, estabeleci as prioridades com base nas estatísticas da seguinte forma: (i) disciplinas que mereciam muita dedicação; (ii) disciplinas que mereciam razoável dedicação, e (iii) disciplinas que mereciam pouca dedicação.

Por fim, reparei que algumas matérias exigiam muita memorização (prazos, números específicos etc.). Não seria muito interessante estuda-las logo no início do meu cronograma de preparação, pois, até o momento da prova, boa parte das informações já teriam se perdido na minha cabeça. O ideal seria deixa-las para próximo do dia da prova. Assim, inventei mais um critério de distribuição das disciplinas: (a) aquelas que demandam muito "decoreba" e (b) aquelas que demandam pouco "decoreba".

Fiquei mais motivado e coloquei essa estratégia na prática.

No início, confesso que não era nada como havia planejado. Tive que fazer contínuas adaptações, p. ex., aos meus horários. Também percebi que não adiantava criar um cronograma absolutamente rígido de estudo. Tem dias que você, simplesmente, não está nem um pouco a fim de estudar Direito Civil. Não há uma explicação para isso... Seu cérebro, simplesmente, não quer estudar a personalidade civil, os requisitos de validade dos contratos, os impedimentos de casamento, as espécies de direitos reais etc.. Contudo, sua cabeça pode estar disposta a encarar uma hora de Direito Processual Penal ou de Direito Tributário. Nesse caso, não adianta forçar demais: faça os ajustes no seu plano de estudos...

Aos poucos, as coisas foram se encaixando na minha estratégia e o sistema começou a funcionar cada vez melhor. A evolução era perceptível. Eu fazia pequenos simulados com base nas provas anteriores do CESPE e percebia que acertava cada vez mais questões. Ainda não era o suficiente, mas, a sensação de progresso me dava ânimo para continuar seguindo a estratégia criada.

Saiu o edital esperado. Agora a coisa era para valer. Com base na data da prova, fiz os últimos ajustes no meu cronograma de estudos. Uma das melhores adaptações partiu de uma ideia simples, mas, bastante eficiente: deixar para estudar o Regimento Interno do STJ na última semana antes da prova. Por quê? Muito simples! Seriam cobradas várias questões sobre o assunto e era a matéria mais "decoreba" de todas (cheia de prazos, número de turmas, composições de seção, atribuições de membros do Tribunal etc.).

O meu ritmo de estudo também foi intensificado durante a "reta final". Passei a almoçar lendo a apostila e, após chegar em casa da faculdade, continuava os estudos até que os olhos estivessem abertos. Não havia outra saída. Passei a dormir mais tarde e acordar mais cedo. O pouco tempo de sono é ruim para qualquer pessoa normal. Fiquei mal-humorado, sonolento durante o dia, tinha dores de cabeça com mais frequência, o raciocínio parecia mais lento etc. Apesar de todos esses efeitos, a prova já estava quase chegando e decidi intensificar os estudos.

No último dia antes da prova, me dei ao direito de estudar apenas um pouco e descansar. Minha preparação para a prova foi bem cuidadosa: documentação, canetas, água, barra de cereal, chocolate... Tudo pronto para o grande dia: era a minha final de Copa do Mundo!

Fiz a prova e saí com aquela sensação de... derrota! É isso mesmo. Tinha certeza de que meu desempenho havia sido aquém do que o necessário.

Dois dias depois saiu o gabarito preliminar. Calculei os meus pontos e verifiquei que não havia ido tão mal quanto imaginava. Alguns dias depois, tive a curiosidade de ver como minha nota estava no *ranking* que os candidatos haviam criado em um fórum para concurseiros e tive a grata surpresa de ver que minha nota não estava dentre as primeiras, mas, poderia ser suficiente para a aprovação.

E foi! Logo que saiu o resultado, tive a corrente sanguínea bombardeada por uma tonelada de adrenalina. As mãos tremiam. Os pelos estavam arrepiados. Veio uma sensação de euforia inexplicável quando vi meu nome na lista final de aprovados para Técnico Judiciário do Superior Tribunal de Justiça – STJ.

A sensação de ser aprovado era maravilhosa. Eu já havia sentido algo semelhante quando passei nos dois vestibulares para a UnB e quando passei no concurso da Caixa Econômica Federal. Entretanto, dessa vez, a sensação foi mais forte, intensa. Não soube exatamente o porquê. Alguns anos depois, descobri: aprovação em concurso público vicia.

Em 2004, fui nomeado e comecei a trabalhar no STJ.

Saí do banco de cabeça erguida e com grande sorriso no rosto. Até hoje, tenho um grande sentimento de gratidão pelo meu primeiro emprego. Apesar das cobranças e estresses vividos como Técnico Bancário, sempre consegui manter o autocontrole diante dos problemas e fui continuamente elogiado pelos meus chefes. Progredi na carreira. Meus superiores contavam com meu trabalho e dedicação. Recebia algumas críticas e muitos elogios. Até hoje, sou muito grato a toda experiência que o banco me proporcionou.

Aprendi, sobretudo, a me controlar diante das situações tensas e a suportar as cobranças diárias por produtividade. O mundo pode estar desabando e posso estar desesperado, mas, minha expressão continuará serena. É a famosa *poker face*.

Também passei a dominar o conhecimento bancário e entender de contratos, títulos de crédito, transações financeiras etc. Até hoje, como Juiz Federal, recorro aos conhecimentos que obtive na prática como Técnico Bancário. Esse foi meu quinto maior aprendizado: "tenha gratidão pelo seu trabalho, ainda que com algumas experiências desagradáveis".

Sempre tive consciência de que o emprego no banco era muito bom. Contudo, como eu não tinha perfil para a atividade bancária, confesso que tinha um receio constante – quase avassalador – de acabar estagnando em um trabalho do qual não gostava.

Um dia aconteceu um fato bem interessante. Eu ainda trabalhava no banco e era agente empresarial em uma agência bancária de Brasília/DF. Estava na minha mesa analisando alguns relatórios de produtividade. Uma senhora se sentou na cadeira a minha frente. Ela olhou bem nos meus olhos e ficou me encarando. Pensei: "Vixi... Lá vem bronca por causa desse maldito sistema de informática...". Então a senhora falou:

– Você trabalha há muito tempo aqui?

– "Uns dois anos, senhora", respondi;

– Você pretende ficar aqui por mais tempo?

– "Não...", respondi já preocupado com o rumo da conversa;

– Eu tenho uma sensibilidade muito grande com a energia das pessoas. Logo que cheguei, vi que você tem uma energia diferente e esse aqui não é o seu lugar.

– "...", permaneci calado e com a expressão de desinteresse;

– Não se acomode, pois, aqui não é o seu lugar...

Essa senhora foi embora e nunca mais a vi. Na hora, achei que ela não tinha falado coisa com coisa. Hoje, já tenho minhas dúvidas... Talvez essa fosse a explicação para meu medo constante em me acomodar.

Depois de tanta dedicação para ser aprovado no STJ, tirei umas "férias" dos concursos públicos para me dedicar à faculdade e concluir o curso de Direito.

Por cerca de quatro anos, permaneci como servidor do Judiciário. Trabalhei muito. O ambiente de trabalho era bom. Aprendi bastante. Pude progredir na carreira em várias oportunidades, graças ao apoio de pessoas as quais, até hoje, sou bastante grato. A experiência no STJ também me trouxe um conhecimento jurídico que, até hoje, é útil para minha atividade profissional. Contudo, o mais importante é que voltei a aproveitar os bons momentos da vida. Curti família, viagens, amizades, namoros, festas, academia... Foi o meu sexto maior aprendizado: "alternar fases de grande intensidade nos estudos com momentos de relaxamento".

Voltei a estudar para concurso alguns anos depois, logo que concluí meu curso de Direito.

Daí para frente, as coisas foram se repetindo, mais ou menos, dessa mesma forma. No entanto, tive novas percepções sobre meu desempenho nos concursos que foram importantíssimas para minha aprovação como Juiz Federal. Amadureci e criei um método que me permitiu a aprovação em mais de dez concursos públicos.

Colei grau em 2006 com um sentimento de angústia que me consumia. Assim, lembro como se fosse ontem: minha festa de formatura ocorreu no sábado e, na segunda-feira, eu já estava sentado na cadeira do cursinho.

Como eu já havia concluído a faculdade, era possível fazer um curso preparatório. Optei por um curso anual tele presencial que abrangia as disciplinas básicas para concursos públicos (Direito Constitucional, Direito Administrativo, Direito Civil e Processual Civil, Direito Penal e Processual Penal...).

Eu ainda continuava como Técnico Judiciário. O trabalho no STJ era muito bom, mas, eu sabia que não queria continuar ocupando um cargo de nível médio por muito tempo. Não se tratava de um desprezo pelo cargo, mas, uma vontade de continuar subindo alguns graus nas escadas dos concursos públicos.

Optei por continuar meus estudos para concursos públicos, agora, direcionado para carreiras de nível superior.

Havia, contudo, uma dificuldade na minha preparação: o período de prática jurídica. Como o cargo público que eu ocupava era de nível médio, minhas opções de concursos públicos seriam significativamente reduzidas.

Coincidentemente, no mesmo período, o Supremo Tribunal Federal decidia de maneira bastante firme sobre a validade do período de prática jurídica para a Magistratura e Ministério Público. Portanto, era muito arriscado me preparar para um concurso de Juiz ou de Promotor de Justiça e não conseguir tomar posse em razão da prática jurídica.

Decidi me preparar para concursos de Analista Judiciário, pois, além de não exigirem prática jurídica, vários editais estavam sendo lançados naqueles anos (STF, STJ, TST, TSE, TJDFT...). Além disso, também faria concursos da Advocacia Pública, pois, seria mais fácil comprovar o cumprimento do requisito de prática jurídica mediante a apresentação de certidões dos anos em que trabalhei em gabinete de Ministro do Superior Tribunal de Justiça.

Logo depois que concluí o curso de Direito, aconteceu um fato bem engraçado. Apareceu um concurso excelente: Procurador do Distrito Federal – PGDF. Era um dos melhores concursos que eu havia visto naquela época. O salário era ótimo e ainda possibilitava o exercício concomitante da advocacia. Não tive dúvidas e me inscrevi no dia em que publicaram o edital!

Como eu já havia iniciado os meus estudos para concurso e tinha alguma experiência com concursos públicos, fui "me achando"... Resultado: fui reprovado. Não fiz nem a pontuação mínima. Fiquei revoltado! Achei um desaforo...

Por alguma razão que não me recordo exatamente, esse concurso de Procurador do Distrito Federal foi anulado logo em seguida. Daí pensei: "Ah, então foi por isso que fui reprovado! Agora eu passo!".

Fiz a prova novamente. Resultado: fui reprovado mais uma vez. E o pior: minha nota conseguiu diminuir em relação à anterior...

Foi um "balde de água fria". Mas, até hoje, sou muito grato a essa reprovação! Daquele dia em diante, minha postura de concurseiro mudou radicalmente e percebi que é necessário calçar a famosa "sandália da humildade". Eis o meu sétimo grande aprendizado: "o concurseiro deve ter humildade, sempre!".

Passei a ter consciência de que minha preparação ainda não era suficiente para a aprovação em concursos públicos de nível tão elevado. Adotei uma postura de humildade que nunca havia admitido. Foi ótimo.

A partir de então, fiz um planejamento de estudos que pudesse ser útil para qualquer concurso de Analista Judiciário. Minha ideia era, basicamente, a seguinte: começar estudando as matérias que eram comuns a todos os Tribunais (Direito Constitucional; Direito Civil e Processo Civil; Direito Administrativo etc.) e deixar aquelas matérias mais específicas de cada concurso público para próximo das provas (Direito do Trabalho e Processo do Trabalho; Direito Eleitoral; Regimentos Internos etc.). Meus colegas de cursinho não acreditavam muito nessa minha estratégia. Quase todo mundo "torcia o nariz" para minha ideia. Havia uma difusão, por parte de alguns professores, de que o concurseiro só passava se estudasse para um concurso específico. Decidi confiar na minha intuição... E deu muito certo!

Por ironia do destino, o Tribunal Superior do Trabalho – TST havia acabado de lançar um novo edital para cargos de Técnico Judiciário e Analista Judiciário. Novamente, a banca examinadora seria o CESPE. Ou seja, eu teria que enfrentar aquele mesmo concurso que havia me dado um "tapa na cara" alguns anos antes.

Fiz exatamente o que havia planejado. Como já estava estudando as matérias que sempre eram exigidas em todos os concursos de Analista Judiciário (Direito Constitucional; Direito Civil e Processo Civil; Direito Administrativo etc.), logo que saiu o edital do TST, pude me dedicar mais às matérias específicas (Direito do Trabalho e Processo do Trabalho, além do Regimento Interno).

Mais ou menos na mesma época, também vieram os concursos de Analista Judiciário do STF, STJ, TJDFT... Segui a mesma estratégia: começava estudando as matérias comuns e me dedicava às matérias mais específicas (por exemplo, Regimentos Internos, Lei de Organização Judiciária etc.) próximo de cada concurso.

No final das contas, quem diria... Passei em tudo! Era uma sensação maravilhosa! Cada dia eu recebia a notícia de uma nova aprovação.

Cheguei a fazer alguns dos concursos já tendo a notícia de aprovação em vários dos anteriores. Para mim, levantar cedo no domingo para fazer prova já era algo natural. Minha família nem estranhava mais. Lá estava o Rodrigo acordando bem cedo no domingo para fazer mais uma prova... Era a minha rotina de concurseiro.

Meu nome nunca estava entre os primeiros colocados, mas, minha classificação era dentro do número de vagas. Para mim, era o suficiente. Graças a isso, consegui manter a humildade de saber que ainda precisava continuar estudando.

Veio, então, o concurso de Procurador Federal da AGU! Fiquei bastante empolgado. Providenciei minha matrícula em curso específico (na época, também no LFG) e comecei a estudar de domingo a domingo. Não tinha tempo ruim: com chuva ou com sol, lá estava eu estudando para o concurso.

Fiz a prova objetiva do concurso para Procurador Federal e, graças a algumas questões anuladas, consegui ser convocado para a segunda etapa (prova discursiva e peça processual). Continuei meu curso específico, agora, voltado para a segunda etapa.

Nesse mesmo período, surgiu o concurso de Defensor Público da União – DPU. A carreira ainda era pouco reconhecida e confesso que sequer tinha conhecimento da existência de Defensoria Pública na esfera federal. De qualquer forma, aproveitei a oportunidade em que estava me dedicando para matérias mais ou menos semelhantes e tratei de me inscrever no concurso da DPU.

Fiz alguns ajustes nos estudos para incluir algumas matérias específicas da DPU com os estudos para o concurso de Procurador Federal.

Meu nível de preparo já estava muito bom. O resultado foi a aprovação tanto na segunda fase do concurso de Procurador Federal quanto na primeira etapa do concurso da Defensoria Pública da União.

Logo em seguida, saiu o resultado da segunda fase do concurso de Defensor Público da União e... Fui aprovado!!!

Com a aprovação na segunda etapa da DPU, comecei minha preparação para algo inédito na minha vida: a temida Prova Oral!

O concurso de DPU era um dos poucos que, naquela época, já exigia a realização de Prova Oral. Antes, era quase que uma exclusividade dos concursos para Magistratura e Ministério Público. Aos poucos, outras carreiras passaram a exigir a prova oral.

Eu nunca tinha sequer assistido a uma prova oral. Procurei um curso específico e comecei minha preparação. Foi uma época bem difícil, pois, eu continuava estudando para concursos. Mesmo com a aprovação em vários concursos, mantive o lema de que "só paro de estudar quando tomar posse em um cargo que eu me sinta realizado".

O curso para prova oral foi realizado em um cursinho de Brasília que, na época, era muito famoso. As aulas eram presenciais, inclusive com fonoaudiólogos e realização de simulados. Foi uma experiência fantástica. Percebi logo que cada etapa do concurso exige uma preparação muito específica e que o candidato só terá sucesso se conseguir se adaptar a cada momento do certame. O concurseiro precisa "reinventar" sua estratégia de estudo a cada etapa do concurso.

Meu ritmo de estudo era muito bom, apesar da carga horária intensa de trabalho. Eu continuava minhas atividades como técnico judiciário do STJ, mas, aproveitava cada minuto disponível para estudar. Lembro que meu horário de almoço era de apenas 1 hora, mas, eu almoçava em 20 minutos (na verdade, eu só engolia o almoço) e corria para a biblioteca do tribunal para estudar por 40 minutos. Quando encerrava o expediente, por volta das 18h, tinha que correr para o cursinho. Chegava em casa por volta das 23h. Tomava um lanche e um banho frio. Enchia a garrava de café e estudava até dormir em cima dos livros. Geralmente, conseguia estudar até umas 2h da madrugada. No dia seguinte, acordava cedo e estudava mais um pouco até a hora de ir para o trabalho.

Houve uma época em que fiz cursinho de manhã e à noite. O cursinho pela manhã era o extensivo de carreiras jurídicas. À noite, era o cursinho específico para a prova oral da DPU. No início, até que funcionou bem, mas, com o tempo, eu estava completamente exausto.

Não havia final de semana. Não havia feriado. Todo dia era dia útil.

Eu continuava fazendo todo tipo de prova que surgia. A única preferência que eu dava era para concursos da área federal, pois, já estava mais familiarizado com os temas. Assim, fui fazendo os concursos de Analista Judiciário, Procurador Federal, Procurador da Fazenda Nacional, Defensoria Pública da União...

Amarguei muitas reprovações, mas, felizmente, quando fui fazer a prova oral da DPU, eu já estava aprovado em alguns deles. Isso me deu alguma tranquilidade.

Na véspera da minha prova oral da DPU, aconteceu um fato engraçado. Meu irmão e eu fazíamos vários churrascos para reunir os amigos na casa dos meus pais. Para conseguir relaxar antes da prova oral (que estava marcada para o domingo), decidi fazer um churrasco no sábado. Era para ser uma coisa bem simples. Somente algumas pessoas para bater papo e distrair um pouco. O problema é que a notícia do churrasco foi crescendo e, quando percebi, a casa já estava lotada. E o pior: a animação só foi aumentando, inclusive a minha! Lembro que um dos amigos comentou: "cara, quero só ver como você vai fazer a prova amanhã".

Deixei a festa rolando e fui para o quarto dormir. No dia seguinte, felizmente, acordei muito bem. Levantei da cama muito feliz por ter chegado até uma prova oral. Fui animado fazer a prova e, apesar do nervosismo, acho que essa "energia" acabou se transmitindo para os examinadores.

A prova oral da DPU foi muito bem organizada pelo CESPE só que acabou tendo um resultado trágico... Todos os candidatos esperavam uma prova bem tranquila, contudo, quase metade da turma (!!!) foi reprovada. Um verdadeiro absurdo. O concurso acabou ficando para a história como um dos mais difíceis da carreira. Nos próximos capítulos, falaremos sobre provas orais e darei detalhes sobre a prova oral da DPU.

Vários colegas com excelente nível de preparação foram reprovados. Acredito que houve injustiça em alguns casos, pois, a prova oral, definitivamente, não é o momento adequado para se reprovar metade dos candidatos.

Apesar de ter "apanhado" bastante dos examinadores, consegui ser aprovado na prova oral da DPU com uma nota até razoável.

Quando saiu o resultado final do certame, a notícia da minha aprovação logo se espalhou. A partir de então, meus amigos, em tom jocoso, criaram uma teoria: "para passar em prova oral, basta ir ao churrasco na casa do Rodrigo". Brincadeira à parte, todos sabiam que por trás daquele dia no churrasco havia toda uma bagagem de estudos acumulados ao longo dos anos...

Tomei posse como Defensor Público da União (posteriormente, o cargo passou a ser chamado de "Defensor Público Federal") e fui lotado em Rio Branco/AC.

Foi a primeira vez que saí de Brasília. Nunca tinha ido ao Acre. Morei em Rio Branco por cerca de 6 meses e foi uma experiência fantástica em todos os aspectos.

Acabei me apaixonando pelas atribuições da Defensoria Pública e meu sonho de ser juiz ficou "adormecido" por algum tempo. Decidi permanecer como Defensor Público e me desliguei completamente dos estudos para concursos públicos, o que acabou sendo muito bom, pois, me permitiu descansar daquele ritmo acelerado de preparação. Além disso, com o tempo, direcionei minha preparação para a vida acadêmica e consegui ingressar no curso de Mestrado da Universidade de Brasília – UnB.

Ocorre que, alguns anos depois, meu desejo pela Magistratura voltou a despertar com força total. Falarei sobre isso no próximo capítulo...

## O COMEÇO DOS ESTUDOS

Quando comecei meus estudos para o concurso da Magistratura Federal, eu já era Defensor Público Federal há quase quatro anos.

Minha opção pela Magistratura foi feita ainda na época de escola... Antes mesmo de cursar a faculdade de Direito, eu já brincava com meus amigos do Ensino Médio que um dia seria juiz. Meu tom era sempre de brincadeira, mas, o interessante é que eles me levavam a sério. Era como se alguns já imaginassem que isso, realmente, aconteceria.

Aliás, quando tomei posse como Juiz Federal, recebi uma mensagem no *Facebook* de um grande amigo da época de escola. Nós havíamos perdido o contato há alguns anos, mas, esse amigo viu minha foto da posse divulgada nas redes sociais. Achei muito bacana, pois, ele se recordou, com detalhes, da nossa época de escola em que eu gritava por todo lado "Ainda vou ser juiz!".

É bem verdade que, durante a faculdade, esse desejo de ser juiz acabou um pouco "enfraquecido". Lembro que tomei muito gosto pela atividade de Procurador da Fazenda Nacional. Cheguei, inclusive, a ser aprovado no concurso da PFN, mas, como já havia me estabelecido na carreira de Defensor Público Federal, optei por pedir "final de fila" e sequer tomei posse.

Também fui muito feliz como Defensor Público Federal e acabei deixando o sonho de ser juiz "adormecido" durante alguns anos. Contudo, como algo que estivesse latente no meu subconsciente, o desejo de ser Magistrado voltou a me tirar o sono.

Assim, mesmo já exercendo um dos melhores cargos públicos na DPU, mantive a humildade e retomei os estudos para o concurso público da Magistratura. Em função da familiaridade com as matérias, meu foco foi, naturalmente, a Magistratura Federal.

Mesmo com a experiência de alguns anos como Defensor Público, eu sabia que era necessário retomar os estudos com afinco para o concurso público da Magistratura. Estabeleci, então, uma estratégia de preparação que irei detalhar nos próximos capítulos.

A primeira coisa que senti necessidade foi a de voltar a fazer um curso preparatório. Eu estava morando em Goiânia e era Defensor Público Federal na DPU/GO. Já havia cumprido meu período de três anos de atividade jurídica e, portanto, estava apto a concorrer com os demais candidatos.

Procurei a unidade da Rede LFG que havia próximo à minha casa e me inscrevi para o curso regular tele presencial. Eu já conhecia boa parte dos professores e adorava o estilo de aula. Seriam três semestres de preparação que decidi fazer com bastante empenho.

O curso parecia ser muito longo, mas, sempre tive a consciência de que o projeto para se tornar Juiz Federal é de longo prazo. Em média, o tempo de preparação específica dos candidatos gira em torno de três ou quatro anos, mas, isso é muito variável. Mesmo já tendo bastante experiência com concursos públicos, optei por uma projeção mais "realista" e tracei uma programação de estudo para quatro anos de dedicação.

Percebi que a decisão de enfrentar um concurso tão difícil quanto é o da Magistratura Federal envolve uma série de fatores: questões familiares, profissionais, financeiras, sentimentais etc. Eu sabia que a decisão de voltar a estudar deveria ser firme e convicta. Portanto, passei várias semanas refletindo sobre esses fatores antes de firmar minha convicção de que voltaria a estudar para concursos públicos. Minha cabeça não parava de se questionar...

Como minha família enfrentaria essa escolha? Como minha noiva se sentiria? De que forma tal decisão poderia interferir no meu trabalho? Como eu poderia pagar os custos (cursinho, livro, taxas de inscrição etc.)? Eu seria feliz na Magistratura Federal? E assim vai...

Enfim... Fiquei convencido de que voltaria, sim, a estudar para concursos públicos e que meu foco seria a Magistratura Federal. Foi uma decisão muito difícil. Não é nada fácil sair da "zona de conforto" em que eu vivia na condição de Defensor Público para retomar a árdua tarefa de enfrentar os cursinhos, as bibliotecas, as salas de estudos, as provas nos finais de semana, as frustrações com cada reprovação etc. No entanto, grandes conquistas demandam medidas extremas.

Eu já exercia o cargo de Defensor Público Federal há alguns anos e tinha uma atuação intensa na DPU/GO. Minha equipe de trabalho era relativamente grande, com vários estagiários, servidores e alguns assessores. Assim, logo no meu primeiro dia de aula no cursinho me deparei com uma situação que eu não havia pensado e que acabaria se tornando um grande desafio pessoal: vários estagiários e ex-estagiários da DPU/GO também eram alunos do mesmo curso preparatório.

Num primeiro momento, a situação foi um pouco estranha. Percebi que algumas pessoas jamais esperariam encontrar um Defensor Público Federal sentado na cadeira do cursinho preparatório. Alguns colegas do curso, quando ficavam sabendo do meu cargo, manifestavam espanto pelo fato de eu estar ali, ao lado deles, estudando para outro concurso...

Como se não bastasse, a notícia de que eu havia voltado para as "cadeiras dos cursinhos" correu pelo meu trabalho. Percebi as críticas de outros colegas que viam a minha decisão de retornar aos estudos como algo depreciativo...

Apesar desse impacto inicial – até mesmo constrangedor em alguns momentos –, não me deixei abater pelas críticas. Sempre acreditei que o concurseiro – qualquer que seja ele – precisa ter humildade. Aliás, o próprio ato de estudar já é um ato de muita humildade: o concurseiro precisa reconhecer que desconhece um assunto e, humildemente, abaixar a cabeça para começar a estudar. Pouco importa o quanto você já estudou ou o cargo que ocupa. Sempre é preciso aprender mais.

Decidi, então, que concluiria meu curso preparatório com muita humildade e dedicação. Meus amigos até utilizavam uma expressão engraçada: "calçar as sandálias da humildade". Então foi assim... Durante vários semestres, todos os dias eu acordava bem cedo e calçava as "sandálias da humildade"...

Foi uma das decisões mais acertadas que já tomei na minha vida. Graças a ela, acabei me tornando Magistrado e ganhando uma boa dose de humildade que pretendo levar para o resto da minha vida.

## A OPÇÃO PELA MAGISTRATURA FEDERAL

São vários motivos que levam o concurseiro a escolher uma determinada carreira: questão salarial, carga horária, perspectiva de crescimento, possibilidade ou não de continuar advogando, possibilidade de continuar residindo na mesma localidade etc.

No meu caso, a opção pela Magistratura foi quase que natural. Antes mesmo de ingressar na faculdade, já tinha bastante admiração pela atividade dos magistrados. O esforço pessoal para tomar a decisão mais acertada em cada caso concreto sempre me pareceu algo desafiador. Pessoalmente, gosto de desafios...

Desde que iniciei meus estudos para concursos públicos, ainda durante a época de faculdade, já tomei gosto pelas matérias federais. Tenho muito apreço pelo Direito Tributário, Direito Administrativo, Direito Previdenciário etc. Ademais, particularmente, desde a época de UnB, tive certa resistência com o Direito do Trabalho, bem como o Direito de Família e Sucessões. Confesso que nunca consegui me enxergar trabalhando como Magistrado, Advogado ou membro do Ministério Público nessas áreas. Sei que é um ramo promissor e que conta com a atuação de ótimos profissionais, mas, é só uma questão do meu perfil mesmo...

O direcionamento para a esfera federal acabou se refletindo em praticamente todos os concursos públicos para os quais fui aprovado. Sempre fiquei atento aos certames que iam surgindo. Meus anos como Defensor Público Federal serviram para reafirmar meu gosto pela área federal, sobretudo pela atuação perante a Justiça Federal.

A Justiça Federal também tinha outro grande atrativo: a possibilidade de se remover para vários estados. Essa possibilidade acabou me motivando a escolher o Tribunal Regional Federal da 1ª Região, que abrange os estados aos quais possuo ligações familiares.

Eu tinha a convicção de que a carreira da Defensoria Pública da União era muito boa e que havia perspectivas para crescimento. Apesar de ser uma carreira relativamente nova, havia um reconhecimento cada vez maior pela importância dos Defensores Públicos.

A questão salarial, inegavelmente, era um dos atrativos para minha saída da Defensoria Pública e ingresso na Magistratura Federal. Na época em que resolvi retomar os estudos para concursos, havia uma discrepância salarial entre a carreira da Defensoria Pública Federal e da Magistratura Federal. Evidentemente, o salário não pode ser a única fonte de motivação do concurseiro – aliás, essa é um erro cometido com frequência –, mas, tal situação acabou me estimulando a estudar ainda mais para o concurso da Magistratura.

O mais importante que consegui extrair da minha vivência no mundo dos concursos públicos é que a opção por determinada carreira – qualquer que seja o cargo – não pode ser motivada apenas pelo interesse salarial. As carreiras possuem altos e baixos, inclusive no aspecto remuneratório. Se você procura unicamente salário, terá que fazer concurso público a cada dois anos, pois, sempre haverá uma carreira que estará ganhando mais.

Além disso, o interesse meramente pecuniário acabará interferindo na sua satisfação pessoal como servidor público e, com o passar dos anos, poderá se tornar um grande tormento. Não é nada agradável a ideia de passar a vida inteira fazendo, diariamente, aquilo que não se gosta. Definitivamente, dinheiro é algo muito importante, mas, não é tudo. Portanto, faça sua escolha motivado na admiração que você possui com relação a uma carreira, bem como na sua vocação para o exercício de determinadas atividades.

## O ESTUDO DESDE A FACULDADE

Desde meu início no curso de Direito, tive a convicção de que minha vocação era para o serviço público. Para dizer a verdade, acho que já nasci procurando algum edital na maternidade. É uma questão de perfil e de escolha pessoal. Nós fazemos as nossas escolhas. Nossas escolhas nos fazem.

O profissional do Direito tem um bom leque de opções profissionais. Existem carreiras para todos os gostos e perfis: Juiz, Promotor, Delegado de Polícia, Procurador, Defensor Público, Tabelião, Professor Universitário, Advogado, Analista Judiciário, Policial etc. Comparado com outros cursos superiores, o Direito fica em destaque no mercado de trabalho. Obviamente, isso não vem de graça. As opções são variadas, mas a concorrência é enorme.

Nos últimos 20 anos, de acordo com a Ordem dos Advogados do Brasil – OAB, houve uma explosão de cursos na área jurídica: de aproximadamente 200 na década de 1990, para atualmente os 1,3 mil existentes. Alguns acreditam que houve uma "banalização" do curso. Em entrevista dada ao Congresso em Foco (*www.congressoemfoco.uol.com.br*), o então presidente da instituição afirmou que nenhum país no mundo possui tantos cursos de Direito quanto o Brasil. Em dezembro/2013, por exemplo, o Ministério da Educação havia determinado a suspensão do ingresso de alunos em 38 (trinta e oito) faculdades de Direito espalhadas pelo país com avaliações insatisfatórias pelos critérios estabelecidos pelo governo[1]. Essa é uma realidade muito preocupante.

Cheguei a cogitar o exercício da advocacia. Quando atuava como Técnico Judiciário do Superior Tribunal de Justiça – STJ, um grande escritório de Brasília, do qual não me recordo o nome, me ligou para ver se eu tinha interesse em uma seleção que seria aberta. Eu havia entregue um currículo alguns anos antes, logo no início do meu curso de Direito, para uma seleção de estagiários. Eles gostaram do meu perfil, mas, na época, não fui selecionado e abandonei a ideia de ingressar na advocacia. Acabei, então, estudando para o concurso do STJ e me tornei

1. http://congressoemfoco.uol.com.br/noticias/brasil-recordista-de-cursos--de-direito-no-mundo/.

Técnico Judiciário pouco tempo depois. Foi quando me ligaram para ver meu interesse na nova seleção do escritório. Agradeci bastante, mas recusei a proposta.

Apesar do dinamismo e da possibilidade de sucesso na advocacia, a estabilidade do serviço público me atraia bem mais. Nunca tive a intenção de ser rico e, assim, "me casei com a classe média". Esse "casamento profissional" já dura mais de uma década e, felizmente, tem dado muito certo.

A minha escolha precoce pelo serviço público pode ser considerada um dos fatores de êxito nas aprovações que logrei ao longo dos anos. Apesar de só ter iniciado meus estudos especificamente para a Magistratura Federal alguns anos após a conclusão do curso de Direito, consegui acumular bastante conhecimento – e experiência – em concursos públicos ao longo de quase 15 anos de estudo. Durante esse período, foram várias e várias reprovações. Mas o segredo do sucesso nos concursos públicos não está na aprovação, mas na persistência!

De qualquer forma, cada caso é um caso! Conheço vários colegas que decidiram mudar o rumo profissional e passaram a estudar para concurso público após anos de formados. Não há problema algum nisso. Desde que a estratégia de preparação seja adequada para o perfil do candidato, é perfeitamente possível construir uma trajetória de sucesso nos concursos públicos e alcançar a tão sonhada aprovação.

## TEMPO DE PREPARAÇÃO

Estratégia na preparação é fundamental para aprovação no concurso público. É necessário estabelecer um tempo mínimo de preparação, um cronograma de estudo, as prioridades para cada disciplina, a pesquisa das provas anteriores etc.

Sempre segui um cronograma de estudos. Evidentemente, tal planejamento foi se alterando a cada concurso que realizei, pois a estratégia de preparação deve levar em consideração fatores específicos de cada certame. O candidato precisa analisar a quantidade de disciplinas, a data provável das provas, o número de etapas do concurso, o prazo previsto entre cada etapa, dentre outros fatores que certamente influenciarão na qualidade da preparação.

Especificamente no caso do concurso da Magistratura Federal, estabeleci um cronograma de preparação muito específico para atingir meus objetivos, conforme demonstrarei no próximo tópico. Contudo, a primeira coisa foi antever um tempo mínimo de estudos.

Aliás, essa é a pergunta que mais recebo dos candidatos: quanto tempo de preparação até ser aprovado? Vamos a ela...

Atualmente, não há concurso fácil. Todos os certames estão cada vez mais concorridos e os candidatos mais preparados. A disseminação de bons livros e cursos preparatórios de altíssima qualidade proporcionou uma significativa equiparação entre os candidatos do país inteiro. Há muitos anos, quando iniciei minha preparação, Brasília era uma das "referências" em estudos para concursos públicos. Os cursos presenciais dominavam o mercado e nem todas as cidades tinham essa estrutura. Além disso, não havia uma "cultura" de dedicação aos cargos públicos.

Nessa época, cheguei a conhecer pessoas que se mudavam para a Capital Federal na esperança de obter uma preparação melhor para os concursos públicos. Outras cidades já não tinham a mesma tradição entre os candidatos.

Passados mais de dez anos, hoje, a realidade é completamente diferente. Qualquer candidato, em todo o país, pode se preparar com altíssimo nível graças aos cursos *on-line* e a ampla disseminação de obras voltadas especificamente para concursos públicos. Portanto, todo candidato é um concorrente em potencial.

Como se não bastasse, vejo que há um progressivo aumento no nível de exigência das bancas examinadoras. As provas estão cada vez mais difíceis, independentemente do cargo público.

Consciente dessa nova realidade, percebi que meu projeto para me tornar Juiz Federal deveria ser de longo prazo. Não adiantava me iludir. Portanto, estabeleci um prazo *mínimo* de três a quatro anos de estudos para atingir minha meta. Se conseguisse ser aprovado antes disso, ótimo... Caso contrário, a preparação durante três, quatro ou cinco anos seria algo dentro da minha previsão inicial.

Estabelecer um prazo mínimo de preparação realista é essencial para o sucesso do candidato. Não adianta ser otimista demais e acreditar na aprovação em pouco tempo: o risco de frustração é muito grande. O cronograma de preparação para a Magistratura Federal deve ser elaborado com base em um projeto de longo prazo. Várias decisões laterais da vida do candidato serão formadas com base nesse cronograma. A preparação envolve tempo de dedicação e dinheiro investido (cursinhos, livros, apostilas, taxas de inscrições etc.). Além disso, há um prejuízo no convívio familiar e social que precisa ser "calculado".

É bem verdade que existem casos de pessoas com capacidades extraordinárias e que acabam sendo aprovadas muito jovens e com pouquíssimo tempo de dedicação. Contudo, são casos raros e, definitivamente, não era a minha realidade. Costumo dizer que "ninguém dorme recém-formado e acorda Magistrado". A Magistratura envolve uma longa caminhada na preparação.

Outra coisa importante é não se deixar influenciar pelos outros candidatos. Cada pessoa tem o seu tempo e a sua história de preparação. Não se preocupe com quanto tempo o seu colega levou para ser aprovado em um concurso. Inúmeros fatores influenciam na preparação de cada um. A partir de agora, concentre sua energia no seu próprio tempo e na sua estratégia.

Portanto, fica como uma recomendação que conquistei com base na experiência acumulada ao longo de vários anos de estudo: estabeleça uma meta de longo prazo e não se preocupe com o tempo que outras pessoas levaram para ser aprovado.

# PARTE II

## CRONOGRAMA DE ESTUDOS

Para o concurso da Magistratura Federal, meu cronograma foi montado com base em uma previsão de, no mínimo, três anos de estudo intenso até a sonhada aprovação.

Na época, eu continuava minhas atribuições como Defensor Público Federal e precisava conciliar o trabalho, o tempo de aula do cursinho e os estudos em casa.

Além disso, como o concurso da Magistratura envolve quatro etapas específicas (prova objetiva, provas discursivas, provas de sentença e prova oral), decidi que minha preparação seguiria a ordem de cada uma delas. Ou seja, inicialmente, me preocupei em ser aprovado nas provas objetivas para, posteriormente, iniciar minha preparação para as demais fases do certame. Sempre que possível, é conveniente o candidato tentar antecipar um pouco a preparação, mas, no meu caso, em função do pouco tempo disponível para os estudos, tive que optar pela divisão durante a minha preparação.

Decidi que faria, novamente, um curso preparatório de longo prazo. Eram três semestres de curso: dois semestres de matérias gerais e mais um semestre de matérias específicas para a Magistratura Federal. Após a conclusão desse curso (um ano e meio), eu estudaria sozinho e faria a atualização do material montado ao longo dos semestres.

Então, durante um ano e meio, assisti aulas de segunda a sábado e elaborei meus próprios cadernos de resumos. Achei que o curso foi um excelente investimento, pois, além de me ajudar a organizar minha rotina de estudos, permitiu a produção de um material resumido de qualidade para as provas objetivas da Magistratura Federal. Aliás, após minha aprovação, distribuí meu material a vários colegas que continuaram a utilizá-lo.

Durante esse período no cursinho, não fiz provas da Magistratura Federal. Vi que meu nível de preparação ainda não era suficiente e decidi que minhas inscrições nos concursos começariam apenas durante o terceiro semestre, momento em que eu já estava estudando as matérias específicas do concurso para o cargo de Juiz Federal.

A distribuição diária do meu cronograma de estudos para as provas objetivas foi feita, basicamente, da seguinte forma:

| Horário | Segunda | Terça | Quarta | Quinta | Sexta | Sábado | Domingo |
|---|---|---|---|---|---|---|---|
| **Manhã** | Cursinho | Cursinho | Cursinho | Cursinho | Cursinho | Cursinho | Estudos em casa |
| **Tarde** | Trabalho | Trabalho | Trabalho | Trabalho | Trabalho | Estudos em casa | Lazer |
| **Noite** | Estudos em casa | Estudos em casa | Estudos em casa | Estudos em casa | Estudos em casa | Lazer | Lazer |

O cronograma de estudos para as provas objetivas envolvia a revisão das aulas que eu assistia no cursinho e, ainda, seguia uma distribuição das matérias previstas no edital. Contudo, o tempo investido em cada disciplina era ponderado conforme a relevância nos últimos concursos da Magistratura. Isto é, não havia uma distribuição uniforme de tempo a ser dedicado para cada uma delas.

Nos concursos da Magistratura Federal, as disciplinas exigidas são, em regra, as seguintes:

- Direito Constitucional;
- Direito Administrativo;
- Direito Penal;
- Direito Processual Penal;
- Direito Civil;
- Direito Processual Civil;
- Direito Previdenciário;
- Direito Financeiro e Tributário;
- Direito Ambiental;
- Direito Internacional Público e Privado;
- Direito Empresarial;
- Direito Econômico e do Consumidor; e
- Humanística.

Evidentemente, o tempo de dedicação a ser investido em cada matéria não é o mesmo. Com base no edital e nas provas anteriores, o candidato precisa ponderar corretamente as horas de estudo a serem dedicadas conforme a relevância de cada uma na prova objetiva.

No meu caso, meu cronograma envolvia, além do tempo de aula, quatro horas de estudo em casa por dia:

| Horário | Segunda | Terça | Quarta | Quinta | Sexta | Sábado | Domingo |
|---|---|---|---|---|---|---|---|
| **07h às 11h30min** | Cursinho | Cursinho | Cursinho | Cursinho | Cursinho | Cursinho | Estudos em casa |
| **13h às 19h30min** | Trabalho | Trabalho | Trabalho | Trabalho | Trabalho | Estudos em casa | Lazer |
| **20h30min às 00h30min** | Estudos em casa | Estudos em casa | Estudos em casa | Estudos em casa | Estudos em casa | Lazer | Lazer |

Ou seja, eram três horas de aula no cursinho e mais cerca de quatro horas de estudo em casa. A distribuição do estudo em casa era dividida em três etapas: (i) revisão da aula do dia; (ii) revisão da aula da semana anterior, e (iii) estudo de outras matérias.

| Horário | Segunda | Terça | Quarta | Quinta | Sexta | Sábado | Domingo |
|---|---|---|---|---|---|---|---|
| **07h às 11h30min** | Cursinho | Cursinho | Cursinho | Cursinho | Cursinho | Cursinho | Estudo de outras matérias |
| **13h às 19h30min** | Trabalho | Trabalho | Trabalho | Trabalho | Trabalho | Revisão da aula do dia e Revisão da aula da semana anterior | Lazer |
| **20h30min às 21h30min** | Revisão da aula do dia | Revisão da aula do dia | Revisão da aula do dia | Revisão da aula do dia | Revisão da aula do dia | Lazer | Lazer |
| **21h45min às 22h45min** | Revisão da aula da semana anterior | Revisão da aula da semana anterior | Revisão da aula da semana anterior | Revisão da aula da semana anterior | Revisão da aula da semana anterior | Lazer | Lazer |
| **23h às 00h30min** | Estudo de outras matérias | Estudo de outras matérias | Estudo de outras matérias | Estudo de outras matérias | Estudo de outras matérias | Lazer | Lazer |

Além da distribuição do estudo ao longo do dia, também elaborei uma simples tabela no Excel para registrar quais disciplinas eu já havia estudado durante a semana. Assim, no domingo, eu tinha o registro de quantas vezes havia estudado Direito Civil, Direito Penal, Direito Administrativo etc.

Perceba que o cronograma previa a revisão constante de matérias já estudadas. A repetição é importantíssima para a melhor fixação do conteúdo na memória. Esse é um ponto fundamental que tratarei nos próximos capítulos.

Ademais, a rotina é indispensável na vida do concurseiro. O candidato precisa saber, com segurança, como suas atividades diárias serão distribuídas para que possa prever a quantidade de horas a serem dedicadas a cada matéria.

Apesar de tentar manter uma rotina rigorosa durante os meses, o cronograma de preparação precisava ser flexível para sofrer ajustes e se adequar às necessidades do concurseiro. Por exemplo, em um determinado momento, precisei intensificar meu tempo de dedicação ao trabalho – houve um grande aumento no volume de processos da Defensoria Pública para cobrir férias e licenças de outros colegas – e, consequentemente, reduzi minhas horas diárias de estudo por algumas temporadas. Logo, era preciso refazer as tabelas de estudo com frequência.

Para montar um bom cronograma de estudos, o candidato precisa conhecer bem a própria rotina diária. Além disso, sempre que possível, é conveniente acordar, almoçar e dormir nos mesmos horárias todos os dias. Com isso, o cérebro irá se acostumar melhor com o estudo habitual e a memorização do conteúdo poderá ser mais eficiente.

## RITMO DE ESTUDOS

O ritmo de estudos era variável e seguia os ajustes constantes que eu fazia no meu cronograma de preparação.

Confesso que, diferentemente de alguns concurseiros, nunca me preocupei demais com a quantidade de horas diárias de estudos. Explico.

Não existe uma quantidade mínima ou máxima de horas recomendáveis para estudo diário. O importante é que o candidato utilize, efetivamente, o tempo disponível que possui. Não adianta ficar lamentando que gostaria de ter mais tempo para estudar. O concurseiro precisa saber se organizar com o que possui. E ponto final.

Se o candidato dispõe de quatro horas diárias para estudar, então deverá estudar quatro horas, rigorosamente, todos os dias. Se possui seis horas, então, estudará as seis horas. Mais importante do que um estudo muito intenso (de 8 horas/dia, por exemplo) é um estudo regular e de qualidade. Em outras palavras: se você dispõe de apenas quatro horas diárias para estudar, então que estude essas quatro horas, efetivamente, todos os dias da semana e de uma maneira planejada.

A organização dos estudos depende muito da rotina e do tempo disponível de cada um. Alguns têm uma carga de trabalho muito intensa. Outros colegas estão com dedicação total para os estudos. Esse é um dos fatores que definirão a sua carga horária de preparação para o concurso.

Na minha experiência pessoal de estudos para concursos, sempre trabalhei e estudei. Em determinados momentos, minha jornada de trabalho era puxada (9h/dia). Em outros, foi bem mais leve (5h/dia). Assim, o tempo de dedicação aos estudos oscilava conforme as exigências do meu trabalho.

Pode parecer estranho, mas uma coisa importante que aprendi foi que a carga horária de trabalho não é o fator determinante para a aprovação. Passar em um concurso de alta complexidade será sempre uma tarefa difícil: não interessa se você trabalha muito ou se está totalmente dedicado aos estudos.

As pessoas que gostam de correr (*running*) entendem bem a diferença entre correr uma prova curta e correr uma prova longa (uma maratona, p. ex.). A prova curta exige do atleta um trabalho de explosão: correr muito rápido em um curto período de tempo. A prova longa, por outro lado, demanda um trabalho de regularidade e resistência: manter uma velocidade mais ou menos constante durante várias horas.

Passar em um concurso é como correr uma maratona. A "regularidade" e a "resistência" são muito mais importantes do que a "intensidade". É preferível o estudo menos intenso e constante ao estudo muito intenso e irregular. Portanto, não se preocupe se você dispõe de poucas horas diárias para estudar. Estude o que você conseguir, rigorosamente, todos os dias, inclusive finais de semana e feriados!

Aliás, existe uma frase que sempre repito: "feriado de concurseiro é dia útil; aliás, muito útil". Portanto, não tem final de semana ou feriado que retire do candidato o pesado encargo de dedicar algumas horas de estudos para o concurso.

A mesma coisa se aplica às férias: já perdi a conta de quantas férias tirei especialmente para poder estudar mais. Reservava uma semana para descansar e, logo em seguida, intensificava os estudos em tempo integral. Tinha consciência de que eu estava fazendo um "investimento" e que colheria os frutos dessa dedicação em um futuro próximo. E colhi!

Nem sempre, portanto, tive o mesmo tempo disponível para os estudos. Em alguns momentos, consegui cronometrar várias horas diárias debruçado sobre os livros. Em outros, nem tanto. De qualquer forma, é possível calcular uma média de, aproximadamente, três horas diárias de estudo em casa, além do tempo dedicado ao cursinho preparatório. Lembrando que, nos finais de semana e feriados, a dedicação aos estudos continuava firme e forte.

Um hábito que também cultivei nesse período foi o de cronometrar meu tempo de estudo. Inclusive, recomendo isso aos colegas concurseiros.

Cada vez que me sentava para estudar, iniciava o cronômetro do celular. Com isso, conseguia saber qual tinha sido meu desempenho diário para traçar uma boa estratégia de preparação. Cheguei a utilizar um aplicativo de *smartphone* que ajuda o concurseiro a calcular as horas líquidas de estudos para cada disciplina. Assim, consegui manter o controle das horas de dedicação aos estudos. O candidato precisa se utilizar dessas novas ferramentas tecnológicas para potencializar os estudos. Falaremos sobre isso adiante.

## TRABALHAR E ESTUDAR OU "SÓ" ESTUDAR?

Sabe como deixar qualquer concurseiro revoltado? Basta perguntar a ele: "mas você 'só' estuda?!". É revoltante...

Uma dúvida que aflige boa parte dos candidatos se refere à possibilidade de conciliar trabalho e estudos. Essa angústia também me consumiu durante alguns momentos.

Às vezes, eu acessava alguns fóruns de discussão sobre concursos públicos na *internet* e lia os comentários de alguns colegas. Vários "se gabavam" por terem estudado de oito a doze horas por dia, enquanto eu só conseguia estudar três ou quatro horas. Isso me deixava chateado, mas, no fundo, sabia que não precisava me preocupar com essa "conversa fiada"...

Primeiro, porque não adianta estudar várias horas por dia de maneira errada. O tempo debruçado sobre os livros não compensa a falta de estratégia. Um estudo de qualidade é essencial para o êxito nos concursos públicos.

Segundo, porque também não adianta um estudo de alta intensidade, mas irregular. A pessoa estuda 10 horas hoje;

amanhã ela estuda apenas 2 horas; depois de amanhã ela estuda 5 horas; nos dois dias seguintes ela não estuda nada, e daí uns dias ela volta a estudar por mais 2 horas, e assim vai... Ou seja, o candidato não consegue se organizar de modo a dar uma continuidade, uma rotina, aos estudos. Lembre-se: melhor do que um estudo de alta intensidade é um estudo regular e de qualidade.

Essas duas considerações mostram que é possível, sim, ter sucesso em um concurso público mesmo com uma carga horária de trabalho mais elevada. A aprovação não está condicionada à dedicação integral aos estudos.

Aliás, pela minha experiência pessoal, vejo que os candidatos que conseguem conciliar trabalho e estudo também têm boas chances de êxito.

É que a dedicação integral ao concurso público gera, por exemplo, o risco de o concurseiro acabar se perdendo nos estudos em razão do tempo disponível. A pessoa pode usufruir pouco das horas diárias de que dispõe ao realizar um estudo de pouco rendimento. Daí surge aquela sensação de que "meu tempo não rende" ou "quanto mais tempo disponível eu tenho, menos consigo estudar".

Ademais, há uma pressão emocional sobre os concurseiros que se dedicam integralmente aos estudos. Eles passam a se sentir "obrigados" a serem aprovados rapidamente. Existe, inevitavelmente, uma maior cobrança da família e dos amigos. E, como se não bastasse, são obrigados a responder, com frequência, a famigerada pergunta: "mas você 'só' estuda para concurso e ainda não passou?".

Sempre tive a convicção de que o fato de eu trabalhar e estudar era algo que me ajudava bastante no rendimento dos estudos. Além da óbvia possibilidade de pagar minhas contas sem atraso, a "segurança" de já ser concursado me desonerava de vários problemas, pois, tinha a tranquilidade de receber meu salário todo mês. Há pouco tempo, confirmei esse fato observando a minha turma de colegas aprovados no concurso da Magistratura Federal.

Dentre os aprovados no XV concurso da Magistratura Federal do TRF da 1ª Região, praticamente nenhum colega se dedicava exclusivamente aos concursos públicos. Inclusive, a maioria esmagadora dos aprovados já era concursada e cumpria elevadas cargas horárias de trabalho.

Conhecendo um pouco da história de cada um, vi que antes de assumirem o cargo de Juiz Federal, meus colegas já eram Procuradores Federais, Procuradores Estaduais, Advogados da União, Juízes Estaduais, Defensores Públicos, Delegados, Professores Universitários, Advogados etc. Quase todos se queixavam do excesso de trabalho mesmo durante a época de preparação para o concurso da Magistratura Federal.

Lembro, por exemplo, de um colega me relatar que foi obrigado a tirar férias para conseguir ser "liberado" para fazer a etapa de prova oral. Outro que já atuava como Procurador Federal me contava sobre o volume gigantesco de processos que precisava superar todos os dias para ter algumas horas livres para estudar.

Uma característica era comum nos relatos dos colegas: além de cumprirem suas responsabilidades profissionais diárias, todos conseguiam reservar algumas horas de dedicação aos estudos. Portanto, desde que o candidato tenha muita dedicação e estratégia, não é necessário se dedicar exclusivamente aos estudos.

## A CONVICÇÃO DA ESCOLHA PELOS CONCURSOS PÚBLICOS

Não importa se você trabalha e estuda ou se você se dedica integralmente aos concursos públicos. Com bastante dedicação e estratégia, é possível ser aprovado em qualquer situação. Mas existe algo que, definitivamente, é necessário: tomar a decisão de estudar para a Magistratura com convicção. Precisamos ser sinceros com nós mesmos...

Foi o que fiz logo que iniciei meus estudos para a Magistratura Federal. Em um determinado momento da minha vida, quando decidi que deveria voltar a estudar para concurso público e que minha vocação era a Magistratura, tive que ser fiel às minhas convicções. É isso mesmo que eu quero?! Então, desistir não era mais uma opção. Eu teria que iniciar a minha longa jornada rumo à Magistratura sem caminho de volta. "Ou vai ou racha"!

Existe uma expressão conhecida como "Queimar os Navios".

Aparentemente, o termo vem de experiências militares repetidas em alguns momentos da história. Logo que desembarcavam, os comandantes ordenavam a seus soldados que queimassem os navios para evitar qualquer intenção de desistência ou fuga da tropa. Na Arte da Guerra, Sun Tzu refere-se a "queimar barcos e quebrar panelas". Então, quando chegavam ao campo de batalha, os guerreiros tinham apenas duas alternativas: vencer ou morrer.

No mundo dos concursos, também devemos adotar esse tipo de estratégia? Devemos "queimar nossos navios"?

Durante minha vida de concurseiro, destruí muitas "embarcações". Já recusei, por exemplo, promoções, funções de confiança e cargos de chefia. Qualquer coisa que me tirasse do foco ia para a "fogueira". E lá se foram muitos "navios"...

Nunca cheguei ao extremo de largar um emprego/cargo para me dedicar integralmente aos estudos. Como já disse, na minha experiência pessoal, consegui conciliar trabalho e estudo. E mesmo quando estava muito insatisfeito com meu emprego, eu canalizava esse sentimento para a aprovação. Repetia para mim mesmo: a insatisfação é o "combustível" do concurseiro!

Acho que essas decisões extremas dependem muito da vida e das peculiaridades de cada um. Respeito muito isso. Difícil dizer o que é certo ou errado.

De qualquer forma, tente ser estratégico e não tomar decisões precipitadas. Cuidado para não acabar "queimando seus navios" antes mesmo de desembarcar suas tropas...

## CONHECENDO O NÍVEL DE TENSÃO

Vida de concurseiro não é nada fácil. Nesses quinze anos de vivência no "mundo dos concursos", posso dizer que sei bem como são as coisas.

Percebi, por experiência própria, que depois de algum tempo se submetendo a um estudo de alto rendimento, você deixa de ser a mesma pessoa. A cabeça fica estranha mesmo. Os pensamentos se tornam dispersos. O raciocínio fica mais lento. O humor fica oscilante entre momentos de alegria e de preocupação. A paciência vai para o brejo. O desânimo tende a tomar conta do organismo, inclusive com reflexos na saúde. O sono passa a não ter a mesma qualidade de antes. Surge uma tendência de isolamento social. E assim vai...

Durante meus estudos para a Magistratura Federal, senti todos esses sintomas – além de alguns outros – com bastante frequência.

Quando o dia das provas se aproximava, meu nível de tensão aumentava em escala exponencial. Na véspera do certame, o nervosismo era intenso. O psicológico do candidato fica, inevitavelmente, alterado.

O nervosismo era proporcional ao meu nível de preparo. É isso mesmo: quanto mais preparado o candidato está mais nervoso ele tende a ficar. Talvez seja por que o concurseiro começa a perceber que já está em um nível tal de rendimento que a aprovação passa a ser uma realidade concreta. Resultado: mais cobranças e mais nervosismo.

É possível traçar um paralelo entre a situação do "concurseiro de alta performance" e a situação dos "atletas de alto rendimento". Quem gosta de esportes sabe que os atletas profissionais têm um nível de exigência tão elevado que a prática desportiva passa a ser prejudicial à saúde. Imagine um maratonista ou um triatleta que consegue levar o corpo ao extremo do cansaço físico, ao ponto de desmaiar e ter convulsões ao final de cada prova. Ou ainda o judoca olímpico que já rompeu praticamente todos os ligamentos do corpo.

Na biografia da lutadora de MMA e judoca olímpica Ronda Rousey (*Minha Luta, Sua Luta*), há relatos de excessos nos treinamentos e de lesões durante as lutas que embrulham o estômago de qualquer um...

Mesmo entre aqueles que trabalham mais com a parte intelectual, o alto rendimento pode acabar trazendo sérios danos à saúde. Basta ver a expressão exausta de Garry Kasparov, um dos maiores enxadristas do mundo, enquanto enfrenta o computador *Deep Blue*, da IBM, em uma das maiores partidas de xadrez da história. Alguns desafios duravam cinco horas de raciocínio direto. Até hoje, Kasparov é conhecido por ser um campeão mundial de xadrez que foi desafiado por um computador construído especialmente para vencê-lo numa batalha épica. Existe um documentário interessante sobre o assunto chamado *Game Over: Kasparov and the Machine*.

Esses relatos dos atletas e jogadores profissionais mostram que tudo em excesso pode acabar sendo prejudicial. Com os concurseiros, a realidade não é diferente. O nível de dedicação para ser aprovado em um concurso como o da Magistratura Federal exige, fatalmente, muito estudo. Muito mesmo!

O candidato deve ter um nível de dedicação – e de "treinamento" – semelhante ao do nadador multi-medalhista olímpico Michael Phelps ou do enxadrista Garry Kasparov. Ao término das batalhas, estará exausto física e mentalmente. Foi o que aconteceu comigo durante o concurso da Magistratura Federal. Portanto, é imprescindível ter bastante cuidado com o corpo e, sobretudo, com a mente.

## COMO DESCANSAR O CORPO E A MENTE

Após uma longa jornada de estudos, como você descansa sua mente?

É importante encontrar uma atividade ou *hobby* que consiga relaxar o corpo e "desligar" o seu cérebro por alguns instantes. Esse momento de lazer deve ser o período em que você "recarrega suas baterias".

Há algum tempo assisti a um documentário fantástico sobre a felicidade. Era uma abordagem científica do que é "ser feliz". O que mais me chamou a atenção foi a constatação empírica de que a verdadeira felicidade está diretamente associada a pequenas coisas que tornam nossa rotina mais prazerosa. Ou seja, pessoas felizes não são aquelas que realizam grandes feitos, mas as que conseguem alternar períodos de dedicação (trabalho, estudo, cuidados com a família etc.) com instantes de lazer.

Particularmente, para suportar a tensão, sempre tive o esporte como um aliado. Consegui encontrar um tipo de atividade física que me "desliga" por completo. Não sou competidor e não sou atleta profissional: apenas vou lá e pratico um pouco do meu esporte todo dia. Durante uma hora, me afasto completamente dos meus problemas e preocupações.

Essa é uma dica para os concurseiros: procure uma atividade física ou um *hobby* (música, pintura etc.) para melhorar o seu dia.

Pode parecer "perda de tempo", mas o bem-estar é fundamental para o seu sucesso no mundo dos concursos públicos. Assuma isso como um verdadeiro investimento.

Quando as provas da Magistratura Federal se aproximavam, meu nível de nervosismo aumentava consideravelmente. Para não correr o risco de acabar adoecendo, descobri que uma das saídas era correr para a academia e praticar esportes. No início, alternava alguns dias de corrida com musculação. A corrida de rua me ajudava a espairecer e me ajudava a melhorar aquele bronzeado "branco-papel" que o concurseiro acaba tendo. Eu ia para a rua sem qualquer pretensão. Colocava o tênis e, simplesmente, corria. Combinava a corrida com algum amigo, o que tornava minha atividade física ainda mais agradável.

Nunca gostei de musculação, mas era um "mal necessário". Os longos períodos debruçados sobre os livros geravam dores nas costas e nas articulações, sobretudo do punho. A musculação com alguns alongamentos aliviava bastante o incômodo, além de manter a saúde como um todo.

O problema da musculação é que, por ser uma atividade um pouco repetitiva e monótona, não me ajudava mentalmente. Daí tive a ideia de retomar os treinos de jiu-jitsu e judô, que eu praticava antes de ingressar na faculdade. São atividades de alta intensidade física, mas, ao mesmo tempo, de descanso mental. Evidentemente, não praticava artes marciais com intuito de me tornar um competidor. O objetivo era descansar a mente. Durante uma hora do meu dia, me esquecia dos problemas no trabalho, das matérias acumuladas, das provas que faria etc. Por uma hora, minha preocupação era apenas lutar como se isso fosse a coisa mais importante da vida. Meus professores sabiam disso e me apoiavam.

Percebi que atividades físicas de impacto me faziam muito bem, inclusive no descanso mental. As lutas me permitiam extravasar a raiva e acabavam aliviando a tensão. Então, além do jiu-jitsu e do judô, comecei a treinar o MMA. É isso mesmo. Passei a treinar o MMA todo sábado de manhã. Alguns amigos costumam brincar e dizer que, se eu não tivesse passado no concurso e me tornado Juiz Federal, provavelmente, acabaria me tornando um lutador do tipo Anderson Silva.

O importante é que o candidato tenha consciência de que precisa cuidar do corpo e da mente. Não adianta pensar em atividade física ou *hobby* como desperdício de tempo. O sucesso dependerá de uma atividade prazerosa e que o alivie física e mentalmente: não interessa se é uma corrida, um *ballet* ou um MMA.

## O DESCANSO PRODUTIVO

É preciso aproveitar melhor nosso tempo de descanso. Não é segredo que a rotina de qualquer concurseiro é muito cansativa, independentemente do nível de dedicação. Ou seja, pouco importa se você estuda e trabalha ou se você está se dedicando integralmente aos estudos, é necessário saber aproveitar bem o momento de lazer.

### 1 – Pratique alguma atividade física:

Como mencionei no capítulo anterior, não interessa qual atividade você vai escolher. Faça algo que movimente o corpo e te ajude a descarregar o stress. Pode ser corrida, ciclismo, natação, musculação, dança etc. Qualquer atividade física irá te ajudar a manter um nível melhor de concentração nos estudos e evitar a "fadiga mental". Apenas tome o cuidado para não exagerar no tempo investido nas atividades físicas. Particularmente, sempre reservei 60 minutos para praticar esportes.

**2 – Faça atividades ao ar livre:**

A rotina de concurseiro é quase uma "pena de reclusão". O candidato fica trancafiado no quarto de estudo ou na biblioteca durante horas. Às vezes, não chega sequer a ver a luz do sol. Essa sensação constante de reclusão pode ser prejudicial à saúde física e psicológica. Portanto, quando possível, tente fazer atividades externas e ao ar livre. Pode ser um rápido passeio no parque, uma caminhada na praça, uma corrida na rua...

**3 – Tome cuidado com as redes sociais:**

Já estamos habituados a acessar as redes sociais quase que automaticamente. No início, pode parecer um momento de relaxamento, mas, dependendo da forma como é utilizado, o acesso às redes sociais pode ser um problema para o concurseiro. É necessário tornar a internet uma aliada do candidato. Portanto, evite se alongar nas "picuinhas" e nas "conversas fiadas" que você encontra no *Facebook*, *Twitter*, *Instagram* etc. Falaremos mais sobre esse assunto nos próximos capítulos.

**4 – Leia livros jurídicos mais "relaxantes":**

É isso mesmo! Alguns livros jurídicos, apesar de terem conteúdo aprofundado, podem ser de leitura mais agradável. São ótimas sugestões para uma viagem ou um período de férias. Costumo brincar que os livros jurídicos são divididos em duas categorias: (i) obras que devem ser lidas na mesa de estudo e (ii) obras que podem ser lidas na cadeira de praia.

## CONCILIANDO A VIDA SOCIAL

Da mesma forma que a preocupação com a saúde física e mental, o concurseiro precisa cuidar da vida social.

No início, o concurseiro menos experiente tende a imaginar que a vida social é perda de tempo ou de foco. Cada minuto longe da mesa de estudos é contabilizado como tempo desperdiçado. Além disso, o isolamento pode acabar sendo um refúgio para não enfrentar as próprias frustrações diante das pessoas, que, frequentemente, ficam curiosas acerca do seu rendimento como estudante.

Isso aconteceu comigo. Logo após concluir o curso de Direito, no meu auge de desempenho nos concursos públicos, a tendência foi esse contínuo isolamento social. Percebi que não era saudável e, felizmente, consegui reverter a situação em tempo.

Vi que alguns colegas escondiam das pessoas, inclusive da própria família, que estavam estudando para os concursos. Sei que isso é algo muito pessoal e que depende muito das peculiaridades da vida de cada um, mas, de uma maneira geral, não me parece ser uma postura muito adequada.

A experiência ao longo dos anos me mostrou que não convinha sair espalhando pelos quatro cantos do mundo que eu estudava para concursos. Era comum despertar a inveja dos outros e gerar "fofocas", sobretudo no ambiente de trabalho. Flagrei, várias vezes, conhecidos de trabalho pesquisando meu nome nas listas de aprovados nos concursos públicos que eu fazia só para "xeretar" o meu desempenho.

Apenas em uma oportunidade me envergonhei de mim mesmo por não ter sido aprovado em um concurso público. Já faz bastante tempo. Fiquei triste e tentei esconder o fato. Consequentemente, todo mundo – todo mundo mesmo! – parece ter tomado conhecimento da minha reprovação. Acostume-se com esse tipo de situação. É assim: quanto mais você tenta esconder, mais as pessoas acabam tentando descobrir aquilo que não lhes interessam...

Depois de algumas decepções com a "espionagem da vida alheia", passei a ser um concurseiro mais discreto. De um jeito ou de outro, as pessoas acabavam sabendo que eu estava estudando para concursos, pois, os "espiões da vida alheia" se utilizam de técnicas muito mais avançadas do que se imaginava. Entretanto, evitei falar sobre o concurso da Magistratura com gente que não era da minha confiança.

Se a discrição, por um lado, mostrou-se uma postura cautelosa e condizente, por outro lado também ficou claro que era, sim, importante envolver minha família e meus amigos na decisão de estudar para concursos públicos, sobretudo para um certame tão longo e desgastante quanto o da Magistratura.

A opção pela vida de concurseiro interfere não apenas no seu cotidiano, mas também no dia a dia de outras pessoas mais próximas. Tornar-se um concurseiro de alto rendimento é a opção de toda uma vida e envolve muito comprometimento... A família e os amigos íntimos acabam sentindo a ausência e a dispersão do concurseiro, o que pode ser prejudicial para todos.

O período em que estive envolvido com o concurso da Magistratura Federal me mostrou como é importante deixar o núcleo familiar (pais, irmãos, cônjuge, filhos...) e os amigos mais próximos cientes da "etapa de vida" que eu estava passando. Todos eles tinham consciência de que minha rotina e meu comportamento estariam um pouco alterados, mas, que essa era uma fase temporária. Mais cedo ou mais tarde, as coisas voltariam ao normal.

Um fato me marcou bastante essa época. Um amigo íntimo, que estudava para o concurso da Magistratura Estadual, tinha um nível de dedicação invejável. Ele estava sempre entre os aprovados na prova objetiva. Um dia, conversando sobre família, esse amigo me confessou que estava escondendo da própria esposa, há alguns meses, que faria as provas da segunda etapa da Magistratura. Ele dizia: "depois que eu fizer a prova e passar, vejo o que faço...". Fiquei impressionado e imaginei como seria contar uma coisa dessas para a esposa: "Amor, por um acaso acabei de me tornar Juiz Estadual e teremos que mudar toda nossa vida no mês que vem, tá?!". É uma cena de arrepiar...

Aprendi durante o concurso da Magistratura Federal que era necessário ser discreto diante de algumas pessoas, mas ser o mais franco e sincero possível com as pessoas que eu confiava. Tenho a impressão de que as pessoas que amamos precisam saber o motivo da nossa ausência, apreensão, angústia etc. Além disso, nada melhor do que o apoio e a torcida por parte daqueles que realmente querem o melhor para nós.

## CORPO SÃO. MENTE SÃ

Uma coisa muito importante que aprendi durante meus anos de concurso público é que todo concurseiro precisa preservar sua saúde física e mental.

A carga horária de estudo e a jornada de trabalho são muito desgastantes. Além disso, as provas são tão cansativas que parecem verdadeiras maratonas. Ou seja, qualquer descuido pode acabar prejudicando o bem-estar e o desempenho do candidato num momento em que cada dia é importante rumo ao sonhado cargo público.

Para o concurseiro, cuidar da saúde é também uma questão de estratégia. Cuide da sua saúde física e mental!

Um dos momentos mais difíceis da minha vida de estudos foi a preparação para o mestrado. Alguns meses antes de defender a dissertação, meu nível de tensão era muito alto. Esse sentimento se refletiva tanto na parte física quanto psicológica. Eu tinha gripes frequentes e meu sono era péssimo, inclusive com pesadelos diários. Durante algum tempo, fiquei tão irritado que nem eu me aguentava!

Para não prejudicar meu rendimento, precisei fazer algumas adaptações na minha rotina: passei a controlar o horário de sono; tomei mais cuidado com a alimentação; reduzi ainda mais o consumo de bebida alcoólica, e mantive a prática de exercícios físicos regulares.

Alguns meses depois de concluído o mestrado comecei a focar minhas energias no concurso da Magistratura Federal. Novamente, essa preocupação com o bem-estar foi importante para o meu êxito.

Esse tipo de preocupação deve ser uma constante na vida do concurseiro. Os níveis de estresse oscilam bastante ao longo do tempo, sobretudo em vésperas de provas. Qualquer descontrole mais intenso pode refletir no desempenho do candidato e acabar prejudicando todo um ciclo de preparação estrategicamente montado para o dia do concurso.

Imagine um atleta que se prepara durante quatro anos para a olimpíada, mas, na véspera da competição, é acometido por um forte resfriado. Dificilmente conseguirá conquistar a sonhada medalha olímpica. É claro que ninguém opta por ficar doente ou não. Trata-se de situação que está, até certo ponto, fora do nosso controle. Contudo, o competidor precisa se preparar para esse tipo de infortúnio e, sobretudo, criar estratégias capazes de minimizar os riscos existentes, inclusive com a proteção da própria saúde. A vitória olímpica será um reflexo do bom desempenho físico e mental do atleta.

Algo semelhante ocorre com um concurseiro. Gosto de fazer uma analogia com o atleta maratonista, que se prepara durante anos para uma longa e exaustiva competição de 42 (quarenta e dois) quilômetros. Não adianta se preparar muito bem nos anos anteriores, mas não estar em plenas condições físicas e mentais no dia da prova.

Tenho dois amigos que competiam em provas de meia-maratona (21 km). Certa vez, eles se prepararam bastante para uma famosa prova que ocorre anualmente na cidade do

Rio de Janeiro. Dizem que o trajeto é lindo. A prova é bastante disputada. Vem gente do mundo inteiro para correr no Brasil.

Os dois fizeram tudo certinho durante vários meses: alimentação rigorosamente balanceada; rotina fixa de treinos e descansos intervalados; suplementação indicada por um nutricionista, e acompanhamento de um *personal* especializado em corridas. Como dizem os corredores, os caras estavam "voando baixo". A competição ocorreria num domingo. Os amigos foram para o Rio de Janeiro na quinta-feira e dividiram um quarto de hotel em Copacabana.

Como estava tudo favorável, eles resolveram relaxar um pouco mais do que o normal. Assim, "engataram na farra" logo na sexta-feira. Foram para a balada mais top da cidade. Resultado: bebida em excesso + balada até tarde + comida de rua estragada = intoxicação alimentar. No retorno para o hotel, os dois começaram a disputar uma prova de "revezamento: revezamento de banheiro no quarto de hotel". Era um saindo e o outro entrando no banheiro durante todo o sábado.

Meus amigos não deram o braço a torcer. "Brasileiro não desiste nunca", diziam. Mesmo com a intoxicação alimentar, foram disputar a prova no domingo de manhã. Segundo eles, só conseguiram disputar a primeira parte da prova, mas, nesse trajeto, o resultado foi ótimo. Nunca correram tanto na vida. É que, logo no início da corrida, tiveram outro "piriri" e correram desesperadamente até encontrar o banheiro mais próximo.

Encontraram um daqueles desconfortáveis banheiros de plástico utilizados em eventos públicos e que nunca têm papel higiênico. Para substituir o papel higiênico, utilizaram as próprias meias. Tente imaginar a cara dos dois saindo dos banheiros químicos.

Ou seja, graças ao vacilo, meus amigos perderam não apenas as medalhas, mas também terão que aguentar a eterna "zuação" dos colegas. Conhece a expressão "*the zueira never ends*?". Acho que foi criada para eles.

Essa situação cômica também se aplica aos concurseiros. Se não houver o cuidado com a preservação da saúde física e mental, o candidato poderá colocar tudo a perder por causa de um vacilo na semana antes da prova. Portanto, tenha o cuidado com seu bem-estar nos mínimos detalhes.

Faça as adaptações no seu cotidiano para manter a qualidade de vida, conforme o organismo exige. Hoje, me alegro por ter tido a inteligência e a coragem de fazer esses ajustes na minha rotina enquanto ainda era tempo. Consegui atravessar alguns momentos bem complicados e nunca precisei "jogar a toalha".

Cuidar da saúde não é um capricho do concurseiro. Para manter seu nível de desempenho, siga o velho conselho: "mente sã, corpo são".

## O MOMENTO PRESENTE

Existe uma maneira de lidar com o momento presente que, particularmente, acho genial. É a forma proposta pelo escritor Eckhart Tolle na obra "Um Novo Mundo: O Despertar de uma Nova Consciência". Tentarei neste capítulo traduzir uma parte das ideias do autor com minhas próprias palavras e adaptá-las à realidade dos concurseiros.

O nosso ego – ou seja, a autoimagem distorcida que fazemos de nós mesmos – trata o momento presente de três maneiras: (i) como um meio para alcançar um fim; (ii) como um obstáculo a ser superado, e (iii) como um inimigo a ser combatido. Vejamos cada um deles:

I – O presente como meio para alcançar um fim: encaramos o momento presente que estamos vivenciando apenas como um meio para alcançar um fim. Entendemos o presente como um meio que pode nos levar ou não a algum ponto no futuro que é considerado melhor ou mais importante, embora esse futuro nunca chegue. Ou seja, jamais percebemos, verdadeiramente, o momento presente, pois, estamos sempre ocupados tentando chegar a algum lugar no futuro, que parece nunca chegar. O sujeito está vivendo com a cabeça no futuro. Por acaso você se identificou? É o caso do concurseiro que, antes mesmo de iniciar os estudos, já está fazendo planos sobre como será sua vida após a aprovação ou, em casos mais graves, condicionando a sua felicidade à posse no cargo público.

II – O presente como um obstáculo: trata-se de um padrão de pensamento mais grave que o anterior, pois, o momento presente é compreendido como um obstáculo a ser superado. Surge, então, a impaciência, a frustração e a tensão permanente. Ou seja, enxergamos a vida como é agora como um "problema", um "obstáculo", uma "fase ruim" que precisa ser resolvida. Nossa vida passa a ser vista como uma prova de obstáculos, em que precisamos da constante superação para alcançar a felicidade. O problema é que, para cada dificuldade superada, parece surgir outra ainda mais difícil: como um vídeo game, em que cada fase é mais difícil que a anterior. Segundo Eckhart Tolle, a vida nos diz: "serei qualquer coisa que você quiser que eu seja". Portanto, se vejo a vida como um estorvo, então um estorvo ela será. E se vejo a vida como um empecilho? Ela será um empecilho. Simples assim...

III – O presente como um inimigo: é o mais grave padrão de pensamento, mas muito comum entre as pessoas. O momento presente é tratado como um inimigo. O sujeito odeia o que faz, reclama do ambiente onde se encontra e amaldiçoa o que está acontecendo. A vida, portanto, é tratada como uma verdadeira inimiga: a causa de todos os males. Não é preciso ser um gênio para perceber que, nessa situação, a realidade exterior refletirá a hostilidade da nossa postura interna. A resposta da vida é muito clara: "se você quer a guerra, então é a guerra que você terá".

Você conseguiu perceber algum desses padrões de pensamento na sua vida? Para você, o momento presente é um meio para alcançar um fim? O presente é um obstáculo a ser superado? Ou ele seria um inimigo a ser combatido?

Qualquer que seja a sua resposta, certamente, como concurseiro, você passa por um momento de disfunção no seu relacionamento com o momento presente. Pelo menos foi o que aconteceu comigo durante muitos anos.

Primeiro, percebi o momento presente como um meio para alcançar um fim ("esse momento que estou vivendo é necessário para que eu possa alcançar minha aprovação no concurso público..."). Depois, como o cansaço ia se acumulando ao longo do tempo, passei a ver o presente como um obstáculo a ser superado ("preciso superar esse momento difícil na minha vida para alcançar o que desejo..."). Finalmente, já exausto, o momento presente passou a ser um inimigo a ser combatido ("essa fase ruim que estou vivendo é a razão de todos os meus problemas e, quando eu passar no concurso, talvez tudo estará resolvido...").

É inegável que eu tinha uma disfunção no meu relacionamento com o momento presente – a exata compreensão de presença – e que essa disfunção ia se agravando no tempo, conforme o cansaço e as frustrações se acumulavam.

Para superar essa disfunção no relacionamento com o momento presente, ensina Eckhart Tolle, o primeiro passo é detectá-lo em si mesmo: nos seus pensamentos e nas suas ações. A única maneira de se conectar adequadamente com o presente – e, portanto, ter a "presença" para viver efetivamente o presente – é pela autocompreensão do distúrbio com o momento presente.

Essas palavras não devem servir de desestímulo para seu esforço e dedicação. Pelo contrário, devem ser compreendidas como técnicas para que você possa ter ainda mais força e, sobretudo, equilíbrio emocional para superar sua longa e demorada trajetória nos concursos públicos.

O mais engraçado – para não dizer trágico – é que eu errei feio, pois, só tive essa autocompreensão após minha aprovação no concurso público. Em outras palavras: "meu próprio ego foi o pior chefe que eu já tive". A compreensão da presença não afastaria meus problemas, contudo, talvez tivesse tornado meu caminho menos árduo.

Torço, sinceramente, para que você não cometa o erro que cometi. Conecte-se com o momento presente e faça dele o seu porto seguro. Não é uma tarefa fácil, mas talvez você não tenha nada a perder.

## O QUE VOCÊ REALMENTE DESEJA?

No livro Os Segredos da Mente Milionária, Harv Eker apresenta vários ensinamentos sobre o sucesso. Alguns deles vestem como uma luva para o concurseiro. Gostaria de destacar quando o autor diz: "o principal motivo que impede a maioria das pessoas de conseguir o que quer é não saber o que quer".

Já pensou nisso?

Pergunte aos concurseiros se eles gostariam de ser aprovados em algum concurso da Magistratura. Arrisco dizer que nove em cada dez responderia sem pensar duas vezes "é claro que sim!". Ocorre que apenas um percentual mínimo desses concurseiros alcançará, realmente, o que desejam. Por quê?

Harv Eker responderia que um dos motivos é a chamada "lei da atração". A ideia é simples: pela lei da atração, o universo – ou a vida, se preferir – faz o que está ao seu alcance para dizer sim e atender aos seus desejos. Você pede (e recebe) aquilo que deseja enviando ao universo mensagens cheias de energia. Algumas mensagens são conscientes (você pensa "é isso que eu quero"). Outras, contudo, são inconscientes. Resumindo: você recebe aquilo que pede, seja de forma consciente ou de forma inconsciente. Sempre.

Falando assim parece bem fácil, não é? Basta pedir e receber... Moleza!

O problema é que não é assim tão simples. Infelizmente, a imensa maioria das pessoas possuem mensagens internas contraditórias a respeito daquilo que desejam. Isto é, desejam muito alguma coisa, mas, lá no fundo do inconsciente, não desejam tanto assim...

Daí a vida passa a funcionar conforme o seguinte padrão: o universo ouve você desejar ser aprovado no concurso da Magistratura – p. ex. quando se diz "eu quero ser magistrado(a)!" – e começa, aos poucos, lhe enviar oportunidades para que alcance o seu objetivo. Porém, algum tempo depois, o universo escuta você pensar, consciente ou inconscientemente, que não é bem isso que quer, afinal, "não quero abrir mão do meu lazer e da convivência com a família e amigos até ser aprovado". O universo, então, perplexo e confuso, começa a ajudá-lo a não conseguir aquilo que você queria, afinal, você não deseja abrir mão de coisas mais importantes. No dia seguinte, você volta a dizer ao universo "eu quero passar no concurso da Magistratura sim". Indignado, o universo grita: "Dê um jeito nessa sua cabeça. Eu te ajudarei a alcançar o que quer, mas diga o que você quer!".

Entendeu? É por isso que "o principal motivo que impede a maioria das pessoas de conseguir o que quer é não saber o que quer"...

Conclui-se que é preciso ter um desejo inabalável e comprometido com o que você realmente deseja. Não podemos enviar mensagens contraditórias ao universo. Para conseguir algo, é preciso desejar também no subconsciente, e não apenas "dizer que quer"...

É difícil reconhecer nossas próprias contradições. Contudo, se eu não estou alcançando o que digo desejar, há uma grande chance de que seja por duas razões: (i) no meu subconsciente, não almejo de verdade e/ou (ii) não estou disposto a fazer o que é necessário para consegui-la.

Felizmente, há uma luz no fim do túnel. O primeiro passo nessa caminhada chama-se "conscientização", ou seja, quando tomo consciência de que estou enviando mensagens contraditórias ao universo.

Vejam o meu caso particular. Atribuo meu sucesso na aprovação no concurso da Magistratura Federal a vários fatores. Contudo, há um fato excepcionalmente importante: quando comecei a estudar, eu tinha plena convicção de que seria aprovado em algum concurso. Era um desejo inabalável. A mensagem ("serei juiz federal") estava enraizada no meu subconsciente. Eu sabia, com veemência, que seria magistrado. Era só uma questão de tempo e esforço... Foi difícil, mas deu certo.

E você? Envia mensagens contraditórias ao universo? Tem coragem de reconhecer suas próprias contradições?

## CONTRATAÇÃO DE *COACHING*

Como em tudo na vida, o "mundo dos concursos públicos" também tem seus modismos. De tempos em tempos, surgem novos métodos de estudo, novas dinâmicas de ensino, plataformas inovadoras de aprendizagem etc.

Nos últimos anos, a moda entre os concurseiros foi o famigerado *coaching*: um acompanhamento individualizado que visa elevar a performance de um indivíduo (ou grupo), aumentando os resultados positivos por meio de metodologias, ferramentas e técnicas aplicadas por um profissional habilitado (o *coach*) escolhido pelo cliente (o *coachee*).

Segundo a Dra. Rosa Krausz, especialista no assunto, *coaching* é o processo de facilitar o desempenho, a aprendizagem e o desenvolvimento da pessoa para que ela alcance os resultados que almeja[1]. O processo de *coaching* atua no sentido de conectar duas dimensões do *coachee* (cliente): o potencial para gerar opções e a prontidão para agir em busca dos resultados que se propõe a alcançar.

O *coaching* tem sido utilizado em várias áreas. Talvez o mais difundido seja o chamado "*Coaching* de Vida", que, por sua amplitude, tem sido subdividido em diversas modalidades. Um bom exemplo é o "*Coaching* Executivo" (*Executive Coaching*): uma parceria entre um *coach* (profissional) e um gestor que se propõe a elevar, de forma sustentável, sua performance profissional, a da sua equipe e da organização para a qual trabalha.

Entre os executivos e empresários, a ideia é proporcionar ao *coachee* (cliente) uma vivência muitas vezes inédita e uma visão renovada dos benefícios da parceria, da colaboração, de um relacionamento transparente. Essas condições criam um ambiente favorável, seguro e sigiloso para que o *coachee* possa expressar seus pensamentos, opiniões, dúvidas e incertezas que, como executivo, tende a não partilhar no ambiente de trabalho.

---

1. Artigo *O que é Coaching*? Publicado em https://rdstation-static.s3.amazonaws.com/cms%2Ffiles%2F8117%2F1435846977RCB+-+Ed+1+artigo+O+-que+e+Coaching+-+Rosa+Krausz.pdf.

A inspiração do *coaching* foi, há alguns anos, transferida e adaptada para a realidade dos concurseiros. O fenômeno foi muito bem-vindo, afinal, o que faltava para alguns candidatos era uma orientação de maneira individualizada sobre a metodologia de estudos. Inspirado na figura dos "treinadores" esportivos, o "*Coach* para Concursos" é, basicamente, um especialista contratado para acompanhar o aluno, orientar os estudos e desenvolver algumas habilidades e competências do candidato.

Acredito que o auge do *coaching* entre os concurseiros aconteceu no período de 2014/2017, quando uma enxurrada de profissionais começou a prestar esse tipo de atividade para atender a uma demanda que parecia crescer ao infinito.

Logo após ser aprovado para o concurso da Magistratura Federal, em 2015, recebi convites para atuar como *coach*. Na época, o Conselho Nacional de Justiça – CNJ ainda não havia proibido esse tipo de atuação por parte dos Magistrados. As propostas vinham de empresas especializadas em *coaching*, mas, sobretudo, diretamente dos próprios concurseiros interessados em contratar alguém com experiência na aprovação em concursos públicos. Eram dezenas de *e-mails* e mensagens recebidas por mês. A demanda era, realmente, muito grande.

Recusei todas as propostas que recebi. Mesmo antes da proibição do CNJ, optei por nunca trabalhar com *coaching*. Acho a atividade muito interessante e promissora, mas não se enquadra no meu perfil profissional.

Definitivamente, não é algo essencial para a aprovação no concurso público. Conheço dezenas de candidatos aprovados que sequer sabem o significado da palavra *coaching*. De qualquer forma, estou convicto de que alguns concurseiros podem, sim, tirar proveito do acompanhamento de um *coach*, desde que isso seja feito com muita seriedade e profissionalismo.

O problema é que, com o modismo, basta uma rápida pesquisa na internet para encontrar uma infinidade de profissionais que se dizem especialistas no assunto. Alguns propõem métodos mirabolantes ou confundem o trabalho de *coaching* com o de "conselheiro"...

Tal qual ocorre em diversos setores da economia, existem bons e maus profissionais no mercado. Trata-se de um serviço muito caro e dispendioso para o cliente (*coachee*) e, por isso, deve-se ter cautela ao investir tanto tempo e dinheiro em um especialista. Conheço ótimos profissionais do ramo, mas já vi alguns se dizerem *coach* sem qualquer tipo de instrução no assunto ou mesmo sem experiência no ramo dos concursos públicos. Infelizmente, alguns oportunistas veem os concurseiros como uma simples "fonte de dinheiro" a ser explorada. As consequências podem ser desastrosas na preparação do candidato, o que acaba prejudicando a imagem do *coaching* como um todo.

Ademais, o progresso com o "treinador" dependerá da sua personalidade. É preciso saber se o seu perfil se adapta realmente a esse acompanhamento tão personalizado e "intimista". Particularmente, esse serviço não combina com meu estilo de preparação. Sempre fui o tipo de aluno que gosta de estudar sozinho, sem grupos de estudo, na solidão do meu quarto e no "desconforto" da minha mesa de estudos.

Com ou sem *coaching,* ter uma estratégia é fundamental para a aprovação no concurso público. Como demonstrarei nos capítulos seguintes, eu mesmo criava meu planejamento de estudo. Elaborava planilhas, estabelecia os cronogramas e traçava as metas após uma pesquisa do conteúdo cobrado no edital e nas provas anteriores. Minha estratégia era bem simples, objetiva e dinâmica, logo, ia se readaptando ao longo dos meses conforme as exigências do cotidiano.

## REALIZAÇÃO DE EXERCÍCIOS

Uma das melhores maneiras de aprender alguma coisa é "fazendo na prática". Por isso, a resolução de exercícios é uma ótima maneira de fixar o conteúdo estudado. Faça uma pesquisa e veja vários gráficos na *internet* que mostram a eficácia da resolução de exercícios na fixação da aprendizagem de uma maneira geral.

De fato, refazendo questões de prova anteriores, o concurseiro coloca em prática aquilo que leu e descobre o estilo de cada banca examinadora. Além disso, o aprendizado se torna mais "dinâmico" e menos entediante.

É possível incrementar os estudos com a resolução de exercícios. Na época do concurso da Magistratura Federal, utilizei livros com questões comentadas e divididas por assunto. Esses livros são ótimos, pois, os autores comentam todos os itens das questões e, ainda, fazem uma revisão geral do conteúdo com dicas rápidas.

Um grande amigo de trabalho me recomendou a coleção *Revisaço*. Adorei os volumes para Magistratura Federal e para Procurador da República. Criamos o hábito de nos encontrar no trabalho para resolver algumas questões juntos. Fazíamos como se fosse um jogo. Cada um escolhia uma questão e lia para o outro. Em seguida, corrigíamos o gabarito com base nos comentários do livro. Era uma troca de conhecimentos constante. Foi um ótimo método de aprendizado, pois, não era nada cansativo. Parecia mais um "*quiz*" (disputa na qual os jogadores – individualmente ou em equipes – tentam responder corretamente a questões que lhes são colocadas).

Além das questões do *Revisaço*, também tive o cuidado de resolver as provas anteriores dos concursos da Magistratura. Isso é importante para que o candidato possa conhecer as bancas examinadoras. Ademais, é comum as questões se repetirem em várias provas.

Sugiro que o candidato faça a resolução de exercícios de maneira conjugada com o estudo de cada disciplina. Dessa forma, você irá responder às questões sobre o tema estudado e, assim, fixar melhor o conteúdo que acabou de ler.

Durante minha preparação para concursos, dei muita ênfase à resolução de exercícios e questões de provas anteriores, sobretudo para o certame da Magistratura Federal. Deixo para vocês, amigos concurseiros, essa sugestão.

## A DIVISÃO DAS DISCIPLINAS ESTUDADAS

Logo no início da minha jornada do mundo dos concursos entendi que não se deve estudar todas as disciplinas (direito civil, penal, previdenciário, tributário etc.) com a mesma frequência.

A distribuição das disciplinas ao longo da semana depende da ênfase dada em cada concurso público. É necessário se atentar para o edital e para o "padrão" das provas anteriores. Ou seja, a preparação para um concurso de Juiz Federal, p. ex., é bem diferente da preparação para a prova do Ministério Público Estadual – MPE.

É importante que o concurseiro trace algumas estratégias de estudo de acordo com cada certame. O sucesso dependerá, basicamente, da forma como se organiza e distribui o tempo entre a leitura da legislação, a análise dos informativos, a realização de exercícios etc.

Impossível dizer, de antemão, quais disciplinas são mais importantes e merecem atenção redobrada. Na minha experiência pessoal, já fiz dezenas de concursos públicos, mas nunca consegui estudar todo o conteúdo de um edital. Basicamente, eu selecionava aquelas matérias mais e menos importantes para dosar a dedicação conforme a probabilidade de serem cobradas na prova.

Isso parece ser óbvio, mas, infelizmente, não é... Vejo muitos candidatos qualificados falharem, justamente, pela falta de estratégia. Portanto, vale à pena investir alguns instantes do seu dia para avaliar a tática de preparação.

Existem, basicamente, dois critérios para definirmos o destaque a ser dado a cada disciplina: o "quantitativo" e o "qualitativo".

O primeiro critério – critério "quantitativo" – refere-se ao número provável de questões que serão cobradas em cada matéria. Essa informação será retirada do edital e da última prova objetiva do concurso esperado. Assim, com base nas provas anteriores, você conseguirá prever quantas questões serão exigidas, por exemplo, de Direito Constitucional ou de Direito Tributário.

O segundo critério – critério "qualitativo" – é o nível de dificuldade das questões que serão cobradas de cada disciplina. Essa informação é obtida a partir da natureza do cargo, bem como nas últimas provas objetivas do concurso. No concurso da Magistratura Federal, por exemplo, é natural que haja várias perguntas sobre Direito Tributário e Direito Previdenciário. Além disso, por conta das atribuições do cargo, o nível de complexidade dessas questões, certamente, será bastante elevado.

Esse tipo de análise foi fundamental para que eu pudesse ser estratégico e montar um cronograma de estudos. Foi um trabalho com base na probabilidade. Dei prioridade àquelas matérias que são mais exigidas no concurso, quantitativa e qualitativamente. Em concursos públicos, você nunca estuda aquilo que gosta: você estuda o que deve ser estudado.

Não se iluda! Você não conseguirá exaurir todo o conteúdo previsto no edital. O seu sucesso dependerá desse planejamento de estudo com base na probabilidade de que cada disciplina...

Apesar de o meu nível de preparação já ser bem mais elevado, isso também aconteceu durante o concurso da Magistratura Federal. Quando realizei a prova objetiva, eu não havia conseguido "zerar" todo o conteúdo previsto no edital.

## LEI SECA E JURISPRUDÊNCIA EM CONCURSOS DA MAGISTRATURA

A Resolução n. 75/2009 do Conselho Nacional de Justiça – CNJ dispõe sobre os concursos públicos para ingresso na carreira da magistratura em todos os ramos do Poder Judiciário nacional. De acordo com o art. 33 da Resolução, "as questões da prova objetiva seletiva serão formuladas de modo a que, necessariamente, a resposta reflita a *posição doutrinária dominante ou a jurisprudência pacificada dos Tribunais Superiores*".

No âmbito do Conselho da Justiça Federal – CJF, por sua vez, também existe previsão normativa no sentido de que as questões integrantes das fases seletivas deverão ter, por princípio, a verificação objetiva de habilidades essenciais às funções do cargo, *com base em doutrina e jurisprudência dominantes, além dos aspectos legais* que envolvem as finalidades específicas da avaliação (art. 6º, § 3º, da Resolução n. 067/2009-CJF).

Ou seja, atualmente, existe uma preocupação com o grau de subjetividade das provas de seleção de juízes, o que levou o Conselho da Justiça Federal a aprovar norma para tentar limitá-lo. Conforme noticiado pelo CONJUR, o Ministro Og Fernandes, então Corregedor-geral da Justiça Federal, deu um exemplo do que pode acontecer nas provas. "Explique a teoria do difícil equilíbrio do ciclista", pedia uma das questões. "É uma tese doutrinária que tenta justificar o equilíbrio entre a segurança da decisão e a duração razoável do processo", explicou o

Corregedor-geral. O autor da expressão é o professor Aury Lopes Jr.. Segundo ele, o difícil equilíbrio do ciclista na discussão sobre a duração razoável do processo penal é: "Não correr demais, para não cair; não ir excessivamente devagar, porque senão, igualmente caímos. Esse é o equilíbrio que se busca, através da recusa aos dois extremos"[2].

Na prática, nem sempre é tão fácil determinar a tal "doutrina dominante". É possível constatar que, em atenção às normas do CNJ e do CJF, as bancas examinadoras passaram a ter como enfoque a lei seca e a jurisprudência para evitar o subjetivismo nas questões elaboradas. Não é raro encontrarmos discussões doutrinárias que dividem completamente os juristas. Além disso, é comum que uma determinada corrente acabe ganhando bastante notoriedade graças à posição de um único grande doutrinador ou doutrinadora, ainda que se trate de opinião isolada. Basta lembrar de algumas classificações criadas pelo grande Celso Antônio Bandeira de Mello ou pela consagrada professora Maria Sylvia Zanella Di Pietro.

A maioria esmagadora das questões cobradas em concursos públicos, inclusive da Magistratura, está pautada na lei seca e na jurisprudência. A partir daí meu estudo começou a ser dividido na seguinte ordem de prioridade: Lei Seca + Jurisprudência + Doutrina + Exercícios.

Vejo dois erros frequentes cometidos por concurseiros experientes: (i) negligenciar o estudo da lei seca e (ii) não ler a jurisprudência.

Logo que iniciei os estudos para o cargo de Juiz Federal, busquei algumas provas anteriores de vários TRFs para traçar algum "padrão" de prova. Percebi que, diferentemente do que imaginava, o estudo da doutrina não deveria ser minha priorida-

---

2. http://www.conjur.com.br/2016-jun-11/concursos-justica-federal-terao-a-ter-doutrina-dominante.

de. A importância da lei seca e da jurisprudência, sobretudo para provas objetivas, ficou muito evidente nos últimos concursos da Magistratura Federal do TRF da 1ª Região.

Vejo que a memorização da lei seca é fundamental para qualquer concurso, independentemente do nível de complexidade. Os examinadores querem saber se o candidato conhece o teor da legislação, principalmente nas inovações legislativas. A jurisprudência, por outro lado, costuma ser mais exigida em concursos com maior grau de exigência, tal qual a prova para a Magistratura Federal.

Meu estudo da lei seca se baseava na repetição: lia várias vezes os mesmos dispositivos legais, até memoriza-los. Além disso, eu fazia um estudo da lei seca conjugado com o estudo de doutrina. Portanto, quando eu estudava a disciplina "Improbidade Administrativa", por exemplo, tinha o cuidado de reservar alguns minutos para fazer a leitura completa da Lei n. 8.429/92, que, aliás, é sempre muito exigida nas provas.

No estudo de jurisprudência, eu também lia as súmulas e os informativos à medida que estudava cada disciplina. Tal método tornava o estudo mais contextualizado e me permitia compreende melhor o teor dos julgados. Logo, quando estudei "Desaposentação" no meu material de Direito Previdenciário, por exemplo, tive o cuidado de fazer uma pesquisa para saber o entendimento jurisprudencial dominante que a banca examinadora poderia exigir.

Outra coisa importante para o concurseiro é a leitura rotineira de informativos. O conhecimento da jurisprudência é exigido em todas as fases do concurso. Para os informativos, uma ferramenta que utilizei bastante foi o site "Dizer o Direito", que é excelente! Nem sempre eu lia toda a explicação do informativo (alguns são enormes). Contudo, sempre lia, pelo menos, a "cabeça" do julgado.

## MÉTODO PARA O ESTUDO DA JURISPRUDÊNCIA

O concurso da Magistratura Federal me mostrou que o concurseiro precisa ajustar a estratégia de estudo conforme as novas tendências das bancas examinadoras.

As provas estão sendo exigentes no conhecimento jurisprudencial do candidato. Antigamente, bastava memorizar o teor das súmulas para conseguir responder boa parte das questões. Agora a coisa é bem diferente...

Atualmente, além das súmulas e dos entendimentos já consolidados pelos Tribunais, as bancas examinadoras também exploram as divergências entre eles, bem como a "construção" jurisprudencial ao longo do tempo. Ou seja, não basta mais o candidato memorizar o entendimento do Tribunal: é necessário compreender o raciocínio jurídico que levou a determinada conclusão.

Diante dessa nova tendência das bancas examinadoras, o candidato precisa aperfeiçoar seu método de estudo. Meu método de estudo da jurisprudência se baseou em três bases:

- Leitura de informativos comentados. Na minha opinião, a melhor ferramenta para o estudo da jurisprudência é o site "Dizer o Direito" (www.dizerodireito.com.br). Sempre recomendo que o candidato acompanhe os informativos pelo site. Outra boa opção são os livros que dividem os informativos por ano e por assunto.
- Estudo da jurisprudência conjugado com o estudo da doutrina e da lei seca. Separe os julgados relevantes a serem estudados conforme você avança no estudo da doutrina. P. ex., se você irá estudar o tema "prescrição" e "decadência" no Direito Tributário, aproveite para estudar o entendimento jurisprudencial do STF e do STJ logo após fazer a leitura da doutrina e da lei seca. Com certeza, essa metodologia tornará o seu aprendizado

mais fácil. Os livros que dividem os informativos por assunto podem ser úteis nesse momento...

– Memorização das súmulas, principalmente do STF, STJ e TNU. Particularmente, gosto de fazer a leitura "de trás para frente", ou seja, começo a leitura sempre pelas súmulas mais recentes e vou avançando até as mais antigas. O único cuidado que você precisa ter é identificar aquelas súmulas mais antigas que traduzem um entendimento já superado.

Por mais cansativo que seja, o estudo da jurisprudência deve fazer parte do cotidiano do concurseiro. Construir uma rotina na leitura de súmulas e informativos pode auxiliá-lo a tornar essa tarefa um pouco mais fácil.

## DICAS PARA O ESTUDO DA LEI SECA

A leitura de algumas leis é tão cansativa que elas poderiam ser consideradas verdadeiros soníferos. Faça uma experiência simples: antes de dormir, tente ler a Lei de Responsabilidade Fiscal deitado na sua cama. Duvido que você consiga passar dos dez primeiros artigos antes de cair no sono. Aliás, imagino que essa seria uma alternativa de tratamento para aqueles que sofrem de insônia...

Eu sei. Estudar a lei seca é muito chato! Contudo, infelizmente, "não tem choro nem vela" que te livre desse encargo. É quase impossível passar em algum concurso público da área jurídica sem estudar a lei seca.

Com base na tentativa e no erro, consegui construir ao longo dos anos um método mais eficiente para o estudo da legislação. Durante o estudo para a Magistratura Federal, essa sistemática já estava consolidada na minha rotina e funcionou muito bem:

- Leitura da legislação, sempre que possível, conjugada com o estudo da jurisprudência e da doutrina. Separe as leis pertinentes a serem estudadas conforme você avança no estudo da doutrina. P. ex., se você irá estudar o tema "improbidade administrativa", aproveite para já ler toda a Lei n. 8.429/92. Com certeza, essa metodologia tornará o seu aprendizado mais fácil.
- Utilização sempre dos mesmos códigos para estudar e eleger o *Vade Mecum* preferido. Com o tempo, você vai conseguir criar uma memória "geográfica" do texto legislativo. Isso se torna tão comum que, com o passar dos meses, o concurseiro consegue se recordar até da "posição" de cada um dos dispositivos legais nas páginas do *Vade Mecum*.
- Atenção às constantes alterações legislativas. As bancas examinadoras adoram explorar as inovações no ordenamento jurídico para saber se os candidatos estão atualizados. Portanto, acompanhe sempre as mudanças e mantenha seu material de estudo atualizado.
- Estudo da legislação, várias vezes, ao longo dos meses. Um dos segredos para entender e, principalmente, memorizar a lei seca é a repetição contínua. Leia várias vezes os mesmos dispositivos legais até que seu cérebro consiga "armazenar" aquelas informações mais importantes. É cansativo, mas você acaba se acostumando...

Seguindo essas diretrizes, consegui me acostumar com o estudo da lei seca e ter um rendimento melhor nos concursos públicos.

## "DESAFIANDO" AS REDES SOCIAIS

Manter a concentração nos estudos é fundamental para o sucesso do concurseiro. As distrações diárias – que vêm de todos os lados – podem acabar prejudicando o rendimento do candidato e postergando a sonhada aprovação.

A *internet* trouxe um novo desafio para aqueles que se dedicam aos concursos públicos: conseguir desconectar as redes sociais nem que seja por algumas horas.

É difícil resistir àquela vontade avassaladora de acessar, "só um pouquinho", o *Facebook*, o *Instagram*, o *Twitter*, o *Periscope*, o *Snapchat*... Além disso, existem os famosos grupos de amigos do *Whatsapp*. O celular parece que nos convoca o tempo inteiro.

Os métodos de estudo variam ao longo do tempo. Quando iniciei minha jornada nos concursos, há uns 15 anos atrás, não havia cursos *on-line*. Todos os cursinhos eram presenciais. Além disso, os *notebooks* eram grandes, pesados e caros. Internet no celular?! Nem sonhando! Portanto, eu utilizava o método tradicional: assistia às aulas presenciais e copiava o conteúdo nos meus cadernos. Eram pilhas e pilhas de cadernos que eu ia acumulando ao longo dos anos[3]. A grande vantagem desse método tradicional era o fato de que não era possível acessar a *internet* durante as aulas e a única rede social era o velho – e chato – *Orkut*.

Com o tempo, foram surgindo os cursos preparatórios tele presenciais e *on-line*. Os computadores ficaram menores, mais leves e baratos. A *internet* se tornou acessível em qualquer local graças aos *smartphones*. Inegavelmente, as coisas ficaram melhores. Meu método de estudo evoluiu. Comecei a copiar as matérias com o *notebook*, pois, a digitação era mais rápida e eu não perdia qualquer palavra que o professor falava em sala de aula. O único problema era que o computador e o celular me mantinham conectado à *internet* o tempo inteiro. Assim, a tentação de acessar a rede social durante os estudos era muito

---

3. Vejam a matéria no site *G1.com* sobre um dos colegas que acumulou quase 200 kg de resumos durante a preparação para concursos.

grande. Durante as aulas, aliás, sempre via os colegas ligados no *Facebook*.

Há alguns anos aconteceu uma coisa engraçada. Um primo me contou que foi ao médico, pois, estava se sentindo mal quando tomava uma cerveja... Ele estava todo preocupado, pois, poderia ser algum problema sério, por exemplo, no fígado. Além disso, ele não queria abrir mão da cervejinha nos finais de semana. Depois de uma bateria de exames, o médico não detectou qualquer doença. Meu primo achou que o problema estava resolvido e se sentiu aliviado. Contudo, a solução dada pelo médico foi curta e grossa: "para resolver o seu problema, é muito simples: basta não ingerir bebidas alcoólicas". Imagine a cara de revolta do meu primo durante a consulta médica! "Teria sido melhor não ir ao médico!", esbravejava ele...

A solução para as redes sociais é mais ou menos parecida: desligue a internet! Ponto final. Não consigo ver outra medida que possa ser mais eficiente.

As redes sociais acabam se tornando um vício, principalmente quando estamos mais estressados com alguma situação. Aliás, há psicólogos especializados em tratar a "dependência tecnológica", sobretudo para os adolescentes.

Pessoalmente, eu reduzi meu contato com as redes sociais durante a época de preparação para os concursos públicos e tentei utilizá-los da melhor maneira possível. Esse controle de acesso foi importante para meu desempenho nos estudos. Mostrarei como isso ocorreu no próximo tópico.

## UTILIZANDO AS REDES SOCIAIS EM FAVOR DOS ESTUDOS

Diz o velho ditado: "se não pode com eles, junte-se a eles...".

Reconheço que, atualmente, é impossível se desligar completamente das redes sociais e dos aplicativos de mensagens instantâneas. Portanto, a melhor saída é utilizar essas novas ferramentas da *internet* de maneira estratégica. Aproveite o que há de melhor na rede para se manter motivado e, principalmente, "turbinar" os estudos.

Vários sites e *blogs* voltados para concursos públicos podem ser úteis para os estudos. Alguns são bastante profissionais e disponibilizam um conteúdo confiável e de qualidade, inclusive gratuitamente no *YouTube*.

No caso do *Instagram*, conheci o "universo concurseiro" que existe por trás desse famoso aplicativo. Alguns perfis conseguem motivar os milhares seguidores com dicas de estudo, sugestões de bibliografia e promoções de editoras. E o melhor: tudo com bom-humor e criatividade.

No *Facebook*, também existem várias páginas e grupos que reúnem os concurseiros com trocas de informações e materiais para concursos. A maior preocupação, nesse caso, é saber selecionar o conteúdo que seja, realmente, confiável e de qualidade.

O *Periscope* é um novo aplicativo de *streaming* que tem sido muito bem utilizado pelos concurseiros. Dezenas de professores renomados estão utilizando essa ferramenta tecnológica para dar dicas, orientações de estudo e aulas gratuitamente. Eu mesmo já tive a oportunidade de fazer várias transmissões. O estilo informal das transmissões ao vivo acaba tornando as apresentações mais agradáveis para os concurseiros.

Seja estratégico! Utilize a internet com bastante moderação e, sobretudo, faça com que suas redes sociais se tornem um instrumento para sua preparação.

## UTILIZANDO NOVAS TECNOLOGIAS PARA OS ESTUDOS

Minha primeira fase no mundo dos concursos foi assistindo aulas presenciais e anotando tudo nos meus cadernos com a caneta *Bic* de tampa mordida (eu tinha mania de morder a tampa das canetas por causa da ansiedade...). Meu celular era um Nokia 6120i pré-pago, carinhosamente chamado de "tijolofone", cuja grande novidade era o fato de que podia enviar mensagens de texto SMS. Se o celular caísse no chão, era perigoso quebrar o azulejo... Posso dizer que eu era um "Dinossauro dos Concursos".

Algum tempo depois, passei a assistir aulas tele presenciais. O método evoluiu bastante. Acabei me adaptando muito bem ao estilo de aula e achava que o estudo rendia. Ao mesmo tempo, ter o compromisso de ir para o cursinho todos os dias era muito bom, pois, exigia disciplina e organização. Além disso, o sentimento de solidão, muito comum durante essa fase, era amenizado em razão do apoio e do contato diário com os colegas de curso.

Os computadores ficaram mais baratos e leves. Passei, então, a copiar as aulas pelo meu *notebook*. Anotar aula no caderno era melhor para a memorização, mas vi que o computador tinha outras vantagens, inclusive para trocas de aulas com os colegas. Também levava um *modem 3g* para a aula e conseguia fazer pesquisas de jurisprudência enquanto o professor passava o conteúdo. Meu material de estudo, assim, ficou muito mais refinado.

O celular "tijolofone" foi substituído por um *smartphone* top de linha. O aparelho era ótimo, mas apitava o tempo inteiro com as notificações de mensagens e aplicativos. Era muito chato. De qualquer forma, a câmera de alta qualidade servia muito bem para tirar fotos dos quadros e das tabelas que os professores montavam durante a aula e, quando os cursos permitiam a gravação das aulas, o celular se transformava em um gravador de voz.

Numa fase de preparação mais recente, eu já havia aderido aos cursos *on-line*. Assistir aula em casa era ótimo por várias razões: não precisava enfrentar trânsito, não tinha dificuldade de achar vagas para estacionar o carro, podia dormir mais alguns minutos antes de começar a aula, etc. O grande problema era ter a disciplina necessária. Precisei desenvolver bastante meu autocontrole para assistir aulas nos horários corretos e, principalmente, não me perder com as distrações de casa.

Por fim, entrei em uma etapa mais evoluída de estudo e acrescentei o *tablet*. Passei a utilizar aplicativos específicos para concurseiros, que registram o tempo de estudo e fazem gráficos de acordo com o conteúdo estudado ao longo da semana. Também aprendi a estudar sempre pela tela do computador e comecei a digitalizar todo o meu material de estudo para disponibilizá-lo "na nuvem". Assim, eu tinha acesso ao conteúdo dos meus cadernos em qualquer lugar que estivesse. Era comum, por exemplo, estudar pelo meu celular ou *tablet* enquanto aguardava atendimento na fila do banco ou enquanto esperava o embarque no aeroporto.

Tudo é uma questão de adaptação. O concurseiro precisa se adaptar aos novos tempos e, principalmente, às novas tecnologias em favor dos estudos. O importante é não ficar parado ou deixar que a tecnologia atrapalhe o desempenho durante a preparação.

## CONCURSEIRO QUE NÃO SE AJUDA NÃO PASSA

É isso mesmo. Rogo esta praga sobre todos os concurseiros: concurseiros que não se ajudam, não passam.

A colaboração entre os candidatos é fundamental para o sucesso de todos. Se você acha que o colega de cursinho é seu adversário, então já começou a estudar de maneira errada.

Os seus únicos – e maiores – adversários são os seus próprios problemas. Ninguém impede a sua aprovação. Você só vai fracassar em função da sua falta de tempo, do seu cansaço, dos seus medos, da sua insegurança, da sua desmotivação, da sua falta de estratégia, da sua falta de empenho etc.

Os seus colegas concurseiros, que também passam por problemas semelhantes, não têm absolutamente nada com isso. Ninguém vai te segurar pelas pernas no dia do concurso para te impedir de chegar ao local de prova. Se você tem medo de ajudar seu colega e ele acabar sendo aprovado, saiba então que já está agindo como um fracassado. A insegurança é um dos grandes limitadores dos candidatos.

Concurseiros de verdade se ajudam. Compartilham materiais. Trocam informações sobre novos editais. Parabenizam os colegas quando aprovados. Confortam outros quando reprovados. E o mais importante: mesmo quando já aprovados, nunca se sentem superiores aos colegas que continuam na jornada dos concursos públicos.

Alguns dos meus amigos de batalha continuam estudando para concursos da Magistratura. Mantenho contato com vários deles até hoje. Felizmente, jamais os vi de maneira inferiorizada. Tive a graça de ser aprovado com alguma antecedência, mas sei da capacidade e empenho de todos eles.

Por um acaso, a vida acabou me conduzindo à Magistratura Federal antes do que eu esperava. Sei que poderia ter sido diferente...

## COMPRE NA BAIXA, VENDA NA ALTA

Existe uma frase interessante no mundo dos investimentos: "compre ao som dos canhões, venda ao som dos violinos". Em outras palavras: compre na baixa, venda na alta.

Por conta da minha experiência como ex-bancário, tomei o gosto de investir minhas economias no mercado financeiro. Comecei a poupar (não é muito, acredite...) e a aplicar parte do que eu ganhava na bolsa de valores. Certa vez, o mercado financeiro "desabou" de uma forma que eu nunca havia visto antes. Vi o mercado financeiro "derretendo" na minha frente. Na época, consegui manter o controle emocional (pelo menos uma parte dele...) e não vendi as ações que havia comprado. Pelo contrário, economizei tudo o que pude e comprei mais ações. Usei a velha máxima do mercado financeiro: compre na baixa, venda na alta! Eu tive oportunidade de fazer isso. Infelizmente, nem todas as pessoas tiveram.

Naquela mesma época, me lembro que os concursos públicos "desapareceram" do mapa. Os editais estavam bem escassos. Alguns até anunciavam "o fim dos concursos", como se isso fosse possível... Infelizmente, muitos "concurseiros" acabaram desanimando e largando os estudos por diversas razões.

Você consegue ver semelhança entre essas duas situações: a queda no preço das ações e a queda nos concursos públicos? É possível fazer uma analogia entre o mercado financeiro e os concursos públicos?

O estudo para concursos exige tempo, dedicação e paciência. Assim como nos investimentos, onde a gente busca ganhar dinheiro comprando ativos financeiros quando o preço está lá embaixo e vendendo quando estão valorizados, nos concursos públicos, a gente "investe" nosso tempo e esforço para colher os frutos depois. Quando o mercado financeiro está em baixa, isso pode significar uma ótima oportunidade de investimento: comprar na baixa. Nos concursos públicos, a lógica é a mesma: quando o "mercado de concursos" está em baixa, o concurseiro deve aproveitar para estudar o máximo que pode.

O mundo dos investimentos é formado por ciclos. Às vezes, o mercado está em um ciclo de alta. Um tempo depois, entra num ciclo de baixa. E assim vai... No mundo dos concursos parece ser a mesma coisa. Às vezes, os editais surgem um atrás do outro, com muitas vagas disponíveis. Um tempo depois, parece que entra num "marasmo", com poucas oportunidades. Saber entender esses ciclos – e se preparar para eles! – é fundamental tanto para o investidor quanto para o concurseiro.

Imagina que você está estudando para um concurso público. Você começa do zero, aprendendo as matérias, fazendo exercícios e simulados. Nesse momento, você está "comprando" conhecimento na baixa e, consequentemente, passando na frente dos candidatos que estão desestimulados ou que desistiram no meio do caminho. Com o tempo, você vai ficando mais preparado, acumulando conhecimento e experiência. Isso é igual à estratégia de investir em ações quando estão baratas, porque, no futuro, o seu investimento vai valorizar. No caso dos concursos, o seu investimento de tempo e esforço também vai render ao longo do tempo. Quando os concurseiros estiverem desanimados e "vendendo" na baixa, você deverá estar na ponta oposta: estudando...

Outra semelhança é que, nos dois casos, a paciência é fundamental. A valorização do investimento quase nunca vem rápido e passar em um concurso também vai demorar. Quem pensa no curto prazo não tem vez no mercado financeiro, nem nos concursos públicos. Portanto, evite a mentalidade "curto-prazista" e foque no longo prazo.

Ou seja, estudar para concurso público e a estratégia de comprar na baixa e vender na alta nos investimentos têm mais em comum do que a gente imagina. Ambos exigem dedicação, paciência, resiliência e... mentalidade de longo prazo! Perceba que a vida funciona em ciclos. Mantenha o foco, siga a estratégia e não desista no meio do caminho.

## A TEMIDA FASE DO "FIQUEI POR UMA QUESTÃO" E A POSSÍVEL VONTADE DE DESISTIR

Acompanho a batalha de vários colegas que fizeram a prova para a Magistratura Federal nos últimos certames e verifiquei que existe uma angústia em praticamente todos os concursos: a temida "zona cinzenta"...

Com base no gabarito provisório, muitos concurseiros se deparam com aquela situação em que não é possível saber, com certeza, se a pontuação obtida será suficiente para estar na lista de convocados da segunda etapa (prova subjetiva e prova de sentença). Ou seja, durante algum tempo, o candidato não sabe se está aprovado ou reprovado.

Ficar na "zona cinzenta" é algo muito complicado. A primeira dificuldade é conseguir manter a concentração e continuar se preparando para outras provas. Além disso, o candidato permanece com a apreensão de não estar direcionando os estudos para as provas subjetivas e de sentença.

Sei bem como é isso. Já perdi as contas de quantas vezes estive nas "zonas cinzentas" dos concursos. A ansiedade de não estar aprovado nem reprovado... A expectativa pelo julgamento dos recursos para que algumas anulações e/ou alterações de gabarito pudessem me favorecer... A insegurança por ter que conciliar a continuidade dos estudos para outras provas objetivas com as provas de segunda etapa... E assim vai...

A preparação para um concurso da Magistratura Federal é um projeto de longo prazo. Quando iniciei meu projeto de ser um futuro Juiz Federal, já tinha consciência de que meu progresso nos estudos seria "passo a passo". Nas primeiras provas que fiz, logo no início da minha preparação, tive um desempenho até razoável, mas bem abaixo do necessário para a aprovação. Fiquei feliz com meus resultados iniciais, mas eu sabia que ainda faltava muito para chegar ao objetivo.

Aos poucos, na medida em que meu estudo evoluía e eu conseguia suprir a extensa matéria prevista nos editais, meus resultados foram melhorando substancialmente. Aliás, graças a um bom programa de estudos, o desempenho foi bem mais rápido do que eu havia imaginado.

O fato é que chega um momento em que o progresso nos estudos te coloca em uma posição bem “angustiante”. Trata-se da famosa “fiquei por um ponto”...

“Ficar por um ponto” na prova objetiva para ser convocado para a segunda etapa deveria ser motivo de muita alegria para qualquer concurseiro. Afinal, significa que o candidato já possui um nível de preparação capaz de colocá-lo entre os pouquíssimos que são convocados para a segunda etapa. No entanto, definitivamente, não é isso que acontece...

O sentimento de frustração por ter “batido na trave” mais uma vez pode se converter em profundo desânimo. Ao invés de ver as coisas pelo lado positivo, temos a tendência natural de pensar coisas do tipo: “nunca conseguirei...”; “por mais que me esforce, não dou conta...”; “isso não é para mim...”, etc.

Para combater o desânimo, percebi que o primeiro passo é não me iludir. Ou seja, tive para mim a compreensão de que tal situação é normal na vida de qualquer candidato. Não há concurseiro que não passe por algo semelhante, independentemente do certame. Portanto, se você decidiu enfrentar a batalha dos concursos públicos, não se iluda: você também terá que superar esse dilema de “ficar por um ponto” nas provas objetivas.

E mais: isso não acontecerá apenas uma ou duas vezes. Saiba que a preparação para um concurso de alto desempenho, como é o caso da Magistratura Federal, demanda uma preparação por etapas. O candidato começa conseguindo poucos pontos na prova objetiva. Depois, com o tempo, começa a obter pontuação muito próxima da “nota de corte” para a segunda fase. Finalmente, com muito esforço, começa a ser aprovado com relativa frequência na prova objetiva e enfrentar várias provas de segunda etapa.

Não é por acaso que, quando o candidato é aprovado para um concurso, geralmente é aprovado para vários ao mesmo tempo. Conheço colegas que passaram em três ou quatro concursos da Magistratura e do Ministério Público simultaneamente. A razão é muito simples: a preparação do candidato é cumulativa. Você vai acumulando conhecimento aos poucos até que, em determinado momento, se sente seguro o suficiente para ser aprovado em quase tudo...

O mais importante é não se iludir. A certeza de que a batalha não será nada fácil ajuda o candidato a antever os problemas que serão enfrentados e, consequentemente, não desistir do sonho de ser Magistrado. Eu incorporei a ideia de que um dia seria aprovado, custe o que custasse. Para mim, deu certo...

É verdade que cada um de nós reage de uma maneira diferente diante das dificuldades da vida. Todos nós passamos por vários desafios pessoais. Eu costumava ficar triste toda vez que minha pontuação não era suficiente para ser aprovado na prova objetiva, sobretudo quando ficava muito próximo da "nota de corte". Sei que alguns colegas encaravam isso de maneira diferente – aliás, madura e equilibrada –, pois, se sentiam vitoriosos por estarem cada vez mais perto do sonho. Creio que esta seja a maneira mais adequada de encarar as coisas.

Às vezes, somos muito rigorosos e exigentes conosco e não sabemos dar aquela dose de incentivo para nossas próprias almas, ou seja, nossa "criança interior". Imagine um filho que tenha se dedicado e estudado bastante para uma prova, mas não foi aprovado por apenas um ponto no primeiro vestibular. Qual seria a melhor postura a ser adotada pelos pais: reprimi-lo duramente pelo resultado insuficiente ou mostrar-lhe o lado positivo da derrota para incentivá-lo a continuar estudando?

A resposta parece óbvia. Reconhecendo o esforço realizado, os pais devem incentivar os filhos. O grande problema é que nunca fazemos isso conosco: somos como os "pais rigorosíssimos" de nós mesmos.

Não nego que o rigor seja algo importante. É importantíssimo! Precisamos ser rigorosos com nós mesmos o tempo inteiro e nos policiar para sermos um bom profissional, um bom amigo, um bom cônjuge, um bom filho... Da mesma forma, os pais precisam ser rigorosos com os filhos. A severidade me parece ser algo essencial na educação de qualquer pessoa, sobretudo para dar limites ao ser humano. E como faltam limites hoje em dia...

Apesar de compreensivos, meus pais foram severos e exigentes comigo e meus irmãos durante nossa infância. Felizmente, somos muitíssimos gratos a eles. A grande questão está na ponderação e no equilíbrio. Saber ponderar "rigor" e "compreensão" é uma verdadeira arte. Isso vale para tudo na vida, inclusive para os concursos públicos...

Diante de uma reprovação por apenas um ponto, somos capazes de violentar por vários dias a nossa alma – nossa "criança interior" – como um pai absolutamente descontrolado que desse uma surra despropositada no filho pelo resultado insatisfatório no vestibular. É um exemplo de desequilíbrio entre o rigor e a compreensão. Não há uma palavra de carinho. Não há um só gesto de incentivo. Há apenas a surra, e só.

Fiz isso várias vezes. Já perdi as contas de quantas oportunidades eu poderia ter sido compreensivo com minha própria alma, mas, ao invés disso, optei por ser despropositadamente rigoroso comigo mesmo por não ter atingido a pontuação mínima em algum concurso... Só via o lado negativo da reprovação e me punia internamente. Aos poucos, com a maturidade na batalha dos concursos públicos, percebi que existe um lado bom na derrota. É isso mesmo! Pode parecer piada ou chavão de autoajuda, mas aprendi com o esporte que, em qualquer competição, não há derrota. Na luta, você nunca perde: ou você ganha ou você aprende.

O mestre Jigoro Kano, o criador do Judô, tem uma frase que se aplica bem ao caso e que pode servir de inspiração para os concurseiros:

> "A derrota na competição e no treinamento não deve ser uma fonte de desânimo ou de desespero. É sinal da necessidade de uma prática maior e de esforços redobrados".

Após uma prova objetiva, independentemente do resultado, sempre tive o cuidado de tirar uns três ou quatro dias de "folga" dos estudos. Acho importante esse pequeno descanso, pois, após uma maratona de preparação, é natural que o candidato esteja cansado e, sobretudo, desanimado. Ademais, muitas questões pessoais acabam ficando pendentes durante os meses que antecedem o concurso público. Assim, nesses dias de folga após as provas objetivas, eu procurava descansar um pouco e resolver coisas simples do cotidiano que acabam ficando para trás (consultas médicas, idas ao dentista, problemas bancários, visitas a familiares etc.), bem como me dedicar um pouco mais à esposa com coisas do tipo ir ao cinema, levar para jantar e fazer uma viagem curta. Enfim... Ter alguns dias como qualquer ser humano normal... Ao retomar os estudos, alguns dias após esse descanso, me sentia revigorado.

Outra dica importante para enfrentar a "zona cinzenta dos concursos": atualmente, existem sites e fóruns especializados que ajudam os candidatos a preverem de maneira mais ou menos segura a "nota de corte" das provas objetivas. Os concurseiros lançam suas notas no sistema com base no gabarito preliminar divulgado pela banca examinadora e, assim, elaboram um simples *ranking*. Quanto mais pessoas contribuem com suas notas – e de maneira sincera, obviamente – mais os candidatos podem prever com precisão a "nota de corte" para a segunda etapa. Esse é um ótimo exemplo de situação em que os concurseiros podem se ajudar mutuamente.

## SUPERANDO A PRIMEIRA ETAPA DO CONCURSO DA MAGISTRATURA

Antever a aprovação para a próxima etapa em um concurso da Magistratura Federal não é uma questão apenas de "curiosidade" do candidato. A preparação para a segunda etapa (prova discursiva e provas de sentença) do certame é muito específica e demanda um treinamento que foge bastante do estilo de estudo que fazemos durante as provas objetivas.

Durante minha preparação para a Magistratura Federal, tive a felicidade de obter uma pontuação relativamente boa na prova objetiva. Quando corrigi minhas respostas com base no gabarito preliminar, tive a certeza de que seria convocado para a segunda etapa. Assim, enquanto alguns colegas estavam na "zona cinzenta", aguardando resultado de recursos da prova objetiva, eu pude antecipar minha preparação e começar a direcionar meus estudos para a prova subjetiva e, principalmente, para as provas de sentença.

Lembro que marquei o resto do meu período de férias na Defensoria Pública da União justamente para o final de semana do concurso da Magistratura. Assim, logo depois de realizar a prova objetiva, saí de viagem com minha esposa para Maceió/AL. Seria uma semana de descanso mais do que merecido, afinal, eu havia dado aos estudos aquele *Sprint* – momento de maior velocidade atingida por um corredor, especialmente no final da corrida – um mês antes da prova objetiva. Acontece que nada saiu como o planejado...

Um dia depois de chegar em Maceió/AL – sol maravilhoso, clima ameno, água do mar cristalina –, saiu o gabarito preliminar da prova objetiva. Obviamente, eu havia levado o meu rascunho de prova dentro da mala. Corrigi minhas respostas no quarto de hotel, meio que escondido da minha esposa. Fiquei um pouco assustado com o resultado, pois, havia sido maior do que eu havia previsto inicialmente. Corri para um famoso fórum de concurseiros para ver o que os demais candidatos estavam postando. Para minha surpresa, de cara, minha pontuação já seria suficiente para ser aprovado para a segunda etapa do concurso. Resultado: minha merecida semana de descanso acabou indo por água abaixo...

Continuei em Maceió/AL para pegar uma praia e tentar tirar o "bronzeado cor de papel" que acumulei na minha pele durante os muitos anos de estudo para concurso público. No entanto, entre um mergulho e outro, lá estava eu na areia da praia, com a cara enfiada no *ipad*, comprando livros para as provas subjetivas; pesquisando cursos específicos para as provas de sentença; pedindo dicas de estudos para colegas que haviam sido aprovados nos concursos anteriores, e me inscrevendo no grupo de e-mail dos candidatos aprovados.

Naquele momento, fiquei com um sentimento estranho. Estava chateado por minha viagem de férias ter sido prejudicada, mas, por outro lado, muito feliz pela aprovação para a segunda etapa do concurso. No final das contas, todo o esforço e toda a dedicação valeram à pena...

## A PREPARAÇÃO PARA A SEGUNDA FASE DO CONCURSO

A segunda fase do concurso da Magistratura Federal é composta por uma prova discursiva e duas provas de sentença (sentença cível e sentença penal). Geralmente, as provas são realizadas em um final de semana, conforme previsão no edital de cada Região.

As bancas costumam admitir a consulta à legislação "seca". Assim, no dia da prova, os candidatos levam malas cheias de códigos e *Vade Mecum*. Na minha época, levei uma mala enorme com dois *Vade Mecum* e códigos compilados de diversos assuntos. Acabei usando pouca coisa, mas ter o material completo era imprescindível.

No caso dos últimos concursos do Tribunal Regional Federal da 1ª Região, a primeira prova escrita (chamada *P2*), discursiva, é constituída de uma dissertação, que valia até 6 pontos, e de respostas a 2 questões de livre escolha da Comissão de Concurso, valendo até 2 pontos cada resposta; ou de 4 questões, valendo 2,5 pontos cada resposta. A nota mínima para aprovação é de 6,00 pontos na prova escrita (*P2*).

A segunda prova escrita (chamada *P3*) consistia na lavratura de sentenças, uma de natureza cível (1ª parte) e outra de natureza penal (2ª parte), em dias sucessivos, valendo cada sentença 10,00 pontos. Na prova de sentença, era necessária nota mínima de 6,00 pontos em cada sentença, sendo que a nota da prova escrita (*P3*) será a média aritmética das duas sentenças.

Essa é, certamente, a etapa mais difícil que o candidato poderá enfrentar em termos de exigência técnica-jurídica e de desgaste físico até ser aprovado. Além disso, em termos proporcionais, a quantidade de reprovações nas provas subjetivas e de sentença é a maior de todas. Definitivamente, aqui, a aprovação é a exceção; a reprovação, a regra.

Uma dificuldade que o candidato enfrenta para a segunda fase é o pouco tempo disponível de preparação. O prazo entre a divulgação do resultado da prova objetiva e a data de início das provas subjetivas é, em regra, de apenas 30 a 45 dias. É muito pouco tempo para se redirecionar os estudos.

Alguns colegas me perguntam sobre a conveniência de "antecipar" a preparação dos estudos para a segunda fase. Evidentemente, o ideal seria se preparar antecipadamente para qualquer etapa. O grande problema é o volume de conteúdo a ser estudado – e revisado – para a prova objetiva. Portanto, isso acaba sendo impossível na prática.

Quando conferi o gabarito preliminar da minha prova, tive a certeza de que seria convocado para as provas subjetiva e de sentença. Então, tive a oportunidade de já me preparar com um pouco mais de tempo que alguns colegas. Foi o prazo de conseguir juntar material – livros e resumos –, pegar dicas com pessoas que haviam sido aprovadas em concursos anteriores e pesquisar alguns cursos preparatórios específicos.

Logo no início da minha preparação, fiquei espantado com um fato: não tinha a menor ideia de como estudar para a segunda fase.

Era um sentimento estranho, pois, durante boa parte da minha vida fui um concurseiro "profissional". Já me preparei para dezenas de concursos públicos e consegui, ao longo desses anos, ter o pleno controle da minha estratégia de preparação. No entanto, agora, com mais de 30 anos de idade, eu vivenciava uma situação nova: pela primeira vez que eu faria a segunda etapa do concurso público da Magistratura Federal.

Parei para pensar por algumas horas e concluí que não sabia sequer por onde começar. Como seriam as provas? Qual era o nível de exigência da banca examinadora? Como buscar um material de estudo adequado? Como fazer uma prova subjetiva? Como elaborar uma sentença?

A convocação para a segunda fase envolvia uma mistura de alegria e apreensão. Alguns dias após o resultado da prova objetiva, quando a adrenalina voltou ao normal, passei a sentir a tensão por ter que "reaprender a estudar".

A partir desse momento, meu nível de tensão foi crescendo exponencialmente até o último dia do concurso e só diminuiu quando recebi o resultado da minha nota na prova oral. Foram meses realmente difíceis...

Um fator de apreensão vem do histórico da segunda etapa. Conheço candidatos muito capacitados que já reprovaram várias e várias vezes em provas de segunda fase. É a chamada "síndrome de segunda etapa". O concurseiro possui um nível de preparação elevadíssimo, capaz de ser aprovado em dezenas de provas objetivas para a Magistratura e para o Ministério Público, mas, fatalmente, acaba sendo reprovado nas provas discursivas e/ou de sentença. Infelizmente, vejo tal situação com relativa frequência...

Existe uma explicação para isso? Como pode um candidato altamente capacitado ser aprovado em várias provas objetivas, mas, em seguida, não lograr êxito nas provas de segunda etapa?

Certamente, são vários fatores que interferem na aprovação daquele que anseia se tornar um Juiz Federal. No entanto, tenho dois palpites para tal situação: (i) problemas durante a preparação e (ii) desgaste emocional.

A preparação para a segunda fase do certame exige do candidato um estudo muito específico. Vários detalhes precisam ser observados pelo concurseiro para que possa superar a etapa mais complexa e exigente do concurso. Portanto, é preciso fazer várias adaptações nos estudos.

Após ser aprovado na primeira etapa, a primeira medida foi pesquisar as provas anteriores realizadas por todos os Tribunais Regionais Federais. Essa foi a maneira que encontrei para ter uma noção de como o conhecimento era cobrado pelas bancas examinadoras na segunda fase e, principalmente, antever o nível de complexidade das provas subjetiva e de sentença. Fiquei impressionado com o grau de dificuldade das provas já realizadas, o que acabou servindo de alerta para o meu direcionamento nos estudos.

Em seguida, foi necessário analisar os membros que compunham a banca examinadora para tentar prever qual membro seria o responsável por cada uma das disciplinas. No caso do concurso do Tribunal Regional Federal da 1ª Região, o concurso foi realizado pelo CESPE/UnB. Recebemos a informação de que a equipe do CESPE/UnB seria responsável pela elaboração da prova objetiva, mas que as provas de segunda fase (discursiva e sentenças) e a prova oral seriam elaboradas pelos próprios membros da banca examinadora. Essa informação era importante, pois, conhecer o perfil daquele que irá elaborar cada uma das provas poderia ajudar no direcionamento dos estudos. Basta uma pesquisa rápida na internet – de forma bastante respeitosa e sem invadir a privacidade de ninguém – para se conhecer um pouco o perfil acadêmico e profissional dos examinadores.

No meu caso, conseguir antever os membros que seriam responsáveis pelas provas de cada uma das disciplinas. Em seguida, foi feito um trabalho de pesquisa sobre a produção acadêmica e profissional para conhecer a linha de pensamento dos examinadores. Verifiquei que alguns tinham vasta produção acadêmica em determinadas áreas, além de artigos publicados em livros e revistas. Também foi possível observar a experiência profissional com fatos mais relevantes de cada um.

Decidi também deixar de fazer questões objetivas e aumentar ainda mais meu estudo de jurisprudência. Analisando as provas anteriores, vi que os examinadores exigem dos candidatos o conhecimento das posições dos Tribunais Superiores, bem como dos próprios Tribunais Regionais Federais. Logo, a resolução de questões objetivas deveria ser substituída pelo enfoque no estudo da jurisprudência. A leitura das súmulas dos tribunais e dos informativos de jurisprudência passou a ser uma das prioridades.

Durante o concurso, os candidatos aprovados para a segunda fase se uniram e criaram um grupo de estudos. Uma das estratégias adotadas pelos candidatos – e que teve bastante proveito – foi a pesquisa da jurisprudência produzida tendo como relatoria cada um dos Desembargadores que compunham a banca examinadora.

Lembro que fiquei responsável pela pesquisa jurisprudencial de um dos Desembargadores e minha pesquisa abrangeu todos os processos julgados na sua relatoria durante dois anos. Processo por processo, julgamento por julgamento, acórdão por acórdão...

Toda a pesquisa dos candidatos foi compilada em um grande arquivo contendo dezenas de julgamentos, separados por tema e por cada examinador. Como era de se esperar, parte dos assuntos abordados nas provas de sentença penal e de sentença cível havia sido julgada pelo Tribunal há alguns meses...

Falarei sobre a preparação para cada uma das provas que compõem a segunda etapa nos próximos tópicos.

## A PREPARAÇÃO PARA A PROVA DISCURSIVA

Geralmente, a prova discursiva no concurso da Magistratura Federal é composta por uma dissertação e de respostas a 2 questões de livre escolha da Comissão de Concurso. A quantidade de linhas costuma ser limitada, p. ex., máximo de 90 linhas para resposta da dissertação e de 30 linhas para cada questão discursiva. Às vezes, as bancas não exigem dissertação, mas cobram o total de 4 questões discursivas. A nota mínima depende de cada edital, mas, em regra, exige-se para aprovação o mínimo de 60% (6,00 pontos) no total da prova escrita.

Como enfatizei, sempre gostei de utilizar um material mais objetivo e resumido na preparação para a prova objetiva. Agora, entretanto, a coisa era bem diferente.

A dissertação e as questões discursivas exigem do candidato não apenas o conhecimento jurídico do que foi arguido, mas também a capacidade de argumentação. Nesse momento, um conhecimento doutrinário mais aprofundado pode ser útil para desenvolver melhor as respostas.

Na parte de doutrina, em cada matéria, eu tentava selecionar aqueles temas que teriam mais chances de serem cobrados na prova subjetiva de acordo com o perfil dos examinadores. Evidentemente, trabalhei apenas com base na probabilidade, pois, era impossível conseguir estudar e revisar todo o conteúdo previsto no edital. Assim, lia alguns capítulos específicos de livros conforme a relevância dos temas para a prova (p. ex., os capítulos de controle de constitucionalidade do Pedro Lenza, de imunidades tributárias do Eduardo Sabbag e de direito das coisas do Flávio Tartuce).

A pesquisa acadêmica dos examinadores também foi útil para selecionar alguns artigos e textos doutrinários sobre temas que poderiam ser cobrados em prova. Ademais, era possível traçar um perfil dos examinadores – civilista, processualista, internacionalista etc. –, o que aumentaria a probabilidade de cobrança de algum assunto específico na dissertação e nas questões discursivas.

Os "temas da moda" também são sempre bem-vindos. Fiquei atento aos assuntos e julgamentos que eram mais recorrentes na imprensa e que poderiam chamar a atenção dos examinadores (p. ex., improbidade administrativa, tratados internacionais, licenciamento ambiental etc.).

Ainda no aspecto doutrinário, uma recomendação interessante é a leitura dos famosos "Enunciados do CJF", principalmente na área de Direito Civil (Jornadas de Direito Civil) e de Processo Civil (Jornadas de Processo Civil). Algumas questões foram cobradas diretamente com base nessas referências.

Já tive a oportunidade de fazer várias provas discursivas, não apenas da Magistratura, mas também dos concursos de outras carreiras. Portanto, minha experiência nessa parte era razoável, o que me deixou muito mais tranquilo no certame da Magistratura Federal. Foram tantas provas discursivas, sobretudo pelo CESPE, que acabei desenvolvendo um método de redação que talvez possa ser útil para outros candidatos.

Há alguns anos, enquanto ainda trabalhava na Defensoria Pública, tive a oportunidade de conversar com um colega que foi membro de banca examinadora em concurso público organizado pelo CESPE. Como ele já havia se desligado totalmente dos trabalhos da banca, tive a liberdade de indagá-lo sobre o funcionamento interno das comissões de concursos. Conversei com ele durante horas sobre vários aspectos do concurso. Como é organizado o concurso? Qual atribuição de cada membro da banca? Como as questões objetivas e subjetivas são elaboradas? Quem é o responsável pela correção de cada etapa do concurso? Como se organiza a prova oral? O que os examinadores observam em uma prova oral? E assim foi... Simplesmente "fuzilei" o colega com dezenas de perguntas... Isso acabou me ajudando bastante a construir meu método de resposta.

Além disso, após as várias provas discursivas que participei, sempre tive o cuidado de pegar o "espelho de correção" disponibilizado pelas bancas examinadoras. Alguns espelhos são bastante detalhados e úteis; outros, nem tanto. Percebi pelos bons "espelhos" que todas as bancas examinadoras utilizam um critério mais ou menos semelhante de correção: a procura por *palavras-chave* ou *expressões-chave*.

Aprendi que as questões discursivas são feitas mais ou menos assim: cada membro da banca examinadora fica responsável pela elaboração de uma questão discursiva ou de uma dissertação, abordando determinado assunto. O examinador costuma ter ampla liberdade para escolher o assunto dentre aquelas matérias previstas no edital. Assim, é de se esperar que cada examinador elabore questões de acordo com sua afinidade e seu domínio sobre os temas.

O mesmo examinador que elabora a questão discursiva ou dissertativa também faz uma proposta de "espelho de correção". É mais ou menos como se o examinador respondesse à questão que ele mesmo formulou e, em seguida, apontasse com "palavras-chave" aquilo que deve ser abordado pelo candidato na resolução da prova. Esse espelho servirá de referência para que o candidato saiba mais ou menos o que deveria ter abordado na prova. Em alguns concursos, os examinadores discutem os espelhos de correção uns dos outros para chegar até um padrão de resposta.

As pessoas responsáveis pela correção da prova – que, eventualmente, nem são os próprios membros da banca examinadora – utilizarão o espelho de correção fornecido pelo examinador responsável pela questão. Ou seja, pode ser que uma mesma questão na prova subjetiva seja corrigida por pessoas diferentes, o que às vezes justifica a lamentável divergência de correção entre os candidatos.

O fato é que, ainda que não seja divulgado aos candidatos, a pessoa responsável pela correção da prova sempre terá em mãos um espelho de correção. Esse espelho será feito com base em "palavras-chave" ou "expressões-chave", caso contrário, a correção de centenas de provas ficaria inviabilizada.

Vejamos abaixo exemplos de algumas questões discursivas cobradas em Concursos da Magistratura Federal do Tribunal Regional Federal da 2ª Região, com os respectivos espelhos de correção:

**Exemplo 01:**

(Questão do XV Concurso Público para Juiz Federal Substituto do TRF-2) – Em que consiste o instituto da denúncia espontânea? Explique os requisitos de sua configuração, bem como sua aplicabilidade às obrigações tributárias principal e acessória, e aos tributos sujeitos ao lançamento de ofício, declaração e homologação? (1,5 ponto)

A distribuição de pontos foi feita da seguinte forma:

| **Pontuação** | **Tópicos** |
|---|---|
| 0,20 | Requisitos da denúncia espontânea |
| 0,20 | Aplicabilidade à obrigação principal |
| 0,20 | Inaplicabilidade à obrigação acessória |
| 0,30 | Incompatibilidade com lançamento de ofício |
| 0,30 | Compatibilidade relativa com lançamento por declaração |
| 0,30 | Compatibilidade condicionado com lançamento por homologação |
| **1,50** | **Total** |

**Exemplo 02:**

(Questão do XIV Concurso Público para Juiz Federal Substituto do TRF-2) – Diferencie as técnicas decisórias da interpretação conforme a Constituição e da inconstitucionalidade parcial sem redução de texto, fornecendo ao menos um exemplo de aplicação de cada uma delas. (Valor 1,5 pontos).

A distribuição de pontos foi feita da seguinte forma:

| **Pontuação** | **Tópicos** |
|---|---|
| 0,50 | Correta delimitação da interpretação conforme a Constituição: caracterização como técnica que não afeta o enunciado legal, mas atinge seu significado normativo possível, mediante declaração de constitucionalidade condicionada à observância de uma única interpretação compatível com o texto constitucional. |

| Pontuação | Tópicos |
|---|---|
| 0,50 | Correta delimitação da inconstitucionalidade parcial sem redução de texto: caracterização como técnica que não afeta o enunciado legal, mas atinge seu significado normativo possível, mediante declaração de inconstitucionalidade restrita a um dos significados possíveis do enunciado. |
| 0,25 | Descrição de exemplo adequado de interpretação conforme a Constituição. |
| 0,25 | Descrição de exemplo adequado de inconstitucionalidade parcial sem redução de texto. |
| **1,50** | **Total** |

## Exemplo 03:

(Questão do XV Concurso Público para Juiz Federal Substituto do TRF-2) – Como estabelecer a distinção entre mora e inadimplemento total? Esclareça, também, em que consiste o chamado inadimplemento antecipado. (Valor 1,5 pontos)

A distribuição de pontos foi feita da seguinte forma:

| Pontuação | Tópicos |
|---|---|
| 0,50 | Distinção entre mora e inadimplemento |
| 0,50 | Inadimplemento antecipado |
| 0,50 | Base legal que deu suporte à resposta (quem respondeu corretamente, mas não embasou a resposta com preceitos legais, apenas pode atingir 1 ponto). |
| **1,50** | **Total** |

**Exemplo 04:**

(Questão do XIV Concurso Público para Juiz Federal Substituto do TRF-2) – Em que consiste a figura da patente? Goza de alguma proteção, dentro ou fora do plano da propriedade industrial, o criador de invento ou de modelo de utilidade ainda não patenteados e nem submetidos a registro? A resposta pode ser sucinta. (Valor 1,5 pontos).

A distribuição de pontos foi feita da seguinte forma:

| Pontuação | Tópicos |
|---|---|
| 0,50 | Conceito de patente |
| 0,50 | Proteção outra |
| 0,50 | Embasamento legal |
| **1,50** | **Total** |

Escolhi essas duas provas da Magistratura Federal como exemplos, pois, os certames do TRF-2 são de altíssimo nível técnico. Além disso, a banca examinadora divulgou espelho de correção muito bem fundamentado para que os candidatos pudessem saber as respostas pretendidas pelos examinadores.

Vamos analisar alguns aspectos de cada um desses espelhos de correção acima.

**Exemplo 01:** veja no primeiro exemplo que o espelho de correção é bem detalhado com relação aos itens que o examinador queria identificar na prova do candidato.

A banca examinadora dividiu a pontuação em 06 itens com "expressões-chave" curtas que o candidato deveria abordar na resposta para que pudesse obter as respectivas pontuações

(0,20 ou 0,30 ponto). Ou seja, se um candidato escrevesse 30 linhas apenas sobre os "requisitos da denúncia espontânea", ainda que de maneira correta e tecnicamente irretocável, obteria como resultado na questão mero 0,20 ponto, que equivale a menos de 14% do total da questão.

Perceba que existe um grande risco, portanto, àquele candidato que é profundo conhecedor do tema. Imagine um candidato que seja Procurador da Fazenda Nacional e que tenha especialização, mestrado e doutorado em Direito Tributário. Certamente, esse profissional saberá tudo sobre a questão de Tributário elaborada pela banca examinadora. Aliás, dependendo do caso, não duvido que o candidato pudesse ter mais domínio do conteúdo que o próprio examinador responsável pela elaboração da questão. No entanto, qual é exatamente o grande risco? O risco é a falta de planejamento do candidato ao elaborar a resposta definitiva.

Percebi ao longo dos anos que o mais importante é tentar, na prova subjetiva, prever os itens que estarão no espelho de resposta. Não adianta, portanto, escrever um "tratado" de 25 linhas sobre apenas um dos tópicos previstos no espelho de correção e deixar apenas 05 linhas para todos os outros itens. Durante minha preparação, observei que o mais importante é raciocinar estrategicamente antes de começar a escrever a resposta de modo a construir um roteiro com o máximo de itens possível, na esperança de acertar aquelas "expressões-chave" previstas pelo examinador.

Assim, no caderno de rascunho da minha prova, eu lançava apenas as subdivisões em tópicos dos temas que seriam abordados no caderno definitivo de resposta. Ao transcrever a resposta para o caderno de resposta definitivo, dividia em parágrafos curtos e objetivos cada um dos tópicos criados para que o número de linhas fosse suficiente.

> **Exemplo 02:** veja no segundo exemplo que o espelho de correção é bem mais minucioso não apenas com relação aos itens que o examinador queria identificar na prova, mas também quanto à linha de argumentação que se esperava do candidato.

Nesse caso, as observações anteriores, feitas no exemplo 01, devem ser enfatizadas com mais propriedade. O poder de síntese e objetividade do candidato deveria ser elevado ao extremo para que fosse capaz de construir uma resposta próxima daquilo que o examinador previa.

Particularmente, no caderno de rascunho, construiria um roteiro prévio de resposta com tópicos e subtópicos para antever o que estaria previsto no espelho de correção da banca examinadora. Ao passar a resposta para o caderno definitivo, utilizaria as orações na ordem direta, em períodos curtos e parágrafos bem objetivos. Novamente, a ideia seria "economizar" espaço para lançar uma quantidade razoável de argumentos na esperança de coincidir com aquilo que estaria previsto no espelho do examinador.

> **Exemplo 03:** o terceiro exemplo traz um espelho de correção muito mais sucinto e resumido, tanto em relação à quantidade de itens quanto em relação à linha de argumentação a ser seguida pelo candidato.

Nesse caso, o examinador parece ter deixado a questão mais "aberta", de forma que o candidato poderia adotar algumas posições diferenciadas, desde que abordasse os três tópicos previstos no espelho. No entanto, continua válida a necessidade de que o candidato fosse capaz de construir um roteiro de resposta que pudesse prever o que a banca tivesse considerado como a melhor resposta.

Repare que um dos tópicos do espelho de resposta, nesse exemplo, é a "base legal que deu suporte à resposta". Esse é um aspecto interessante, pois, ainda que não estivesse expressamente previsto no espelho, sempre acreditei que qualquer resposta a ser dada em uma prova subjetiva deveria apontar, expressamente, o fundamento legal e/ou jurisprudencial. Essa expressa previsão constante no espelho apenas reforçou a minha suspeita.

Em minhas provas subjetivas, tomei o cuidado de procurar todos os dispositivos legais que pudessem servir de base para a resposta desejada pela banca examinadora. Essa preocupação possui, inclusive, um aspecto prático. É que a menção expressa, no caderno de resposta, a um dispositivo legal que o examinador entendia necessário já garantiria, quase que automaticamente, a pontuação prevista no espelho de correção.

Assim, ainda que se tratasse de uma resposta com base doutrinária ou jurisprudencial, eu procurava mencionar todos os dispositivos diretamente ligados ao assunto para enriquecer a resposta e deixar mais demarcado a compatibilidade do meu raciocínio com o espelho de correção da banca examinadora. Para melhor organizar a citação dos dispositivos legais, costumava seguir a pirâmide normativa de Kelsen: buscava o fundamento constitucional, em seguida, mencionava o dispositivo infraconstitucional (lei ordinária, lei delegada, lei complementar etc.) pertinente e, por fim, algum decreto/resolução que pudesse ter relação com a resposta.

**Exemplo 04:**

O quarto exemplo igualmente traz um espelho de correção bem sucinto e resumido, tanto em relação à quantidade de itens quanto em relação à linha de argumentação a ser seguida pelo candidato.

Esse exemplo é interessante para demonstrar uma situação em que o examinador começa a questão buscando uma resposta tipicamente "conceitual". Contudo, mesmo diante de conceitos, o candidato deveria fundamentar a resposta com base na lei, razão pela qual o "embasamento legal" também foi um dos itens previstos no espelho de correção.

Deixo aqui uma última dica, que aprendi com minha experiência pessoal. Atualmente, existem vários cursos voltados para provas discursivas, inclusive com plataforma *on-line*. Tive a oportunidade de acompanhar alguns cursos também como professor e reconheço a importância dessa preparação. É imperioso que o candidato treine a elaboração de respostas subjetivas.

## A PREPARAÇÃO PARA A PROVA DE SENTENÇA

Estudar para as provas de sentença foi um desafio, pois, era a maior novidade que eu havia enfrentado durante o concurso. Não fazia ideia de como me preparar para as sentenças cível e penal. Além disso, estatisticamente, a sentença penal é a etapa que mais reprova em concursos públicos da Magistratura de uma maneira geral.

Além da dificuldade com relação ao direito material em si, a prova de sentença demanda o conhecimento da estrutura formal de cada peça processual. Isto é, não basta conhecer a resposta a ser dada ao caso concreto. O concurseiro precisa saber elaborar um relatório bem objetivo; distribuir a fundamentação adequadamente (questões preliminares, prejudiciais, processuais pendentes, mérito etc.); formatar um dispositivo tecnicamente perfeito; lembrar as disposições finais da sentença; controlar o número de linhas; controlar o tempo de prova; manter a calma etc.

Aliás, um problema que ocorre com muita frequência é o candidato perder o controle durante a prova e não conseguir elaborar toda a sentença por falta de espaço (número de linhas insuficiente) ou por falta de tempo.

Em regra, a segunda prova escrita consiste na elaboração de duas sentenças, uma de natureza cível e outra de natureza penal, em dias sucessivos. Geralmente, os Tribunais exigem, na prova de sentença, a nota mínima de 6,00 pontos (60%) em cada sentença, sendo que a nota final será a média aritmética das duas sentenças. Os editais costumam prever que o candidato somente terá a prova de sentença corrigida se for previamente aprovado na prova discursiva.

Durante a preparação para as provas de sentença, li os livros de Sentença Cível (Nagibe) e de Sentença Penal (Ricardo Schmitt). Ademais, estudei o livro de Crimes Federais do professor Fábio Roque e alguns capítulos do livro de Crimes Federais do professor Baltazar Jr. (obra, aliás, excelente!).

Fiz um curso de sentença pela *internet*. Toda semana era disponibilizado um caso hipotético para que o aluno elaborasse a sentença cível e penal, alternadamente. As sentenças eram redigidas no próprio site, em uma plataforma criada pelo curso. Os professores, que eram Juízes Federais, recebiam as provas e corrigiam os textos com alguns comentários para os alunos. O curso, de maneira geral, foi proveitoso e me ajudou bastante. De fato, é necessário procurar um curso de sentença que tenha a preocupação com a parte prática da elaboração das peças. Nesse momento de preparação, o mais importante é aprender a "colocar a mão na massa".

Outra coisa muito importante foi a forma como eu treinei a redação de sentenças.

Adquiri sentenças corrigidas em cursos já concluídos e busquei as provas passadas de sentenças cível e criminal dos vários Tribunais Regionais Federais, com os respectivos espelhos de correção. Era a melhor maneira de saber o nível de exigência das bancas examinadoras.

Em seguida, comprei na papelaria uma resma de papel pautado. Percebi que a melhor maneira de praticar a redação era escrevendo as peças à mão, com número de páginas limitado e com tempo cronometrado. Ou seja, eu fazia vários simulados em casa, reproduzindo da maneira mais fiel possível como seria o dia da prova de sentença.

Fazer uma sentença em uma prova de concurso público é bem diferente de uma sentença no dia a dia do Magistrado. O importante não é aprender a elaborar "sentenças", mas sim a elaborar "provas de sentenças" para a Magistratura Federal. Nos concursos, existe a tensão de prova, a limitação de tempo, a limitação do número de linhas e a impossibilidade de consultas doutrinárias e jurisprudenciais. Concluí que era necessário criar um modelo ou uma estrutura básica de sentenças para provas da Magistratura.

Basicamente, foi o que fiz. Com os livros adquiridos, fui criando aos poucos um roteiro de sentença cível e outro de sentença criminal para ter os "modelos básicos" de sentenças. Deixei registrado o passo-a-passo de tudo o que deveria ser abordado em cada uma delas, já tomando o cuidado com o número de linhas e com o tempo despendido.

Também memorizei algumas expressões e números de artigos para serem utilizados na prova, evitando que eu tivesse que ficar recorrendo ao código – e, consequentemente, perdendo tempo – toda vez que fosse redigir o texto.

Foram várias sentenças escritas à mão com base nesse roteiro criado. Treinei de maneira exaustiva para que o tempo pudesse ser rigorosamente cronometrado. A ideia era criar o meu próprio roteiro de sentença e deixar a redação da minha resposta "automatizada" para o dia do concurso, inclusive com relação aos dispositivos legais mais utilizados.

Logo após ser aprovado no concurso da Magistratura Federal, tive a oportunidade de transformar esse conhecimento construído em um curso de sentença penal. Durante algum tempo, dei aulas de sentença criminal voltadas especificamente para os concursos da Magistratura. Foi uma ótima experiência, sobretudo por que pude ver os erros mais frequentes cometidos pelos candidatos. Tratarei sobre isso no próximo tópico.

## OS ERROS MAIS FREQUENTES DURANTE A PREPARAÇÃO PARA AS PROVAS DE SENTENÇA

Tive a felicidade de identificar, logo no início dos meus estudos para a segunda fase, qual seria o maior erro que eu poderia cometer na minha preparação: não ter uma estratégia para o dia da prova.

Chegar em uma prova de sentença sem uma estratégia bem definida é praticamente pedir para ser reprovado. Lembro que na mesma época em que eu fui aprovado na primeira fase do TRF-1, um colega estava se preparando para a prova de sentença de um concurso da Magistratura Estadual. Troquei algumas ideias com ele sobre a preparação e, com relação às provas de sentença, recebi a seguinte resposta: "vou decidir como faço a sentença na hora da prova mesmo...". Quando ouvi isso, pensei: "Pronto! Ou eu estou fazendo uma tempestade em copo d'água ou esse colega não tem a menor noção do que está prestes a acontecer...".

Em função da minha absoluta falta de experiência na época, fiquei calado e até dei certa razão a ele. Alguns meses depois, como já era de se esperar, fiquei sabendo que o colega fora reprovado. Fiquei muito pesaroso por ele, pois, sei o quanto se dedicava aos estudos. Contudo, a vida de concurseiro é implacável: se você não se prepara corretamente, está fadado ao fracasso.

Quando dei aulas de sentença criminal, vi que muitos concurseiros pretendiam fazer algo mais ou menos parecido com o que esse meu colega fez. O objetivo principal do curso, portanto, era mostrar a necessidade de que o candidato chegasse no dia da prova com uma estratégia pronta.

Não precisamos ir longe para perceber a importância desse objetivo. Qualquer atleta profissional – sempre comparo o concurseiro com um atleta de alto rendimento – chega em uma competição com uma estratégia definida. Os jogadores de futebol possuem um esquema tático cuidadosamente construído pelos técnicos e basta um erro de planejamento para ser derrotado. Um exemplo de erro estratégico foi o que ocorreu com a desastrosa derrota de 7 a 1 do Brasil para a Alemanha, durante a Copa do Mundo. Ambos os times possuem, inegavelmente, ótimos jogadores, mas bastou um despreparo técnico do treinador para fazer com que o time se perdesse durante a partida.

A lutadora estadunidense Ronda Rousey, antes de ingressar no MMA, foi uma renomada judoca e campeã olímpica. Em sua biografia – *Minha Luta, Sua Luta* –, ela relata as derrotas que sofreu em razão de falhas no planejamento estratégico durante os treinamentos e durante as lutas.

Assim como no esporte, estratégia é fundamental. A prova de sentença mostra muito bem isso, pois, certamente, é a etapa tecnicamente mais difícil do concurso. Mas quais são, afinal, os maiores erros estratégicos cometidos pelos candidatos? Vou relatar minha experiência pessoal como concurseiro e, em seguida, como professor.

Minha estratégia, tal qual já relatei, começou com minha preparação para a segunda fase, logo após corrigir minha prova objetiva e saber que seria convocado para as próximas etapas do certame. Reuni um material de estudo de qualidade: livros de sentenças cível e criminal, provas anteriores dos concursos da Magistratura Federal e rodadas de simulados de cursos de sentença. Em seguida, fiz minha inscrição em um curso *on-line* voltado especificamente para o concurso da Magistratura Federal.

Muitos concurseiros não se preocupam em realizar simulados de sentença à mão, com tempo cronometrado e número de linhas limitado. Vi isso várias vezes nos primeiros simulados que realizava com os alunos.

O primeiro caso hipotético que eu elaborava no curso era sempre bem simples e, evidentemente, distante do nível de dificuldade que seria exigido no dia do concurso. Eu fazia isso intencionalmente, pois, queria justamente ver o nível de preparo de cada candidato.

Vários se assustavam com a dificuldade de fazer a peça processual em razão da limitação de espaço e de tempo, além do cansaço em redigir as cinco laudas em cinco horas. Mesmo diante de um caso hipotético simples, alguns tinham dificuldade em terminar o simulado no tempo previsto ou extrapolavam o número de linhas.

O outro erro que percebia era a falta de um roteiro predefinido de sentença. Era comum os alunos tentarem construir a sentença "do nada" durante o simulado. Geralmente, a peça processual virava um "quebra-cabeças", tornando a compreensão do conteúdo muito mais confusa para o examinador. Era preciso, portanto, que o aluno incorporasse aos poucos uma padronização de sentença que pudesse ser utilizada no dia da prova.

A ideia, evidentemente, não era fazer uma "receita de bolo" para a prova de sentença. Sempre deixava isso claro para os alunos. Didaticamente, o melhor caminho era que o aluno construísse o seu próprio roteiro de sentenças, de maneira que a peça processual se tornasse previsível e transmitisse segurança no dia da prova. Minha expectativa era que o candidato chegasse no dia da prova com uma sentença formalmente pronta na cabeça. Não importa qual seria o modelo que eles construiriam, desde que atendesse aos requisitos mínimos exigidos pela lei. A única coisa que não poderia acontecer era chegar no dia da prova sem um modelo e, consequentemente, sem uma estratégia.

Outra falha que identifiquei com relativa frequência na preparação dos alunos foi a falta de compromisso com a simplicidade. É fácil ser complexo; difícil mesmo é ser simples. A simplicidade é uma arte que poucos dominam. Albert Einstein mudou o mundo com três letras: $E = mc^2$. Antes dele, o grande Isaac Newton também havia transformado a física com outras três letras que sintetizam a famosa "Segunda Lei de Newton": $F = ma$.

Alguns candidatos tendem a imaginar que a sentença precisa ser uma peça rebuscada. A tendência, atualmente, é justamente o contrário. Existe um movimento importante no sentido de tornar as peças cada vez mais simples e objetivas. O espírito é simplificar as coisas. O desafio para o candidato é elaborar a sentença com linguagem rigorosamente técnica, mas, ao mesmo tempo, simples e objetiva. Os parágrafos devem ser curtos; as orações na ordem direta; os "jargões jurídicos" e os estrangeirismos devem ser abandonados, etc.

Por fim, em razão da falta de treinamento, certos candidatos não tinham o controle do tempo de prova e do número de linhas necessárias, o que é fundamental para a aprovação. Durante minha preparação, meus roteiros de sentença envolviam, inclusive, a distribuição do tempo e do espaço que poderiam ser dedicados a cada trecho da peça processual. Eu sabia, por exemplo, que só poderia dedicar no máximo quinze minutos e meia lauda para elaborar um relatório, caso o examinador exigisse a elaboração desse trecho da sentença. Por outro lado, precisava de mais de uma hora e de quase duas laudas para construir o dispositivo de uma sentença penal. Já no caso da sentença cível, era necessária meia hora e pouco mais de meia lauda para construir o dispositivo.

Aproveito para fazer uma ressalva. Esse relato sobre os erros mais frequentes que identifiquei ao longo de minha preparação para os concursos da Magistratura Federal não tem por objetivo assustar os candidatos ou criticar a forma como outros colegas estudam. Muito pelo contrário. Minha intenção é apenas trazer minha experiência pessoal – como aluno, concurseiro e professor – para que cada leitor possa (re)construir da melhor maneira o método de estudos utilizado. Tudo o que exponho vem a título de mera sugestão, e não como uma pretensa imposição a ser seguida.

## O DIA DA PROVA DISCURSIVA E DAS PROVAS DE SENTENÇA

O clima do local de prova é bem tenso. O ambiente é tumultuado, com um corre-corre de gente para um lado e para o outro. A quantidade de malas abarrotadas de livros lembra um aeroporto. Ninguém se sente muito à vontade para puxar conversa com os colegas. Um cumprimento rápido aos conhecidos já é suficiente. Também sempre tem aqueles abusados que adoram fingir um bate-papo para fazer "guerra psicológica" com os demais candidatos. Definitivamente, não é fácil ser concurseiro.

Aprendi desde cedo a chegar mudo e sair calado do local de prova. Tentava não interagir muito com os demais candidatos. Pode parecer uma conduta um tanto antissocial, mas, na prática, era o que me deixava mais tranquilo. A "guerra psicológica" no local de prova costuma ser ferrenha.

Nos dias das provas subjetivas da Magistratura Federal do TRF-1, a prova foi marcada em um colégio militar de Brasília/DF. Era um colégio grande e com espaços abertos. Logo no primeiro momento, descobri um pátio bem arejado e próximo a algumas árvores. A vista era para o campo de futebol e a para pista de corrida do colégio. Ninguém passava por ali. Eu chegava bem cedo e já me sentava no chão embaixo de uma árvore grande. Logo de cara, tornou-se meu lugar preferido naquele final de semana. Por um acaso, embaixo da árvore, vi uma bola de gude verde. Desde a minha infância, eu não via uma bola de gude! Achei tão interessante – e inusitado – que guardei a bolinha no bolso. Fui muito bem no primeiro dia de prova e a bola de gude se tornou meu amuleto, a minha "bola da sorte". Resultado: guardei o meu novo "amuleto" e fiz questão de fazer minha prova oral com a bola de gude no bolso do paletó. Até hoje guardo a bendita bolinha...

Não é segredo que essas provas subjetivas são muito cansativas e desgastantes. Ao término dos dias da segunda etapa, o candidato está, literalmente, acabado.

Uma coisa interessante é que a segunda etapa costuma admitir a consulta à legislação "seca". Os Tribunais costumam limitar o número máximo de folhas nas provas de sentença, o que torna o desafio do candidato ainda maior. O exercício de síntese e objetividade passa a ser fundamental para o candidato.

Para as provas de sentença, os candidatos levam malas abarrotadas de códigos e *Vade Mecum*. Como já dito, levei uma mala enorme com dois *Vade Mecum* atualizados, além de Mini-códigos de diversos assuntos. Também tomei o cuidado de selecionar uma coletânea de legislação penal especial e de legislação internacional bem abrangente.

Na hora de selecionar os livros, o candidato precisa ter o cuidado de verificar se não há quaisquer anotações e/ou comentários nos códigos, inclusive à lápis. Os fiscais são muito exigentes com o material levado. Além disso, alguns editais vedam a utilização das "Exposições de Motivos" dos códigos, o que leva à necessidade de isolar esses trechos com grampeador antes da prova. Na época, tive o cuidado de verificar todo o meu material e de isolar as partes proibidas para evitar o estresse antes da prova.

Cada prova chega a levar mais de cinco horas. Portanto, além dos livros, o candidato deve tomar cuidado com as canetas. Alguns concursos exigem caneta esferográfica de tinta preta e material transparente. Parece ser um alerta simplório, mas, no dia da minha prova de sentença, começou um pequeno tumulto na sala. Fiquei sem entender o que estava ocorrendo, mas percebi um candidato muito nervoso e argumentando com o fiscal de sala. Logo percebi o problema: o colega já havia respondido uma questão inteira com caneta de tinta azul quando percebeu o problema. Imagine só: ser reprovado em um concurso tão difícil por conta de uma mera tinta de caneta azul! Deve ser traumatizante...

Além dos livros e das várias canetas, é importante o candidato levar água e alimentos. O tempo de prova é tão curto que, geralmente, não temos sequer tempo para ir ao banheiro.

É bem verdade que alguns exageram. Lembro-me de uma prova em que um dos candidatos levou uma garrafa d'água de dois litros (!!!), umas vinte barras de cereal e umas dez canetas. Como se não bastasse o excesso de "material", o sujeito ainda tem a capacidade de derrubar a tal garrafona sobre a prova do colega ao lado. Molhou tudo. Pense a confusão que foi naquele dia! Enfim... O candidato precisa ser precavido, mas também não precisa de tanto.

O mais importante para o candidato que passa pela segunda fase é tentar antever os fatores de estresse, sobretudo para aqueles que fazem prova em outra cidade. É preciso ter cuidado ao comprar as passagens aéreas, reservar hotel, chamar táxi etc.

Alguns detalhes parecem irrelevantes, mas perdi uma excelente oportunidade de ser aprovado no concurso da Magistratura Federal do TRF-4 por uma razão que até hoje não me conformo: não levar remédio para dor de cabeça.

Tenho dores de cabeça com certa frequência. É um problema antigo que nunca consegui resolver. O *dorflex* e análogos são meus companheiros inseparáveis. Tenho comprimidos espalhados pela casa, pelo carro, pelo gabinete etc.

Quando fui à Curitiba fazer prova para o TRF-4, nem me preocupei em levar algum comprimido. Ironicamente, no momento em que entrei no taxi rumo ao local de prova, comecei a sentir a cabeça latejando. Parecia que ela tinha sido programada para doer, justamente, naquele momento. Provavelmente, foi por alguma razão emocional. Infelizmente, tive uma enxaqueca insuportável e acabei abandonando a prova no meio do caminho. O prejuízo foi grande. Além da reprovação, tinha as despesas com inscrição, passagens aéreas, hotel, transporte, alimentação...

Desde então, nunca mais cometi esse erro de esquecer os comprimidos para dor de cabeça. No dia da minha prova subjetiva do TRF-1, uma colega de sala começou a se sentir mal. Felizmente, eu havia levado quase uma farmácia inteira e pude ajudá-la. Sorte dela.

Meu *kit* de provas passou a ser cuidadosamente preparado com antecedência: documentos, comprovante de inscrição, canetas *bic* de tinta preta, chocolate, barra de cereal, garrafa d'água de 500 ml transparente e remédios. Deixava o celular dentro do carro.

## CONVOCAÇÃO PARA A PROVA ORAL

Após as provas subjetivas e de sentenças do TRF da 1ª Região, não havia mais nada a ser feito. Agora, o negócio era continuar estudando para outros concursos. A sensação de "indefinição" da vida talvez seja um dos grandes desafios para o equilíbrio emocional dos concurseiros.

Como já havia passado muito tempo desde as últimas férias em Maceió, minha esposa havia marcado uma viagem nossa para a Alemanha. Confesso que viajei um tanto contrariado, pois, a apreensão com o resultado que poderia sair a qualquer momento não me tirava o concurso da cabeça. Voltei de viagem e o resultado das provas de sentenças ainda não havia sido divulgado.

Passou, então, uma semana e banca examinadora divulgou a data em que seria publicado o resultado no Diário Oficial. O prazo foi prorrogado. Nova data foi divulgada. Novamente, prorrogado...

Após a segunda prorrogação, definiram uma data para a publicação do resultado. Eram 6h da manhã e eu já estava de pé. Minha esposa comentou que eu não havia conseguido dormir direito. Na verdade, não havia dormido nada...

Coloquei a água do café para ferver e liguei o computador. Iria aguardar, apertando o F5 do teclado uma centena de vezes, até que o resultado da segunda fase do concurso da Magistratura Federal do TRF-1 fosse divulgado.

A banca examinadora, por alguma razão desconhecida, havia prorrogado sucessivas vezes o dia de divulgação dos candidatos que seriam convocados para a prova oral e, assim, não havia certeza de que o resultado sairia. Meus colegas e eu estávamos uma pilha de ansiedade.

Após "fuzilar" o F5 durante quase uma hora, o *site* do Diário Oficial travou. Ficou tudo parado. Bateu aquele desespero. A página havia acabado de ser atualizada. Antes mesmo de o *refresh* do F5 funcionar, o celular tocou. Um dos colegas no grupo de *WhatsApp* havia enviado a cópia da lista daqueles que seriam convocados para a prova oral. Lá no meio dos vários felizardos, estava meu nome. Num ato de reflexo, dei um murro na mesa de vidro temperado, que quase quebrou no meio. Minha esposa veio correndo.

Minha ficha demorou a cair. Fiquei durante muitos dias imaginando a dimensão do que havia acontecido: eu faria a prova oral de um dos concursos mais importantes – e difíceis – do país.

O Ministro Luiz Fux, quando sabatinado pelo Senado Federal para ocupar a grandiosa vaga no Supremo Tribunal Federal, disse algo que nunca me esqueci: "é claro que eu quero [ser Ministro da Suprema Corte]. Eu me preparei para isso a vida inteira". Achei interessante essa honestidade, direta e sem rodeios, consigo próprio e com as outras pessoas. No meu caso, é claro que eu queria muito me tornar Juiz Federal: apesar da pouca idade, também me preparei para isso a vida inteira.

A partir daí, inaugurou-se mais uma nova etapa na minha vida de concurseiro: a convocação para a prova oral do concurso da Magistratura. O nível de tensão – que já era muito alto desde o início do certame – conseguiu aumentar ainda mais. Não tenha dúvidas: o que é ruim pode ser piorado.

E agora?! Como será a prova oral? Como me preparar? Quando será marcada? Quantos candidatos serão reprovados? Uma enxurrada de dúvidas passava pela minha cabeça...

O índice de reprovações nas provas de sentença, como era de se esperar, foi muito alto. Infelizmente, vários candidatos altamente preparados foram eliminados. Em um concurso da Magistratura Federal, os concurseiros não se sentem "competidores". A partir da segunda fase, a ideia é muito mais de união entre os candidatos do que de concorrência.

Logo após o resultado da prova objetiva, formamos um grupo de candidatos que seguiriam para a segunda etapa do concurso. Em geral, os colegas se ajudavam na medida do possível. Havia um compartilhamento de informações e, pelo menos da minha parte, o desejo sincero de que todos fossem aprovados.

Não é novidade que sobram vagas para os concursos da Magistratura Federal e do Ministério Público Federal. Quase todos os anos são lançados novos editais, mas as vagas raramente são preenchidas completamente. A concorrência entre os candidatos, portanto, não existe. A disputa, na verdade, é do candidato consigo próprio.

Com o resultado dos candidatos aprovados na segunda fase e a consequente convocação para a prova oral, o sentimento de união entre os colegas aumentou. As etapas que mais eliminam no concurso público (provas objetivas, provas subjetivas e provas de sentenças) haviam sido superadas.

As vagas estavam sobrando. Seguiram para a prova oral do XV Concurso do TRF-1 mais ou menos 60 candidatos. O edital destinava-se a prover 81 (oitenta e um) cargos vagos de Juiz Federal Substituto, além de outras vagas que surgissem durante o prazo de validade do certame. Portanto, definitivamente, não éramos concorrentes.

Formou-se, assim, um novo grupo de e-mail e de *WhatsApp* com os candidatos convocados para a prova oral. A união entre os colegas dava até gosto de ver.

O grupo de aprovados foi logo encabeçado por algumas pessoas. Um dos candidatos mais atuantes – e preparados – do concurso foi Frederico Martins. Meu amigo Fred logo se ocupou de organizar os trabalhos de equipe para que pudéssemos nos preparar melhor para a prova oral e contou com a ajuda de um candidato que não havia sido convocado para a prova oral, mas que participou ativamente dos nossos estudos: Marciano Lima.

Começamos a organizar o grupo de aprovados para a melhor preparação de todos. Criamos diversas atividades, p. ex., de pesquisas de jurisprudência e de doutrina para atualização de resumos. Outra estratégia importantíssima foi a criação de trincas de colegas para fazermos simulações de prova oral pelo *Skype*.

Um dia, durante a organização dessas atividades, o nível de tensão do grupo era muito alto. Estávamos todos muito apreensivos com nosso futuro. Foi quando o nosso colega Fred escreveu no *e-mail* do grupo de discussão uma frase que, alguns meses depois, se tornaria o lema dos candidatos aprovados: “ninguém vai ficar para trás”.

Essa frase sintetizou o espírito do grupo que nos movia naquele momento. Estávamos todos unidos não para a aprovação individual, mas para o sucesso coletivo. Talvez isso tenha feito com que, no final das contas, tudo desse muito certo para nós. Aliás, para todos nós...

## A PREPARAÇÃO PARA A PROVA ORAL

A prova oral (chamada de *P4*) é realizada em sessão pública e solene, na sede do Tribunal Regional Federal, mediante arguição a cada candidato. A prova tem caráter eliminatório e classificatório. Para a atribuição de nota, os cinco examinadores da banca avaliam o domínio do conhecimento jurídico, o emprego adequado da linguagem, a articulação do raciocínio, a capacidade de argumentação e o uso correto do vernáculo da parte do examinando.

No caso do concurso do TRF-1, a arguição do candidato versa sobre o conhecimento técnico acerca dos temas relacionados em um ponto sorteado com 24 horas de antecedência. Cada ponto é bem extenso e abrange conteúdos de todas as disciplinas do edital.

No XV Concurso, a banca examinadora dividiu os candidatos em turmas de três a serem arguidos pela manhã ou pela tarde. Ou seja, pela manhã era sorteado o ponto que seria objeto de arguição na manhã seguinte. O ponto sorteado com 24h de antecedência tinha diversos assuntos, um para cada disciplina prevista no edital. O candidato teria essas 24h para conseguir estudar o máximo de temas possíveis que poderiam ser arguidos pelos examinadores.

Tivemos cerca de dois meses de preparação até o dia da prova oral. Nesse tempo, os candidatos se reuniram em um grupo de estudos por e-mail e por *WhatsApp*. Várias tarefas foram organizadas, dentre elas, a atualização de um grande resumo que havia sido elaborado por candidatos de concursos anteriores. Esse resumo seria utilizado por todos nós para estudarmos os conteúdos que seriam cobrados.

## INSCRIÇÃO DEFINITIVA E ETAPA DE SINDICÂNCIA DE VIDA PREGRESSA

Pode parecer exagero, mas, logo após a convocação para prova oral, inicia-se a etapa mais "chata" do concurso: a inscrição definitiva.

Após a divulgação do resultado das provas de sentença, os candidatos aprovados são convocados para realizarem a inscrição definitiva e para apresentar exames de sanidade física e mental, além do psicotécnico e da sindicância de vida pregressa.

Nesse momento, os candidatos recebem um *e-mail* da Comissão de Concurso com uma lista enorme de documentos, formulário, exames médicos e psicotécnico que devem ser providenciados para a inscrição definitiva e para a sindicância de vida pregressa. A documentação para avaliação de títulos também já precisava ser apresentada para avaliação dos eventuais aprovados na prova oral.

O prazo para entrega da papelada era, basicamente, o mesmo prazo que tínhamos de preparação para prova oral, o que era muito ruim. Tínhamos que dedicar horas e horas para conseguir reunir todas as exigências da Comissão de Concursos e isso consumia o tempo que poderíamos utilizar para os estudos.

Lembro que cheguei a fazer um "*check-list*" enorme com tudo o que eu deveria providenciar para a Comissão do Concurso. Os candidatos ficavam sempre muito preocupados, pois, bastava a ausência de uma única certidão ou documento para ser eliminado do concurso. Seria algo trágico: ser eliminado na última fase do certame por falta de um documento ou de alguma certidão...

Havia, ainda, a necessidade de observância dos prazos de validade dos documentos. Várias certidões tinham prazo de validade relativamente curto (30 dias de validade, por exemplo). Ou seja, antes de entrega-los à banca examinadora, precisávamos conferir todos para ver se estavam dentro da validade.

Os Tribunais Regionais Federais são, com toda razão, muito exigentes com a sindicância de vida pregressa. Uma das exigências, por exemplo, era a apresentação de certidões negativas criminais das Justiças Estadual, Federal, Militar e Eleitoral, bem como as certidões de "nada consta" das polícias civis e federal dos Estados em que o candidato havia residido nos últimos cinco anos.

Para mim, isso era uma enorme dificuldade. É que eu havia residido em três Estados diferentes nos últimos cinco anos, o que me obrigou a viajar para cada uma das cidades onde havia morado para obter as certidões necessárias. Foi muito cansativo.

Os candidatos também precisavam informar todos os locais em que haviam trabalhado nos últimos anos, com indicação das respectivas chefias. Com base nesses dados, a Corregedoria enviava ofícios solicitando informações sobre a idoneidade dos futuros Juízes. Os candidatos, portanto, são minuciosamente avaliados para que pudessem avançar para a última etapa do concurso.

Além da documentação para comprovar a idoneidade do candidato, sobretudo no âmbito criminal, havia os múltiplos exames médicos para comprovação da aptidão física e mental. Era uma bateria de testes exaustiva: exames de sangue, exames de urina, cardiograma, raio X, avaliações com psiquiatra etc. Eu nunca havia passado tanto tempo dentro de hospitais e laboratórios em toda minha vida. Detalhe: tudo custeado pelo próprio candidato.

O mais angustiante era saber que eu deveria estar estudando enquanto aguardava mais um exame médico ou esperava a fila de atendimento para obtenção de uma das dezenas de certidões exigidas.

O exame psicotécnico foi uma situação peculiar durante todo o concurso. Inicialmente, achei que seria algo simples e rápido, mas me enganei redondamente... O exame psicotécnico durou cerca de quatro horas e foi muito cansativo. A psicóloga responsável elaborou diversos tipos de testes. Alguns faziam sentido, mas outros pareciam completamente aleatórios. Um deles foi o famoso Teste de Rorschach, que trabalha com algumas imagens que parecem borrões.

Quando o candidato chega na etapa de prova oral, é natural que esteja exausto física e psicologicamente. Era o meu caso. Meu nível de cansaço e de estresse era elevadíssimo. Eu dormia pouco para estudar de madrugada, meu sono era ruim, os pesadelos eram frequentes e ainda tinha que correr atrás de exames médicos e documentos da sindicância de vida pregressa. Ou seja, não foi uma época nada fácil.

Naturalmente, esse estado psíquico acabou refletindo no meu exame psicotécnico. Nada mais esperado, afinal de contas, o momento que eu passava era bem complicado. Quando saiu o resultado, a psicóloga me chamou para apresentar a avaliação e me explicar algumas coisas. Fiquei preocupado, pois, achei que seria reprovado no psicotécnico. Imagine a angústia! Chegando ao consultório, ela me explicou que não havia qualquer risco de reprovação no meu exame e que apenas queria dar um *feedback* sobre os resultados. Os exames teriam mostrado algo que poderia ser preocupante: "estresse" e "produtividade mental um pouco abaixo do normal".

Dá para acreditar nisso?! Eu estava na fase de prova oral de um dos concursos mais difíceis do país; mantinha minha atividade de Defensor Público Federal normalmente; estava correndo atrás de vários documentos para a inscrição definitiva, inclusive em outros Estados, e a psicóloga vem me dizer que minha "produtividade" estava baixa... Era só o que me faltava. Graças a Deus, me controlei para não acabar falando uns desaforos. Agradeci o *feedback* – afinal de contas, ela devia ter razão mesmo – e saí do consultório o mais rápido possível sem dizer uma única palavra.

Nada obstante a trabalheira para reunir os documentos, certidões, exames médicos e psicotécnico, nenhum dos candidatos teve problemas. Foi uma etapa "chata" e cansativa, mas deu tudo certo no fim.

Por fim, a documentação para comprovação dos títulos também era enorme. A fase de avaliação dos títulos tem caráter apenas classificatório e, portanto, não poderia eliminar o candidato. No entanto, o cuidado para reunir os títulos deve ser redobrado, pois, o candidato consegue alcançar boas posições na classificação final do concurso. No meu caso, consegui somar uma quantidade considerável de títulos, o que me colocou muitas posições adiante na lista de aprovados, favorecendo minha escolha na lotação inicial. Evidentemente, para conseguir todos esses títulos, acabei gastando várias horas e viajando para mais de uma cidade.

Conseguir pontuar na fase de avaliação dos títulos com certidões que comprovavam minha aprovação em concursos públicos anteriores. A vida dedicada aos concursos públicos me permitiu acumular mais de 10 títulos por aprovações em certames privativos de bacharel em Direito. Havia, ainda, o meu Mestrado pela Universidade de Brasília – UnB e os quase oito anos de experiência como Defensor Público Federal e como Analista Judiciário. Foram dezenas de páginas de documentos para conseguir comprovar tudo.

Enquanto juntava a documentação de títulos, toda minha vida parecia que ia se passando pela lembrança. Vi meu primeiro registro na CTPS graças à aprovação no primeiro concurso público da Caixa Econômica Federal. Na mesma pasta, um carimbo velho que guardo de lembrança até hoje pela minha função de Técnico Bancário e meus crachás da época de Técnico Judiciário e de Analista Judiciário do Superior Tribunal de Justiça.

No meio de todos os meus documentos, enquanto separava o que seria necessário para a minha inscrição definitiva, esbarrei num papel dobrado ao meio e já amarelado pelo tempo. Quando comecei a ler, senti um aperto no peito. Era um papel que eu havia imprimido há muitos anos, ainda no início da faculdade de Direito, e que por alguma razão que não me recordo acabei deixando numa caixa-arquivo, junto aos meus documentos pessoais. Por que aquele papel estava ali? Não sei dizer. Talvez eu já soubesse, naquela época de faculdade, que esse impresso agora desbotado pelos anos seria útil para mim. Nele, havia um texto supostamente escrito pelo professor Damásio de Jesus que se chama: "Serei Juiz de Direito".

Na época da faculdade, ainda como Técnico Bancário da CEF, recebi esse texto do Damásio de Jesus por *e-mail* e li com bastante interesse. O autor transmite uma mensagem interessante sobre questão profissional e como, às vezes, a vida nos leva para rumos diferentes do que havíamos sonhado. Imprimi e guardei junto aos meus documentos há muitos anos. Agora, no momento da inscrição definitiva para o cargo de Juiz Federal, aquele velho papel da época de faculdade voltava às minhas mãos como se fosse um incentivo da vida: "Caro Rodrigo, mantenha-se firme no seu propósito".

Acho que os recados da vida vêm em mensagens simples no nosso cotidiano. Independentemente da fé ou convicção religiosa de cada um, creio que uma força superior envia pequenos sinais no nosso dia a dia. A grande questão é como interpretamos esses sinais e o que fazemos com nosso livre-arbítrio.

Quando encontrei o velho papel com o texto do professor Damásio, eu poderia ter simplesmente rasgado e jogado no lixo por estar ocupando espaço desnecessariamente em meu arquivo. Preferi interpretar de outra forma: é como se o "Rodrigo do passado" – na época de faculdade, inexperiente e cheio de incertezas sobre o futuro – estivesse mandando um recado de incentivo para o "Rodrigo do presente".

Uma força superior havia diligenciado para que eu encontrasse aquele texto no meio de tantos papéis importantes do meu arquivo de documentos. Esse fato reforçou minha fé na vitória e me animou um pouco mais. Muitas pessoas creem que Deus age em situações grandiosas; particularmente, acho que Deus age nas pequenas coisas do cotidiano...

## A PREPARAÇÃO PARA A PROVA ORAL

Alguns concurseiros terão, em breve, a oportunidade de passar pela experiência de uma prova oral. Apesar de não ser a etapa mais difícil do concurso, certamente, é a que mais causa o "frio na barriga".

Minha rotina de preparação para a prova oral do TRF-1 era, basicamente, a seguinte.

Separei todos os pontos que poderiam ser sorteados no dia da minha prova oral. Identifiquei, dentre os pontos, quais disciplinas se repetiam. A partir daí, comecei a estudar pelos resumos que o grupo havia atualizado e por alguns livros apenas aqueles tópicos que eu ia selecionando. Cada tópico lido – a quantidade de matérias era enorme – era marcado no meu controle de estudo e eu passava para o tópico seguinte. Assim, aos poucos, eu ia conseguindo estudar e revisar várias matérias que poderiam ser arguidas no dia da prova oral.

Meu planejamento era reservar pelo menos 6h por dia para estudar durante a semana e 8h por dia nos finais de semana. No entanto, além do trabalho na Defensoria Pública que estava um pouco mais puxado que o normal, eu acabava perdendo muito tempo reunindo os documentos para a inscrição definitiva e para a sindicância de vida pregressa. Creio que eu tenha estudado, efetivamente, uma média de 5h por dia até a prova oral.

Além desse estudo em casa, fiz treinamentos duas vezes por semana com mais dois colegas convocados para a prova oral. Era a nossa trinca de arguição pelo *Skype*. Nós definimos um horário à noite duas vezes por semana. Cada um separava algumas perguntas para serem feitas aos outros colegas e simulávamos a prova oral. Cada um fazia arguições aos outros por cerca de 10 minutos.

No início, achei que esse sistema de treinamento pelo *Skype* não funcionaria, mas, fiquei agradavelmente surpreso com nosso progresso a cada treinamento. Obviamente, o treinamento presencial era melhor, mas, na falta de tempo para treinar, o *Skype* era uma boa opção.

Além dos treinamentos pelo *Skype* duas vezes na semana, eu combinei com três outros colegas que residiam na mesma cidade (Belo Horizonte/MG) para que fizéssemos treinamentos presenciais, simulando a prova oral com mais fidelidade. Nos reuníamos todo sábado de manhã para fazer os simulados.

Fazíamos arguições mútuas de, aproximadamente, 15 minutos cada. Foi um ótimo treinamento.

Por fim, fiz dois cursos preparatórios específicos para prova oral. Um deles tinha o formato mais abrangente, com aulas e treinamento prático. O outro era no estilo de "simulado" com Juízes Federais fazendo o papel de cada um dos membros da banca examinadora. O valor dos cursos era muito caro, mas, o investimento foi válido. Não me arrependo.

Assim, eu treinava duas vezes por semana pelo Skype com alguns colegas, uma vez por semana presencialmente com outros colegas e fiz dois cursos preparatórios, além de continuar minha rotina de estudos com muito afinco. Foi uma época de muita dedicação.

O retorno de tanto investimento veio no dia da minha prova oral. Nada obstante o nervosismo, passei pela arguição com segurança e consegui uma boa nota.

## DICAS DE PREPARAÇÃO PARA A PROVA ORAL

Após ser aprovado no concurso da Magistratura Federal, recebi alguns convites para dar aula em alguns cursos. Como professor, trabalhei com a preparação de candidatos especificamente para provas de sentença e para provas orais.

Graças a essa experiência, elaborei algumas dicas rápidas que poderão ajudá-los a conseguir a tão sonhada aprovação:

**1ª Dica: faça simulados presenciais de arguição oral.**

Uma boa maneira de fazer os treinamentos para prova oral é a realização de pequenos simulados com os demais candidatos aprovados ou, ainda, com colegas que já passaram por alguma experiência semelhante. Particularmente, tive a oportunidade de participar de vários desses simulados (um por semana) com colegas que também foram aprovados. O resultado é excelente. A cada simulado, percebíamos a evolução na oratória, na gesticulação e na capacidade de articulação do raciocínio.

**2ª Dica: faça arguições orais também pela internet.**

Enquanto me preparava para a prova oral da Magistratura Federal, tive a oportunidade de participar de grupos, pelo *Skype*, para arguição dos candidatos. Fiz vários encontros de treinamento com três ou quatro colegas simultaneamente. Apesar de não ser um treinamento tão bom quanto o presencial, tinha a vantagem de permitir a realização mesmo durante a semana. Ademais, além do treinamento para a prova oral, essas reuniões eram importantes para trocarmos informações de estudo.

**3ª Dica: grave vídeos de suas arguições.**

Durante os simulados, sempre que possível, grave pequenos vídeos (p. ex., pelo celular) para que você possa, em seguida, assistir seu desempenho e fazer uma análise crítica da forma como se portou ao responder os questionamentos. Um bom desempenho na prova oral depende de uma série de detalhes que devem ser observados ao longo dos treinamentos. Visualizando a própria arguição em vídeo, o candidato pode ficar mais atento à postura, dicção, manias, gagueira etc.

**4ª Dica: faça pelo menos um curso específico para prova oral.**

Existem profissionais que trabalham com a preparação de candidatos para provas orais. Fiz alguns cursos preparatórios durante minha época de concurseiro e achei que as instruções foram essenciais para o meu desempenho nos certames. Se possível, procure um curso que tenha a preocupação com a parte teórica e com o treinamento prático. Geralmente, os custos são bem elevados, mas, no final das contas, o candidato perceberá que o investimento valeu à pena. Não é conveniente pensar em economizar – dinheiro, tempo ou energia – logo na última etapa do concurso para a Magistratura.

### 5ª Dica: conheça os membros da banca examinadora.

É necessário fazer um trabalho de pesquisa das autoridades que compõem o certame para antever determinados questionamentos e/ou situações. Essa atividade, evidentemente, se resume ao conhecimento do currículo, das obras publicadas, das atividades profissionais exercidas, dos cargos ocupados nos últimos anos, da linha de pesquisa acadêmica etc. Não se trata de uma "investigação" invasiva ou desrespeitosa. Portanto, não vá para a prova oral sem estudar, minuciosamente, o perfil, o histórico profissional e a produção acadêmica dos examinadores.

### 6ª Dica: avalie a necessidade de um trabalho com psicólogo.

Não é vergonha alguma reconhecer a necessidade de um acompanhamento com psicólogo. Durante minha preparação, meu nível de estresse e ansiedade chegou a patamares extremos. Felizmente, tive a presença de pessoas ao meu lado com conhecimento suficiente para me "manter na linha". Se um candidato estiver passando por um momento complicado na vida – p. ex., a perda de um familiar, doenças na família, crises conjugais, problemas no ambiente de trabalho etc. –, é muito natural que esse contexto acabe prejudicando substancialmente o rendimento durante a prova oral. Às vezes, a pessoa deixa de procurar ajuda profissional por desconhecimento ou preconceito. Essa postura pode acabar custando a tão sonhada aprovação no concurso da Magistratura. Reconheça, portanto, suas limitações e mantenha-se com a mente aberta.

### 7ª Dica: avalie a conveniência de um acompanhamento fonoaudiólogo.

Quando eu me preparava para a prova oral da Defensoria Pública da União, tive a oportunidade de fazer um acompanhamento com uma fonoaudióloga. Apesar de algumas ressalvas quanto ao método utilizado pela profissional, consegui retirar bons aprendizados do curso. O que mais me marcou naquela oportunidade foi perceber que, às vezes, nós respiramos e articulamos a fala de maneira errada, o que pode prejudicar a dicção e afetar a capacidade de raciocínio. Geralmente, isso não acarreta maiores problemas no cotidiano, mas, algumas pessoas podem ter uma dificuldade além do normal durante a prova oral. Portanto, se o candidato sentir dificuldade, é recomendável procurar um fonoaudiólogo que faça um trabalho voltado para oratória.

**8ª Dica: mantenha a prática de atividades físicas.**

O nível de estresse e ansiedade pode ser controlado com a prática de atividades físicas regulares. Certamente, o tempo de dedicação para prática esportiva durante a etapa de prova oral ficará bem limitado, mas, isso não será problema. Tive o cuidado de continuar praticando esportes durante toda a época de prova oral e isso foi fundamental para o meu desempenho. Em regra, mantive entre 45 e 60 minutos por dia de dedicação ao bem-estar físico. Para aliviar a tensão, procurava alternar a prática de musculação, corrida ou artes marciais. O mais importante talvez não seja a parte física propriamente dita, mas, a sensação de mudar o ambiente, ver pessoas diferentes, conversar com alguns colegas etc. Para mim, o esporte era praticamente uma terapia e me ajudava bastante a manter o ânimo nos estudos. Ademais, é importante lembrar que uma boa qualidade de vida será objeto de verificação pela banca examinadora durante a bateria de testes para os exames de aptidão física e mental.

**9ª Dica: aproxime-se das pessoas que, realmente, desejam o seu sucesso.**

Quando o candidato se aproxima da última etapa em um concurso da Magistratura Federal, infelizmente, pode ser que a torcida das pessoas comece a se dividir. Alguns, realmente, desejam o seu sucesso. Outros, nem tanto... Durante essa etapa, surge aquele famoso "fogo amigo": pessoas que parecem querer a sua aprovação, mas, na verdade, desejam o seu fracasso por motivo de inveja. É triste admitir que isso ocorra, mas, o candidato precisa aprender a se controlar psicologicamente para o que há de pior. Na minha opinião, a melhor maneira de se "blindar" contra as energias negativas vindas de algumas pessoas é se unindo àqueles que, realmente, querem o melhor para você: a família e alguns verdadeiros amigos.

**10ª Dica: evite situações de tensão.**

Nunca tentei esconder das pessoas que eu estava fazendo algum concurso público, mas, sempre evitava ficar falando sobre o assunto em determinados ambientes, sobretudo no local de trabalho. O grande problema é que, "por um acaso", todo mundo ficava sabendo que eu era concurseiro. As notícias sobre meus resultados nos concursos corriam tão rápido pela "rádio corredor" que, às vezes, os outros ficavam sabendo das minhas reprovações ou aprovações antes mesmo que eu. Para evitar questionamentos e comentários impertinentes durante a prova oral, optei por me isolar durante algum tempo. Não entrei em conflito ou me desentendi com os colegas: apenas dei um breve "sumiço"... Arrumava desculpas para não comparecer às reuniões e encontros, evitava contatos por redes sociais, tentava trabalhar em horários alternativos para não esbarrar com algumas pessoas pelo elevador etc. Sinceramente, não sei se essa é a melhor postura a ser adotada pelo concurseiro, mas, no meu caso em particular, o "sumiço" certamente me poupava de uma série de perguntas e comentários que me deixariam mais ansioso e tenso.

## OS DIAS DA PROVA ORAL

A prova oral foi marcada pela Comissão do Concurso com uma certa antecedência. Foi o prazo para que cada candidato pudesse concluir a documentação necessária para a inscrição definitiva, bem como para providenciar compras de passagens aéreas e reservas e hotéis em Brasília/DF, local da sede do TRF da 1ª Região, onde foram realizadas as arguições.

As arguições foram divididas em grupos marcados em cada dia da semana, consecutivamente, nos períodos da manhã e da tarde. Cada grupo era composto por dois ou três candidatos. A banca examinadora já definia o dia do sorteio dos pontos de arguição e, 24h depois, o momento da arguição de cada um dos grupos.

No concurso da Magistratura Federal do TRF-1, os candidatos recebem com 24h de antecedência o resultado do sorteio dos pontos que serão objeto de arguição, pelos examinadores, durante a prova oral. Cada ponto é composto por um tópico do edital referente a cada uma das disciplinas exigidas no certame. Portanto, apesar de restringir o conteúdo a ser estudado, os pontos sorteados são bastante extensos.

As 24h de antecedência para o estudo do ponto sorteado são essenciais para a aprovação do candidato. Nesse curto intervalo de tempo, é necessário estudar uma quantidade enorme de disciplinas, inclusive matérias que dificilmente dominamos para concursos públicos (p. ex., sociologia jurídica, psicologia jurídica e filosofia do Direito).

Cada candidato criou uma própria estratégia de estudo para as 24h de sorteio do ponto. No meu caso, tive a oportunidade de ficar na casa de familiares em Brasília e deixei tudo planejado para que nada me atrapalhasse durante esse período. Assim, logo que peguei meu ponto sorteado, corri para casa e me tranquei no quarto de estudos.

Os aprovados nos concursos anteriores já haviam me instruído a não cometer um erro comum entre os candidatos: não dormir nada antes da prova oral. É isso mesmo... O volume de matérias a serem estudadas e revisadas é tão grande, além da tensão que antecede a prova, que várias pessoas não dormem absolutamente nada e viram o dia estudando sem intervalo.

Como sou concurseiro traquejado, aprendi a conhecer meus limites. Portanto, planejei minha preparação nas 24h de tal forma que eu poderia dormir pelo menos um pouco.

Minha prova oral foi marcada para o período da tarde. Busquei meu sorteio de ponto às 14h do dia 24.11.2014 e minha arguição foi marcada para as 14h do dia 25.11.2014. Segui o planejamento que havia feito. Iniciei meus estudos imediatamente e dormi por volta das 03h da madrugada. Acordei às 07h da manhã. Apesar de dormir por algumas horas, levantei da cama cansado e ansioso. Fui para um banho e, no desjejum, comi frutas e tomei um café bem forte para me manter acordado.

Continuei os estudos até a hora do almoço, por volta das 11h30min. Descansei por algum tempo e estudei mais um pouco antes de sair para fazer a prova. Para não saturar no cansaço, eu estudava 50 minutos direto e descansava em torno de 15 minutos. Depois de algumas horas, fiz pausas mais longas, de 40 minutos, para lanchar e jantar. Assistia alguma coisa interessante na televisão ou ouvia música para tentar relaxar um pouco e distrair a cabeça. Sair de casa para uma corrida rápida, de 20 a 30 minutos, também teria sido uma boa opção.

Creio que consegui estudar, efetivamente, umas 14h antes da minha arguição. Foi extremamente cansativo, mas, saí de casa rumo ao local de prova com a sensação de que fiz tudo o que poderia ter feito durante toda a minha preparação para o concurso público.

Minha mãe me levou para a prova oral. Durante o trajeto, tive que me segurar os livros com força para que ela não percebesse minha tremedeira. Tentei fingir tranquilidade, mas, ninguém conhece os filhos melhor que os pais. Estava na cara o meu nervosismo.

Evidentemente, não é recomendável que os familiares assistam à arguição do candidato. Além de não ajudar em absolutamente nada, o nível de tensão só aumenta quando você identifica, na plateia, um rosto conhecido. Minha mãe me deixou no local de prova e se despediu com aquela ternura típica dos pais... A partir daí, levantei a cabeça e entrei na sede do Tribunal como se estivesse indo para uma batalha. E acabou sendo mesmo...

Tínhamos que chegar com uma hora de antecedência. Os candidatos ficavam confinados até o início da arguição em uma sala pequena próximo ao plenário do Tribunal, onde seria realizada a prova oral.

A sala tinha uma mesa redonda e era permitida a entrada apenas com material impresso (livros, códigos, apostilas, cadernos etc.). Os aparelhos eletrônicos eram entregues aos fiscais.

Fiz a prova com mais dois colegas. A comunicação entre nós era permitida. Aproveitamos o tempo disponível para estudar e trocarmos uma ideia sobre o que poderia ser objeto de arguição. Esse momento de conversa foi muito proveitoso, já que conseguimos prever exatamente algumas perguntas que seriam formuladas pelos examinadores. Também aproveitamos para revisar alguns pontos nos livros que foram levados. Levei apenas um livro de resumo da Magistratura Federal que eu utilizava para resolução de questões, o que acabou sendo bem útil.

Dos três candidatos que estavam confinados, eu seria o último a ser arguido. Às 14h, foi convocado o primeiro para o início da prova oral. Os outros dois permaneceram no confinamento. Quase uma hora depois, foi convocado o segundo candidato e eu permaneci sozinho na sala. Esse foi o momento de maior tensão. Aproveitei para ir ao banheiro e molhar o rosto para disfarçar o suor que começava a escorrer do rosto. Voltei para a sala de confinamento, sozinho.

O segundo candidato foi arguido por cerca de uma hora. Nesses 60 minutos, parece que toda a minha preparação no concurso passou pela minha cabeça. Eu estava tremendo e transpirando por baixo do terno preto que havia escolhido cuidadosamente antes da prova.

Na minha vida de concurseiro, aprendi que nunca deveria rezar para pedir uma aprovação no concurso público. Pessoalmente, acho que isso era meio que um "desaforo" com Deus... Sempre rezava para agradecer as muitas oportunidades que a vida havia me dado para estudar e me preparar profissionalmente. Fiz isso: rezei para agradecer pelo fato de que eu estava ali, prestes a ser arguido, em um dos concursos mais difíceis e cobiçados do país. Não havia nada que eu pudesse pedir a Deus. A única coisa que eu poderia fazer era agradecer pela oportunidade. E agradeci...

Em seguida, faltando poucos minutos antes de me convocarem para minha arguição, comecei a executar uma técnica de mentalização que havia aprendido alguns dias antes.

## OS MINUTOS ANTES DA ARGUIÇÃO

Faltavam uns 15 minutos para minha convocação para a prova oral. Eu estava sozinho na sala de confinamento. O nível de tensão estava no máximo. Comecei a fazer um trabalho excelente de mentalização para me manter calmo e, felizmente, mantive o controle da situação.

Não era a primeira vez que eu passava por uma situação semelhante. Já havia feito a prova oral para o concurso da Defensoria Pública da União, bem como a defesa de dissertação do Mestrado.

Lembro que na prova oral da Defensoria Pública, havia uma ambulância em frente ao local de prova, bem como uma médica de prontidão dentro da sala de concentração dos candidatos. Na hora, achei que era um exagero, mas, houve candidato que passou mal e precisou de atendimento médico. Realmente, a coisa não é brincadeira...

Minha defesa do Mestrado foi um dos maiores aprendizados que já tive sobre participação em prova oral. Apesar de ter sido aprovado com nota máxima, nunca "apanhei" tanto em toda minha vida durante uma arguição. Um dos examinadores foi bastante agressivo nas colocações e tive que resistir bravamente às críticas e questionamentos. No entanto, a surra que levei teve um lado positivo: aprendi que durante a arguição oral é necessário "apanhar", mas, que é possível "apanhar com dignidade".

Na sala de confinamento da Magistratura Federal, me coloquei de pé e me concentrei em frente à porta fazendo o trabalho de mentalização. Fiquei concentrado como um atleta olímpico segundos antes da competição mais importante da sua vida. Eu havia me preparado para aquele momento não apenas durante as etapas do concurso público, mas, ao longo da minha vida inteira. Eu não estava naquela sala de confinamento por força do acaso, por influência familiar ou por indicação política. Se eu estava ali, era por mérito meu e graças ao apoio de toda minha família. Ser aprovado no concurso não era mais apenas uma questão de ganhar mais ou menos. Também não era uma questão de mero *status*. O meu sucesso era um agradecimento à minha história e, sobretudo, à memória dos meus antepassados.

Durante a arguição dos outros colegas, não dava para ouvir o que se passava do lado de fora da sala de confinamento, mas, era possível ouvir um murmúrio vindo do auditório. De repente, o murmúrio parou. Ficou tudo silencioso. Eu sabia que a arguição anterior havia acabado e que, agora, era a minha hora.

De repente, uma servidora do Tribunal abriu a porta da sala de confinamento e levou um susto. Eu estava parado, feito estátua, em frente à porta. Perguntou se eu estava pronto. Respondi afirmativamente com a cabeça. Ela me apontou a direção e comecei a caminhar rumo ao plenário do Tribunal, escoltado pela fiscal.

Os batimentos cardíacos foram aumentando progressivamente. O coração começou a palpitar de maneira quase descontrolada quando passei pela porta do plenário.

O salão era grande e muito bonito. Uma decoração em madeira bem sóbria e com mobiliário histórico. O ambiente era muito pesado. Todos os examinadores estavam posicionados na bancada superior do plenário. A mesa do candidato era um móvel antigo, grande e pesado de madeira, todo trabalhado em detalhes. A posição era, mais ou menos, de um réu no Tribunal do Júri.

Fiz exatamente tudo o que havia treinado durante meses durante os simulados de prova oral. Não esqueci nada. Executei meu plano nos mínimos detalhes: a forma de caminhar; o modo de cumprimentar os examinadores; o jeito mais fácil de abrir o botão do paletó; a técnica para me ajeitar na cadeira e ajustar o microfone; a postura correta na cadeira, além do cuidado de afastar um pouco mais o copo d'água para evitar qualquer acidente. Tudo foi minuciosamente planejado e o protocolo que eu havia criado foi cumprido rigorosamente.

Minha arguição levou pouco mais de uma hora, mas, parecia que já durava dois dias. Todos os examinadores fizeram perguntas. Foram feitos questionamentos jurídicos e algumas perguntas sobre meu currículo pessoal. Cada um dos cinco examinadores elaborava questionamentos por cerca de 10 a

15 minutos. Era possível ouvir o murmúrio da plateia atrás de mim, mas, não chegava a incomodar.

Depois de iniciada a arguição, fui ficando cada vez mais tranquilo. Percebi que estava correndo tudo sob controle, tal qual havia sido previsto. Em determinados momentos, o nível de tensão se elevava um pouco de acordo com algum comentário dos examinadores, mas, em seguida, as coisas voltavam ao normal.

O presidente da banca examinadora encerrou minha arguição de maneira solene. Agradeci aos examinadores e me despedi. Fui acompanhado pela fiscal até a saída do plenário e o retorno à sala de confinamento.

Percebi que tudo havia dado certo quando a servidora me olhou com um sorriso e disse “achei que você foi muito bem, Rodrigo”. Uma enxurrada de alívio escorreu sob minha cabeça. Finalmente, havia acabado tudo bem.

Saindo da sede do Tribunal, encontrei um colega que estava assistindo minha arguição na plateia. Foi uma das poucas pessoas que identifiquei na hora em que passei pela porta. Ele me cumprimentou pelo desempenho e disse que os examinadores elogiaram minha arguição. Pelo que haviam visto ao longo da semana, todos os candidatos arguidos até aquele momento seriam aprovados.

## APROVADO PARA A PROVA ORAL

Durante muito tempo fui um crítico à exigência de prova oral em concursos públicos. Eu achava que a prova oral era uma etapa marcada pelo subjetivismo e que, na verdade, não era apta a avaliar o conhecimento jurídico do candidato. Ou seja, nada justificaria submeter um candidato a uma etapa tão “traumática”.

Ocorre que, logo após fazer minha primeira prova oral para o concurso da Defensoria Pública da União, mudei completamente de opinião. Percebi que a prova oral, desde que feita de maneira adequada e justa, pode sim ser bastante útil para a seleção dos melhores candidatos.

É que a etapa de arguição oral acaba suprindo as deficiências do certame ao longo das demais fases, na medida em que apenas o conhecimento técnico-jurídico do candidato é avaliado, esquecendo-se dos aspectos subjetivos/pessoais.

Independentemente da carreira jurídica escolhida, cada cargo público enfrenta algum tipo de desafio no dia a dia. No caso da Magistratura, o Juiz é submetido diariamente a situações que demandam uma resposta rápida e definitiva. Não há espaço para "vacilações" ou "insegurança".

Além disso, algumas audiências têm um clima "pesado" e o Magistrado precisa tomar decisões difíceis – às vezes enérgicas – perante as várias divergências trazidas pelas partes. Nesse momento, a última coisa que o Juiz pode demonstrar é insegurança ou descontrole emocional. A estabilidade emocional talvez seja uma das características mais importantes para o bom exercício da Magistratura.

Essas peculiaridades do cargo demonstram que, de fato, a prova oral é uma etapa difícil, mas, absolutamente necessária a ser enfrentada pelos candidatos. Aliás, vários outros cargos públicos também apresentam características semelhantes, dentro de suas atribuições específicas, o que ensejou um progressivo aumento na exigência de provas orais em outros editais (por exemplo, para advocacia pública, para delegado de polícia etc.).

Algumas semanas após a realização das arguições, saiu o resultado da prova oral. Felizmente, todos os candidatos foram aprovados. É realmente muito triste ver uma reprovação na prova oral, pois, o candidato que chega até a última etapa do concurso já demonstrou conhecimento mais do que suficiente para a aprovação.

Pude perceber durante minhas experiências com arguições orais – provas orais da Defensoria Pública da União e da Magistratura Federal, bem como a defesa do mestrado – que o critério para um bom desempenho, definitivamente, não é apenas o conhecimento técnico-jurídico. Imagino que, na verdade, os "pesos" para a aprovação seriam: 40% de conhecimento jurídico + 30% de controle emocional + 30% de preparação técnica específica para prova oral.

Ou seja, um candidato absolutamente preparado em termos de conhecimento jurídico não terá garantida sua aprovação se não for capaz de se controlar emocionalmente e/ou se não tiver uma preparação técnica direcionada especificamente para a prova oral.

Pude perceber esses "pesos" durante os cursos preparatórios que tive a oportunidade de participar na condição de professor. Foram vários candidatos arguidos e avaliados com base em diversos aspectos, e não apenas o conhecimento jurídico propriamente dito.

Os melhores candidatos foram aqueles com conseguiram equilibrar todos esses pesos (conhecimento jurídico + controle emocional + preparação técnica específica), e não necessariamente aqueles que demonstraram maior domínio do conteúdo jurídico.

Evidentemente, é absolutamente normal o nervosismo durante uma prova oral. Contudo, mesmo diante de um momento tão tenso na vida de qualquer concurseiro, o candidato precisa desenvolver técnicas para manter o controle emocional. Não se trata de "eliminar" o nervosismo, mas, de apresentar à banca examinadora uma "aparência de tranquilidade".

Durante a minha prova oral, sobretudo no início das arguições, eu estava bastante tenso e ansioso. No entanto, graças aos treinamentos que fiz – inclusive na parte psicológica –, sei que consegui transparecer uma tranquilidade para os examinadores. Ou seja, não "eliminei" o nervosismo, mas, apresentei à banca uma "aparência de tranquilidade" que melhorou minha pontuação no certame.

Logo após terminar a prova, pude constatar tal percepção, pois, tanto a servidora que atuou como fiscal de sala quanto os colegas que assistiram minha arguição comentaram a minha "serenidade" durante a arguição. Por dentro, eu sabia que não havia tranquilidade alguma: havia um turbilhão de emoções dentro de mim. Contudo, a forma como me portei – minha postura, dicção, articulação da fala, desenvolvimento do raciocínio – foi suficiente para transparecer a tal "serenidade".

A postura durante uma prova oral é fundamental para o sucesso do candidato, pois, irá determinar a forma como a banca examinadora irá enxergá-lo. Da mesma forma que uma postura adequada pode transparecer serenidade e segurança, uma atitude ruim do candidato pode transparecer nervosismo, arrogância, desleixo, insegurança etc. Em outras palavras: não adianta dominar um conteúdo jurídico, mas, apresentar uma postura de total insegurança perante os examinadores.

A prova oral é uma etapa que exige cuidado com os detalhes. A postura, por exemplo, deve se atentar para a forma como o candidato caminha, como se senta, como se posiciona na cadeira, como cumprimenta e se refere aos examinadores, como gesticula, como se articula etc. É por isso que a preparação para essa etapa demanda um treinamento prático e específico.

O controle emocional é fundamental para o êxito do concurseiro. Existem algumas técnicas que ajudam o candidato a se manter tranquilo e focado, a controlar a tremedeira, a retomar um raciocínio antes que ele se perca durante a exposição, a evitar o "branco" durante a prova etc.

# PARTE III

## O CONTROLE EMOCIONAL

Os concursos da Magistratura Federal costumam ser muito longos. As diversas etapas do certame – inscrição provisória, prova objetiva, prova subjetiva, provas de sentenças, inscrição definitiva, exames de aptidão física e mental, prova oral e avaliação de títulos – se arrastam por vários e vários meses.

No caso específico do XV Concurso Público para provimento de cargo de Juiz Federal Substituto do Tribunal Regional Federal da 1ª Região, o certame durou mais de um ano e meio. O edital de abertura foi publicado no dia 05.07.2013 e a homologação do resultado final aconteceu apenas em 20.01.2015.

É fácil observar que passei cerca de 18 meses da minha vida envolvido com um único certame, sem falar em alguns outros que fiz durante essa trajetória.

Nesse longo tempo, o desgaste vai se acumulando nas costas do concurseiro e, em momentos de maior tensão, cheguei a imaginar que eu estava no meu limite.

O cansaço não é apenas físico. Antes fosse... O desgaste afeta, sobretudo, a parte mental do candidato.

Relatei que, durante o concurso, continuei praticando atividades físicas com uma certa regularidade. Tomei o cuidado, inclusive, de buscar esportes que me traziam benefícios tanto na parte física quanto na parte emocional. Assim, graças aos cuidados que mantive com a parte física, consegui chegar ao final do longo certame sem maiores danos. Afinal, todos que estudam para concursos conhecem bem aquele ditado: "concurseiro: carinha de 20 anos, coluna de 80".

Se por um lado, cuidei bem da parte física, por outro não posso dizer o mesmo quanto à parte emocional. Definitivamente, cuidar do psicológico é muito mais difícil.

O controle emocional é um desafio que atravessa todas as fases do concurso público, sobretudo da Magistratura Federal. A cada etapa que o candidato avança, o controle emocional se torna uma tarefa mais desafiadora.

Pude perceber isso com clareza após a minha aprovação, quando me tornei professor e passei a trabalhar ajudando os novos candidatos e futuros Juízes Federais. Vi espelhado nos colegas o que acontecia comigo durante a minha fase de concurseiro. O estresse, a ansiedade e o nervosismo, às vezes, tomavam conta dos colegas. Os sintomas são os mais variados possíveis, desde uma simples irritabilidade até casos mais graves das crises de choro e das manias de perseguição.

Também manifestei alguns sintomas durante o período de maior estresse. No meu caso, a irritabilidade era algo constante. Os pensamentos negativos, do tipo "vai acabar dando tudo errado", vinham com certa frequência, principalmente no momento do sono.

Felizmente, tive o apoio da minha família e da minha esposa, que entendem muito bem desses assuntos. Com muito esforço, consegui atravessar um período bem complicado da vida de qualquer concurseiro sem "danos permanentes". As pessoas ao meu lado também conseguiram sair ilesas: entre mortos e feridos, salvaram-se todos.

Não precisei recorrer a um acompanhamento psicológico durante o certame, mas, sinceramente, recomendo que o façam. Uma terapia, por exemplo, pode ser o diferencial na sua aprovação. Nós, concurseiros, costumamos investir muito em algumas coisas – livros, apostilas, cursos, taxas de inscrições etc. –, mas, acabamos nos esquecendo do fundamental: sem controle emocional, vai tudo por água abaixo.

Vejo isso em alguns candidatos que buscam o famoso *coaching* para concursos públicos. Quando me relatam como funcionam as atividades do *coach*, vejo que, na verdade, o desempenho do candidato poderia ser melhorado com o acompanhamento de um bom psicólogo.

## APROVAÇÃO FINAL, NOMEAÇÃO E POSSE

A notícia da minha aprovação na prova oral chegou na tarde de uma despretensiosa sexta-feira. Por acaso, eu estava reunido com alguns amigos em casa após o trabalho quando chegou a notícia que mudaria a minha vida e a da minha família. O simples *happy hour* de sexta-feira acabou se tornando uma comemoração que entrou madrugada adentro. Minha família, em Brasília, ficou sabendo da minha aprovação quase que junto comigo. Recebi a ligação dos meus pais aos prantos. Só Deus sabe o quanto eles torceram pelo meu sucesso durante essa trajetória...

A partir desse dia, entre um abraço e outro, minha vida tomou um rumo que jamais poderia esperar.

Eu já sabia como as coisas seriam diferentes se fosse aprovado. Afinal, não era a primeira vez que havia passado em um concurso público. No entanto, não havia parado para pensar no tamanho das mudanças que se seguiriam daquele dia em diante...

No dia seguinte ao da aprovação, o sentimento de alegria ainda me dominava, mas, de uma forma ligeiramente diferente. Na medida em que eu "caía na real" para entender o que havia acontecido, outros sentimentos surgiam. Alguns pensamentos me tranquilizavam; outros, inquietavam.

A turma de aprovados, que já era muito unida, agora se tornava quase uma "irmandade". O grupo do *WhatsApp* não parava de tocar. Agradecimentos, orações, fotografias com familiares e amigos etc. Foi um momento muito empolgante para todos nós, pois, agora, já começávamos a pensar em algo até então inimaginável: programar nossa cerimônia de posse.

Por outro lado, nem tudo era assim tão "leve". O sentimento mais inquietante estava relacionado com as mudanças que estariam por vir em nossas vidas. Deslocamentos para o curso de formação, escolhas de lotação, mudanças dos familiares, saída da cidade natal, despesas de remoção etc. Cada colega tinha uma bela história de superação para contar e vários desafios pessoais a serem enfrentados.

Com o resultado da prova oral, o nível de tensão diminuiu bastante com relação ao concurso público e pudemos nos conhecer um pouco melhor. Os colegas relatavam suas histórias de vida e compartilhávamos experiências pessoais. Nunca havia visto um grupo tão heterogêneo em todos os aspectos.

Os aprovados vinham de todas as regiões do país. Era uma mistura de sotaques bem interessante. Alguns já estavam vivendo longe da terra natal há alguns anos enquanto outros sempre viveram na mesma cidade.

A média de idade era mais elevada. Geralmente, os aprovados em concursos da Magistratura já passaram por outros cargos e, portanto, já acumulam alguns anos a mais de vida, como era o meu caso. Imagino que a média de idade estava em torno dos 33 anos, mas, havia colegas de todas as faixas etárias. Certas pessoas se preocupam bastante com a idade para concursos públicos, pois, pensam que já são "velhas demais". Definitivamente, idade não é o problema em concursos da Magistratura Federal.

Alguns aprovados eram solteiros; outros, casados. Alguns já tinham filhos; outros, nem pensavam nisso.

A grande maioria dos aprovados já era servidor público. Nosso grupo contava com vários ex-Analistas Judiciários e ex-membros da AGU (Procuradores Federais, Advogados da União e Procuradores da Fazenda Nacional). Também havia ex-Procuradores Estaduais e ex-Defensores Públicos. Comigo, por exemplo, havia três ex-Defensores Públicos Federais. Alguns ex-Magistrados Estaduais e ex-Promotores de Justiça. Uma colega já era Juíza Federal em outra Região e acabou fazendo concurso novamente para o TRF-1. Por fim, creio que uns dois ou três colegas exerciam a advocacia. E todos tinham algo em comum: eram "concurseiros de carreira" e se dedicavam ao concurso da Magistratura há alguns anos. Ou seja, a diversidade de experiências profissionais era enorme.

## MEU NOME NA LISTA

O sentimento de vitória é algo fantástico, independentemente de onde venha. Vencer uma competição esportiva, superar uma doença, alcançar um objetivo que até então parecia algo inatingível. É fácil se emocionar diante da alegria de um vencedor.

Os jogos da Olimpíada do Rio 2016 foram marcados pelas belas histórias de superação dos atletas olímpicos. Pessoas de diversos países, alguns muito pobres e quase sem investimento no esporte, conseguiram enfrentar suas dificuldades para dar ao público os maiores exemplos de dedicação e humildade. A cada medalha concedida, era como o reconhecimento da sociedade por toda uma vida de privações e coragem.

Os brasileiros talvez tenham dado os maiores exemplos de superação. Atletas que não se abateram pelas dificuldades da vida e, com pouco ou nenhum investimento estatal, mostraram ao mundo a força transformadora da dedicação e do empenho. Deixaram para o país não apenas medalhas, mas, alguns exemplos a serem seguidos.

Ver o nome na lista final de aprovados também é sempre uma grande emoção. Em alguns segundos, o candidato repassa na mente tudo o que viveu até ser aprovado e é entorpecido pela sensação maravilhosa de dever cumprido.

Talvez o mais importante nesse momento seja a gratidão do candidato para com a própria vida: perceber que, após investir tanto esforço, tempo e dinheiro, toda essa dedicação valeu à pena. De certa forma, o candidato se torna grato por tudo o que fez nos últimos anos de estudo.

Certa vez li uma frase interessante: “daqui a alguns anos, você vai ser grato por ter começado a se dedicar hoje”. A ideia é bem assim mesmo. Quando o concurseiro lê seu nome na lista de aprovados, a sensação de felicidade é como um agradecimento a si próprio por ter começado a se dedicar a alguns anos e, principalmente, por não ter desistido perante os vários desafios e contratempos que surgem ao longo do caminho.

A gratidão é uma das coisas mais importantes da vida. Ser grato a Deus, aos pais, aos mestres e professores, aos verdadeiros amigos... Não sei dizer o motivo, mas, algo me diz que existe uma lei natural: a vida gratifica aqueles que respondem com gratidão. Quanto mais grato o sujeito é mais graças ele recebe. Acontece que, muitas vezes, esquecemos de ser gratos a uma pessoa muito importante: a nós mesmos.

Se você optou por estudar para concursos públicos, certamente, está disposto a enfrentar uma série de desafios e abdicações. Serão horas e horas de estudo diário. Não haverá mais final de semana ou feriado. Os churrascos e *happy hour* serão reiteradamente recusados. A vontade de desistir será uma sensação constante. No entanto, quando se encontra o nome na lista de aprovados, isso significa que você venceu todas essas batalhas ao longo dos anos e que o desafio proposto foi superado. Portanto, seja grato a você mesmo.

Alguns anos após me predispor a dedicar minha vida aos estudos, recebi o resultado do concurso da Magistratura Federal. Felizmente, não era a primeira vez que eu havia experimentado a sensação de ser aprovado em algum concurso público, mas, sem dúvida, essa foi a aprovação que mais me marcou.

Pouco depois da lista final de aprovados, veio a nomeação. Foi tudo muito rápido. Pouco tempo após a publicação do resultado, já estávamos recebendo o cronograma da posse e do curso de formação que ocorreria alguns meses depois.

Todos os colegas que integraram a lista de aprovados foram nomeados. A posse seria coletiva em razão do curso de formação a ser realizado pelo Tribunal. Alguns não chegaram a tomar posse, pois, haviam sido aprovados em outros concursos.

No meu caso, o TRF-1 sempre foi a primeira opção em razão das possíveis lotações abrangidas. Assim, logo que saiu o resultado da prova oral, me dei ao luxo de abandonar os estudos para concursos públicos e ter uma vida "normal".

Alguns concurseiros se preocupam com a idade e com a experiência profissional. Segundo informações do Tribunal Regional Federal da 1ª Região, os Juízes Federais Substitutos aprovados no XV Concurso Público têm idade média de 30 anos e já possuem, em sua ampla maioria, experiência na área jurídica, tendo atuado como magistrados, procuradores, promotores, defensores públicos e advogados da União, entre outros cargos.

## APROVADO SEM NOMEAÇÃO

Existe na vida do concurseiro um período, no mínimo, interessante: trata-se do "hiato" entre a aprovação e a nomeação.

Nesse momento, o candidato é "meio-aprovado" e, igualmente, "meio-reprovado". Passa parte do dia fazendo planos – alguns mirabolantes – sobre o que irá fazer com o primeiro salário, com as primeiras férias etc. Também é comum ficar pesquisando sobre as prováveis lotações, a estrutura dos órgãos públicos e as perspectivas da carreira que, em breve, irá integrar.

Hoje, em tempos de *WhatsApp*, os candidatos aprovados se reúnem em enormes grupos de discussão e trocam centenas de mensagens eletrônicas por dia. O volume de mensagens aumenta conforme o nível de ansiedade e refletem a expectativa dos concurseiros em assumir o tão sonhado cargo público.

Passei por esse "hiato" nos vários concursos que tive a felicidade de ser aprovado. Em alguns, passaram-se muitos meses entre divulgação do resultado e a minha nomeação para o cargo. Em outros, foram apenas algumas poucas semanas.

O aprovado sem nomeação é como um ser no "limbo". O concurseiro continua fazendo tudo o que sempre fez, mas, com a cabeça em outro lugar. São várias expectativas, planos, apreensões, temores... É um "turbilhão" de emoções na cabeça do candidato.

No caso da Magistratura Federal, esse "turbilhão" sentimental é ainda maior em razão da importância do cargo, do tempo de duração do certame e da dificuldade das fases do concurso público.

Minha situação no período de "hiato" entre a divulgação do resultado final e a nomeação dos aprovados não foi nada confortável. Além das expectativas sobre a posse que ocorreria em breve, continuei minhas atividades normais como Defensor Público Federal. O mais difícil era exercer um cargo público e desempenhar com carinho uma atividade tão importante, mas, com a cabeça em outro lugar – ou melhor, em outro cargo público.

Várias coisas precisavam ser resolvidas até o dia da minha posse e que deveriam ser adiantadas durante o tal "hiato".

Os preparativos para a posse eram o menor dos problemas. Afinal, o momento de alegria de todos os candidatos tornava tal atividade muito mais prazerosa. Em função do clima de amizade e de mútua colaboração que surgiu entre nós, houve um consenso no sentido de que merecíamos uma grande festa de comemoração. Tudo foi resolvido – e, principalmente, custeado – pelos próprios candidatos. Organizamos a cerimônia de posse, a recepção e a festa dos aprovados, aliás, uma das melhores festas que já tive a oportunidade de participar. Felizmente, um grupo de aprovados tomou a dianteira nos preparativos e fez um excelente trabalho. A trabalheira era enorme: contratar cerimonial, *buffet*, salão de festas, distribuição de convites, dentre outras coisas.

A programação do curso de formação também era uma preocupação de todos os candidatos. O planejamento da Escola da Magistratura Federal – ESMAF, seguindo regulamentos do CNJ sobre a preparação inicial dos Magistrados, era de um curso presencial bem extenso, com duração de quatro meses, em Brasília/DF. Assim, os aprovados se deslocariam do país inteiro – alguns acompanhados por suas famílias – para uma longa temporada no Distrito Federal. Eu estava ansioso para começar o curso, mas, havia uma inquietação com a logística do evento.

A distribuição das lotações era um tema constante de discussão entre os aprovados. Após a divulgação do resultado final e da classificação dos aprovados, o grupo tentava, de todas as formas possíveis, antever as prováveis vagas que seriam disponibilizadas para a lotação inicial dos aprovados. Conseguimos obter a lista de antiguidade dos Juízes Federais Substitutos, bem como a relação de todas as Varas Federais existentes com as respectivas lotações dos atuais Magistrados. Havia várias Varas Federais desocupadas – ou seja, sem Juízes Federais Substitutos – e que, portanto, eram potenciais vagas a serem oferecidas em um concurso de remoção que ocorreria antes da nossa posse perante o TRF-1. As vagas remanescentes seriam oferecidas aos novos Magistrados. Obviamente, eram inúmeros fatores que poderiam influenciar nas vagas a serem oferecidas.

Uma das providências mais gratificantes – e trabalhosas – foi providenciar a compra da toga. Logo após a divulgação do resultado final, antes mesmo da nomeação, o Tribunal enviou e-mail para os aprovados com as especificações da toga que cada um deveria encomendar e adquirir por meios próprios. Quando recebi esse e-mail, eu estava indo para um parque em Belo Horizonte para fazer uma corrida pela manhã. Foi uma sensação fantástica. Poucas vezes fiquei tão feliz na vida. Fiz minha corrida imaginando o meu futuro como Juiz Federal. Aliás, fiquei tão motivado e "anestesiado" com aquela sensação de alegria que consegui correr quase o dobro do percurso que fazia diariamente. Era a concretização de toda uma vida de estudos: encomendar minha própria toga, ou seja, o símbolo histórico da Magistratura.

Apesar de simples, a toga da Magistratura Federal era cheia de detalhes e muito mais cara do que eu imaginava. Poucos alfaiates trabalham com esse tipo de vestimenta. Tomei a iniciativa do grupo para encomendar as togas dos colegas em uma "compra coletiva" para baratear os custos. Mesmo assim, acabou ficando bem caro. Mas tudo bem... A toga não era só uma roupa cara. Ela representava todos os esforços da minha vida de concurseiro. Definitivamente, não é todo dia que temos o privilégio de comprar uma toga e a felicidade de utilizá-la como novo Magistrado.

Mas o melhor de estar no "hiato", entre a nomeação e a posse, é poder se dar ao luxo de voltar a ter uma vida social. Reencontrar os amigos, frequentar a academia sem a preocupação de voltar para os livros, passear com a esposa etc. Finalmente, após vários anos de estudo, a rotina voltava ao normal.

## O DIA DA POSSE

Poucas semanas após a divulgação do resultado final, o Tribunal realizou a cerimônia de posse dos nomeados.

Foi uma correria. Tive que me deslocar de Belo Horizonte para Brasília logo após concluir meu trabalho na Defensoria Pública para os preparativos finais da posse.

Uma das coisas mais trabalhosas era, justamente, providenciar as medidas para a toga e fazer os ajustes com o alfaiate. A sensação de provar a toga pela primeira vez é inesquecível.

A organização de cada candidato para o dia da posse é bem complicada. O cumprimento dos horários rigorosamente, a distribuição de convites entre os familiares e amigos, a preparação das roupas etc. De qualquer forma, o momento é fantástico e a energia entre todos os aprovados supera qualquer dificuldade.

A cerimônia foi um momento inesquecível. Foi realizada a sessão solene de posse, com a presença do Presidente do Tribunal e dos ilustres Desembargadores. O plenário do Tribunal Regional Federal estava repleto de autoridades, familiares e amigos dos empossados.

Num primeiro momento, os empossados foram reunidos para a foto oficial juntamente com o Desembargador-Presidente. Os sorrisos de alegria e de realização pessoal estavam estampados nos rostos de todos nós. Agora, a imagem estaria registrada na história do Tribunal ao lado de tanto outros ilustres Magistrados Federais que passaram exatamente pelo mesmo momento.

Em seguida, fomos conduzidos para um salão lateral ao plenário do Tribunal. Os nomes foram sendo chamados em ordem de classificação para entrada e assinatura da ata de posse. A cada chamado, havia uma salva de palmas e manifestações emocionadas de familiares e amigos. A emoção aumentava enquanto os colegas iam sendo chamados.

Meu nome foi mencionado. Ingressei com passos "meio--firmes" e "meio-cambaleantes" de emoção. No instante que ingressei no salão, ouvi as palmas e vi os rostos molhados de lágrimas dos meus pais no centro da plateia. Também vi um pouco adiante minha esposa ao lado de um amigo de infância. A partir daí meu passo ficou completamente firme. Foi quando me dei conta de que eu não estava ali por um acaso, mas, que o momento era resultado de uma vida de dedicação e esforço.

Eu não estava preparado apenas para ser aprovado no concurso público da Magistratura Federal: estava pronto para continuar uma vida de dedicação ao Direito e, agora, para ser Juiz no sentido mais profundo da palavra. Uma onda de tranquilidade desceu sobre minha cabeça. Não era um sentimento de arrogância ou de soberba. Era uma sensação de segurança. Desejei muito aquele momento e mereci estar ali. Assinei o termo de posse com a força e a firmeza de quem está plenamente convicto do que deseja.

# PARTE IV

## O CURSO DE FORMAÇÃO

O curso de formação dos novos Magistrados Federais é um tópico que merece comentários à parte.

O curso foi organizado pela Escola da Magistratura Federal – ESMAF em Brasília/DF. Logo após a nomeação, os organizadores do curso enviaram informações detalhadas do curso que ocorreria nos próximos meses seguintes à nossa posse.

A carga horária e o cronograma de estudos eram enormes. A duração estava prevista para quatro meses. O curso foi dividido em uma parte teórica e outra prática.

Os colegas que vieram de todas as partes do país tinham alguns problemas "práticos" a serem resolvidos, por exemplo, a moradia. Permanecer durante alguns meses em Brasília acaba se tornando dispendioso, pois, o custo de vida na capital federal não é nada atrativo. Além disso, havia o desafio para aqueles que optaram por trazer as famílias ou para os que vieram sozinhos, mas, viajavam quase toda semana de volta para casa. Foi uma época de grande superação para vários colegas.

A parte teórica ocorreu no Centro de Treinamento da Justiça Federal – CENTREJUFE, localizado no Setor de Clubes Sul, em Brasília. A estrutura da Justiça Federal para os treinamentos é ótima. O local era bastante agradável, bem em frente ao Lago Paranoá. O espaço contava com várias salas de treinamento e auditórios, além de espaço de lazer aberto aos servidores e magistrados da Justiça Federal.

Nesse momento, participávamos de palestras diárias em uma jornada de estudos intensa e muito cansativa. Os cursos ocorriam entre 09h e 18h, com intervalo para almoço e lanche. Os temas eram os mais variados possíveis, justamente para atender à exigência de ampla formação dos Magistrados. Pudemos assistir exposições sobre: gestão de pessoas (aliás, trezentos milhões de palestras sobre gestão de pessoas...); tutela do meio ambiente; formação filosófica do Magistrado; questões indígenas perante a Justiça Federal; combate a crimes de *internet*; postura dos Magistrados perante a imprensa em geral; postura conciliatória dos Magistrados etc.

Assim, foram convidados diversos palestrantes para tratar de assuntos multidisciplinares: Ministros, Desembargadores, Magistrados, membros do Ministério Público, Filósofos, Antropólogos, Psicólogos, Jornalistas, Militares, Policiais, Cientistas da Informática etc..

Aliás, a multidisciplinaridade é a tônica da Escola da Magistratura Federal, responsável pela formação dos novos Magistrados. O candidato interessado em se tornar Juiz Federal deve ter a consciência dessa forte tendência com relação ao perfil dos julgadores. O Juiz Federal Hugo Otávio Tavares Vilela publicou uma obra que aborda muito bem o assunto. Chama-se *Além do Direito: o que o Juiz Deve Saber*. O autor diz que não são poucos os que pregam a antiquada ideia de um juiz "puro", sequer tocado por qualquer sentimento negativo, como a maldade, e por quaisquer ideias que não as do legislador. Segundo essa ideia, o juiz poderia ter, no máximo, algum conhecimento de obras clássicas de filosofia, mas, nada que o impeça de ser a sociedade por um viés simples. Seria incogitável o contato com ciências como a biologia, a medicina, a física ou as ciências sociais. Contudo, diz o autor, "a multidisciplinaridade é dever do juiz", inclusive com expressa previsão no ordenamento jurídico. Veja o que diz o Código de Ética da Magistratura Brasileira:

> Código de Ética da Magistratura
>
> Conhecimento e capacitação
>
> Art. 29. A exigência de conhecimento e de capacitação permanente dos magistrados tem como fundamento o direito dos jurisdicionados e da sociedade em geral à obtenção de um serviço de qualidade na administração de Justiça.
>
> Art. 30. O magistrado bem formado é o que conhece o Direito vigente e desenvolveu as capacidades técnicas e as atitudes éticas adequadas para aplicá-lo corretamente.
>
> **Art. 31. A obrigação de formação contínua dos magistrados estende-se tanto às matérias especificamente jurídicas quanto no que se refere aos conhecimentos e técnicas que possam favorecer o melhor cumprimento das funções judiciais.**
>
> Art. 32. O conhecimento e a capacitação dos magistrados adquirem uma intensidade especial no que se relaciona com as matérias, as técnicas e as atitudes que levem à máxima proteção dos direitos humanos e ao desenvolvimento dos valores constitucionais.
>
> Art. 33. O magistrado deve facilitar e promover, na medida do possível, a formação dos outros membros do órgão judicial.
>
> Art. 34. O magistrado deve manter uma atitude de colaboração ativa em todas as atividades que conduzem à formação judicial.
>
> Art. 35. O magistrado deve esforçar-se para contribuir com os seus conhecimentos teóricos e práticos ao melhor desenvolvimento do Direito e à administração da Justiça.
>
> Art. 36. É dever do magistrado atuar no sentido de que a instituição de que faz parte ofereça os meios para que sua formação seja permanente.

Algumas aulas do curso de formação inicial foram muito interessantes. O Ministro João Otávio de Noronha (STJ) era o Diretor-geral da Escola Nacional de Formação e Aperfeiçoamento de Magistrados – ENFAM e fez uma palestra envolvente sobre a postura que se espera, atualmente, dos novos Magistrados.

Lembro também que fiquei impressionado com a exposição dos Delegados da Polícia Federal sobre os crimes de *internet* e sobre a famosa *deep web*, um espaço gigantesco dentro do mundo virtual. Basicamente, a *deep web* – ou *deep net* – é uma área da *internet* que não pode ser detectada pelos buscadores em geral (Google, Yahoo, Bing etc.). Em geral, ela é utilizada "para o bem", mas, por ser o "submundo" virtual, esse espaço também acaba sendo utilizado para várias práticas ilícitas e bizarras. É aí que entra a atuação dos Juízes Federais: muitos crimes relacionados com a *internet* são de competência da Justiça Federal (p. ex., crimes envolvendo pedofilia na rede mundial de computadores) e os Magistrados precisam entender os conceitos básicos da tecnologia.

Outra aula que me marcou foi a exposição teórica e prática sobre a postura dos Magistrados perante a imprensa em geral. Vários profissionais da área de jornalismo e *marketing* se revezaram ao longo do dia com exposições sobre como deveria ser a nova postura dos Juízes nas mídias, inclusive nas redes sociais. A discrição dos Magistrados ainda continua sendo o fundamental, mas, atualmente, é preciso saber dialogar da maneira mais cautelosa e técnica possível com os diversos atores sociais, inclusive com a imprensa. O curso contou com uma parte prática muito interessante, na qual fomos submetidos a diversos treinamentos de simulados em *media training* (p. ex., entrevistas individuais, entrevistas coletivas, notas públicas etc.). Foi muito engraçado, pois, pudemos aprender com alguns erros básicos cometidos durante as simulações.

A palestra do professor, e ex-Juiz Federal, José Paulo Baltazar Júnior me fez relembrar as várias noites em que passei folheando o livro *Crimes Federais*, de sua autoria, durante a preparação para o concurso público. Quis o destino que, agora, eu estivesse naquele auditório, na condição de colega Juiz Federal, para ouvir a exposição de um dos grandes penalistas brasileiros.

As aulas teóricas e práticas de tiro com a Polícia Federal foram ótimas. Pudemos aprender diversos conceitos básicos de segurança, além de alguns armamentos de uso permitido aos Juízes Federais.

Além das aulas, ainda na parte teórica do curso de formação, foram realizadas várias visitas institucionais, por exemplo, ao Superior Tribunal de Justiça e ao Exército. Eu já havia sido servidor do STJ durante alguns anos, mas, agora, retornar ao meu órgão de origem foi uma experiência que me emocionou. Enquanto caminhava pelos corredores da arquitetura belíssima do Tribunal – se você ainda não conheceu o STJ, recomendo que o faça –, me recordava de maneira vívida os anos felizes da minha vida em que tive a honra de desempenhar minhas atividades ali. Também pude reencontrar alguns colegas de trabalho, o que foi uma grande satisfação.

A parte prática do curso foi realizada em dois blocos distintos. No primeiro, cada Juiz Federal Substituto foi deslocado para uma Seção Judiciária distinta para atuar como Magistrado perante alguma Vara Federal a qual seria especificamente designado. Assim, ficaríamos durante um mês em alguma Seção Judiciária fora do Distrito Federal. As escolhas eram feitas de acordo com a lista de antiguidade e pude escolher minha lotação provisória, com outros amigos, em Belo Horizonte/MG.

No período prático do curso de formação, cada colega passou a atuar perante alguma Vara Federal durante uma semana, em sistema de rodízio. Assim, pudemos conhecer vários Magistrados e servidores já bastante experientes, inclusive com realização de audiências acompanhados pelos colegas de carreira.

Além desse período em diferentes Seções Judiciárias, o curso prático abrangia um período em que atuaríamos perante as Varas da Seção Judiciária do Distrito Federal, bem como a participação em um mutirão de conciliações. Foi o momento em que pudemos colocar em prática alguns conceitos teóricos aprendidos na primeira etapa do curso.

O curso de formação em geral foi bem interessante, mas, muito cansativo. Além disso, a ansiedade com o período de escolha das lotações iniciais acabava tirando um pouco o nosso foco das aulas. Naturalmente, era quase impossível conseguir se concentrar em uma aula, p. ex., de antropologia quando estávamos prestes a definir nossas lotações e, obviamente, nossos futuros pelos anos seguintes.

## AS LOTAÇÕES INICIAIS

As lotações iniciais foram oferecidas durante nosso curso de formação. Graças à enorme dimensão territorial do Tribunal Regional Federal da 1ª Região, foi uma verdadeira aula de geografia.

Em função dos concursos públicos, já vivi em diversos estados brasileiros: Distrito Federal, Goiás, Minas Gerais, Acre e Alagoas. Além disso, fiz várias atividades itinerantes como Defensor Público Federal no Amapá, Rondônia, Pernambuco, Rio Grande do Sul etc. No entanto, apesar de conhecer bem o país, confesso que nunca tinha ouvido falar de certas cidades que contam com a estrutura da Justiça Federal instalada. Outras eu já conhecia de nome, mas, não sabia exatamente onde estavam situadas no mapa brasileiro.

Verificamos que havia dezenas de Varas Federais sem o respectivo Juiz Federal Substituto em diversas Seções e Subseções Judiciárias, mas, apenas algumas foram oferecidas, conforme opções administrativas adotadas pelo Tribunal. Basicamente, foram oferecidas todas as vagas consideradas de "difícil provimento" das Subseções Judiciárias, além de algumas poucas situadas nas Seções Judiciárias.

As vagas de difícil provimento são aquelas decorrentes do processo de interiorização e consideradas prioritárias pelo Tribunal. Dificilmente os Juízes permanecem por mais de um ano nessas localidades, pois, logo são promovidos ou removidos para outras Varas Federais.

Foram oferecidas pelo Tribunal as seguintes opções para lotação inicial:

| Seção Judiciária | Localização |
|---|---|
| Acre | 02 em Rio Branco |
| Acre | 01 em Cruzeiro do Sul |
| Amapá | 01 em Laranjal do Jari |
| Amapá | 01 em Oiapoque |
| Amazonas | 01 em Manaus |
| Amazonas | 01 em Tabatinga |
| Amazonas | 01 em Tefé |
| Bahia | 04 em Salvador |
| Bahia | 01 em Campo Formoso |
| Bahia | 01 em Barreiras |
| Goiás | 01 em Goiânia |
| Goiás | 01 em Anápolis |
| Goiás | 01 em Aparecida de Goiânia |
| Maranhão | 03 em São Luís |
| Maranhão | 01 em Bacabal |
| Maranhão | 01 em Balsas |

| Seção Judiciária | Localização |
|---|---|
| Maranhão | 02 em Imperatriz |
| Mato Grosso | 01 em Cuiabá |
| Mato Grosso | 01 em Cáceres |
| Mato Grosso | 01 em Juína |
| Mato Grosso | 01 em Rondonópolis |
| Minas Gerais | 01 em Montes Claros |
| Minas Gerais | 01 em Paracatu |
| Minas Gerais | 01 em Teófilo Otoni |
| Minas Gerais | 01 em Uberaba |
| Pará | 04 em Belém |
| Pará | 01 em Altamira |
| Pará | 01 em Itaituba |
| Pará | 01 em Paragominas |
| Pará | 01 em Redenção |
| Pará | 01 em Santarém |
| Pará | 01 em Tucuruí |
| Piauí | 01 em Picos |
| Piauí | 01 em São Raimundo Nonato |
| Rondônia | 02 em Porto Velho |
| Rondônia | 01 em Guajará-Mirim |
| Rondônia | 02 em Ji-Paraná |
| Roraima | 02 em Boa Vista |
| Tocantins | 01 em Palmas |
| Tocantins | 01 em Araguaína |

A grande maioria das vagas disponibilizadas para os novos Juízes Federais Substitutos estavam localizadas em cidades do interior. Algumas cidades específicas têm problemas de infraestrutura, inclusive para a moradia, a saúde e a segurança dos Magistrados. Além disso, várias delas estavam sem qualquer Juiz Federal há alguns meses. Ou seja, os novos Juízes Federais Substitutos chegariam até essas localidades para assumir um grande acervo de processo e já com o encargo de exercício da titularidade plena, isto é, cumulando o trabalho de Juiz Federal titular e de Juiz Federal Substituto.

As lotações foram escolhidas com base na ordem de classificação do concurso, que se tornava a ordem de antiguidade dos candidatos na lista dos Juízes Federais Substitutos. De acordo com as normas do CJF, a classificação final em concurso público define a ordem de posicionamento do Juiz Federal Substituto, nas respectivas listas de antiguidade, quando a posse e o exercício na Região ocorrerem na mesma data. No meu caso, como logrei a 5ª posição no concurso, pude optar por uma boa lotação no Estado de Goiás.

Após a escolha das lotações, cada novo Magistrado permaneceria na localidade até o próximo concurso de remoção ou de promoção, o que acabou acontecendo um pouco antes do que imaginávamos.

Fiquei na minha lotação inicial por pouco menos de um ano e consegui ser removido para outra localidade, na capital do Estado. Alguns colegas optaram pela promoção, deixando de serem Juízes Federais Substitutos e tornando-se Juízes Federais titulares. Nesse caso, passam a compor uma lista de antiguidade diferente e passaram a concorrer a outras vagas destinadas à titularização.

Ao ingressar na carreira, o candidato aprovado ocupa o cargo de Juiz Federal Substituto (art. 93, I, da CRFB) e passa a integrar uma lista de antiguidade própria, composta exclusivamente por Juízes Federais Substitutos. Após a titularização, o Juiz Federal Substituto pode optar pela promoção a Juiz Federal. Nesse caso, passará a integrar outra lista de antiguidade, composta apenas por Juízes Federais. Ou seja, existem duas listas "paralelas" de antiguidade: uma para Juízes Federais Substitutos e outra para Juízes Federais. É com base no critério de antiguidade que será definida a prioridade na escolha das lotações para as remoções.

A promoção de Juiz Federal Substituto a Juiz Federal dar-se-á pelos critérios de antiguidade e merecimento, alternadamente. Na apuração da antiguidade, o Tribunal Regional Federal somente poderá recusar o Juiz Federal Substituto mais antigo pelo voto de dois terços de seus membros efetivos, conforme procedimento previsto no seu regimento interno, e assegurada ampla defesa, repetindo-se a votação até fixar-se a indicação. Além disso, a antiguidade para fins de promoção a Juiz Federal será aferida exclusivamente pela contagem de tempo de serviço no cargo de Juiz Federal Substituto na Região.

## COMEÇANDO O TRABALHO – DESAFIOS

Concluído o curso de formação e escolhidas as lotações iniciais, foi concedido um curto prazo para que cada candidato se deslocasse para o início de suas atividades jurisdicionais. Não houve custeio por parte do Tribunal. O deslocamento, inclusive dos familiares e das mudanças, foi feito por conta própria. Isso acarretou um ônus financeiro muito pesado para vários colegas.

É um momento de mudanças drásticas na vida de qualquer um. De um instante para o outro, o novo Magistrado pode passar a morar no outro lado do país. Milhares e milhares de quilômetros separam a cidade natal e a nova moradia.

Em determinados casos, p. ex., colegas que viviam nas Regiões Centro-Sul foram lotados, inicialmente, na Região Norte. Vários casados(as) e com filhos pequenos. A família toda era afetada pela nova conjuntura de vida.

O desgaste emocional era visível na expressão de alguns colegas. Após um longo e cansativo curso de formação, com duração de vários meses em Brasília, havia toda uma movimentação para compra de passagens aéreas; contratação de transportadora de mudanças; envio de veículos para localidades distantes; deslocamento de familiares; mudança de escolas para os filhos; aluguel de nova residência etc. Eram horas de pesquisas na internet e de ligações para tentar organizar à distância o mínimo possível para a mudança rumo à nova morada.

Além do coleguismo com todos do curso, surgiram bons vínculos de amizade. O curso de formação foi oficialmente encerrado. Como não se tratava de etapa do concurso público, não havia avaliação (provas), mas, apenas a aferição da frequência que era rigorosamente cobrada (entrada e saída) todos os dias.

Findo o curso, nos despedimos e cada um seguiu seu rumo. É inegável que todos estavam apreensivos e ansiosos. Alguns mais e outros menos. No meu caso, a mudança também era drástica e envolveu uma série de medidas para minimizar as dificuldades.

O primeiro dia como Magistrado Federal é algo marcante. Tudo é muito novo. A atividade profissional, a equipe de colaboradores, os jurisdicionados, os advogados e procuradores, os sistemas informatizados, etc. Várias medidas precisam ser adotadas, tanto de caráter jurisdicional quanto de caráter administrativo. Por isso, o novo Magistrado é arguido pela equipe o tempo todo para a tomada de decisões.

Ocupar a cadeira do cargo tão sonhado é algo especial. Antes da Magistratura, tive a felicidade de tomar posse em vários cargos, mas, certamente, essa última situação era especial na minha vida. Surgiu uma mistura de alegria com apreensão.

Aos poucos, as coisas foram se ajustando no trabalho. Aprendi as rotinas cartorárias e o manuseio dos sistemas. Na verdade, consegui me adaptar às novas rotinas com mais facilidade do que eu pensava.

Uma situação especial é aquela vivenciada pelos colegas que foram lotados em Varas consideradas de difícil provimento, sobretudo em regiões de fronteira. Não se trata, obviamente, de uma crítica à cidade ou ao estado-membro, mas, inegavelmente, algumas Varas Federais ficam em regiões com pouca infraestrutura para o desempenho das atividades profissionais do Magistrado. Nesse tipo de local, é comum o estabelecimento de rotas criminosas. São vias de tráfico de drogas e de armas, bem como de contrabando ou descaminho.

Em algumas Subseções, há o risco pessoal à segurança dos Magistrados(as). Os colegas fazem relatos impressionantes de medidas de segurança que precisam adotar para garantirem a segurança pessoal. Os carros blindados são apenas um exemplo. Faça uma pesquisa no *YouTube* e verá alguns documentários sobre a atuação do Judiciário em locais de risco. Existe, ainda, um filme que trata do assunto, baseado em fatos reais, chamado *Em Nome da Lei.*

São vários os desafios enfrentados pelos novos Juízes Federais nessas regiões consideradas mais arriscadas. A atuação dos(as) Magistrados(as) frequentemente demanda o enfrentamento direto da criminalidade e da corrupção.

Ouvi dos novos colegas muitos relatos de problemas com infraestrutura das Varas Federais nessas Subseções. Falta de computadores, *internet* lenta, poucos servidores disponíveis, falhas na gestão cartorária, ausência de portas de segurança etc.

A estrutura para audiências criminais também é algo preocupante. Nas localidades mais estruturadas e menos perigosas, existe uma certa segurança não apenas do Magistrado, mas, de todos os que participam direta e indiretamente das audiências. Geralmente, os réus presos são conduzidos por um aparato da Polícia Federal, escoltados por dois ou três agentes. Além disso, a segurança da Justiça Federal fica de prontidão para conter qualquer tipo de distúrbio. O risco, de qualquer forma, sempre existe.

Nas Subseções onde a situação é mais crítica, o perigo durante a realização de audiências é muito maior. A Polícia Federal, às vezes, não dispõe do mesmo aparato para o transporte de interrogandos e a Justiça Federal possui uma limitadíssima estrutura de segurança para o controle das audiências.

A Magistratura Federal, certamente, é uma atividade de risco. Para ser um Juiz e enfrentar os desafios diários é preciso muita coragem. Evidentemente, a situação não é generalizada. Sobretudo nas capitais e nas grandes cidades, alguns colegas se aposentam sem qualquer tipo de ameaça e/ou situação de violência em razão da atividade jurisdicional. No entanto, infelizmente, esse não é um "privilégio" de todos. Existem vários exemplos de casos em que os Juízes Federais e suas famílias foram vítimas de ameaças e/ou de violência.

Faço questão de trazer esses relatos não para assustar ou desestimular os futuros candidatos que sonham com a Magistratura Federal. Muito pelo contrário. Trata-se de uma carreira maravilhosa e integrada por profissionais que, apesar desses problemas, trabalham bastante para honrar o compromisso com a Justiça que fizeram no dia da posse.

Por outro lado, não creio que seja correto iludir os futuros colegas ocultando algo tão sério – e constante – da vida de Magistrado. O risco será uma constante na sua vida. Você terá que tomar um cuidado redobrado em tudo que faz. Claro que o exercício de qualquer cargo público envolve riscos: membros do Ministério Público, Delegados de Polícia, Policiais Civis e Militares, Bombeiros, Médicos etc. Contudo, no caso da Magistratura, tenha certeza de que o grau de responsabilidade do cargo envolve um risco ainda maior.

# PARTE V

## AFINAL, O QUE FAZ UM JUIZ FEDERAL?

Parabéns se você encheu a boca para responder "o Juiz julga", pois, acaba de cometer o mesmo erro que cometi, durante minha vida inteira, até me tornar Magistrado.

Essa pergunta parece ser tola, sobretudo para alguém que fez o concurso da Magistratura Federal durante um longo certame que durou quase dois anos. No entanto, definitivamente, a resposta não é tão óbvia.

Foi uma sensação muito estranha, mas, percebi ao longo do curso de formação que o Juiz não faz, "apenas", julgar. Aliás, dentro do universo de atribuições que o Magistrado deve desempenhar no dia a dia, eu diria que a atividade judicante pode estar pareada com um conjunto enorme de outras atividades de cunho administrativo e gerencial.

Já no curso de formação foi possível que o Magistrado Federal deve cumprir uma série de rotinas administrativas relacionadas com o funcionamento da Vara. São muitos relatórios a serem assinados; Requisições de Pequeno Valor – RPV e Precatórios a serem liberados; Ofícios e Memorandos a serem respondidos; férias de servidores a serem autorizadas; estatísticas de produtividade a serem acompanhadas; advogados e partes a serem atendidos; reuniões com procuradores e membros do

Ministério Público a serem realizadas; estratégias para aumento de produtividade a serem criadas; melhorias no atendimento do jurisdicionado a serem implantadas... E assim vai...

O conjunto das atividades administrativas é objeto de estudo da Administração Judicial, ramo multidisciplinar do conhecimento que já desponta como sendo um dos mais relevantes para a solução dos problemas que afetam a atividade jurisdicional brasileira. A melhoria do desempenho no funcionamento da máquina estatal, inclusive no Judiciário, depende da melhor gestão dos recursos disponíveis.

O Juiz Federal Carlos Henrique Haddad, um dos palestrantes durante o curso de formação inicial, publicou um livro em coautoria com Luís Capanema Pedrosa. A obra *Administração Judicial Aplicada* trabalha com conceitos próprios da Administração adaptados ao Poder Judiciário. Traz, ainda, um estudo de caso sobre o modelo de gestão bem-sucedido implantado em uma das Subseções Judiciárias do Estado de Minas Gerais.

Carlos Henrique Haddad evidencia o novo perfil da Administração Judicial. Para ele, nos últimos anos, o Poder Judiciário acordou para a necessidade de melhorar seus métodos gerenciais de processos.

De fato, o sistema judicial começa a ser objeto da análise e recomendações que pretendem explorar nova dimensão gestionária, considerando-se que o déficit de organização, gestão e planejamento, em geral, são responsáveis por grande parte da ineficiência e ineficácia do seu desempenho funcional. As organizações burocráticas do Estado funcionam como entrave à eficácia, à eficiência e à qualidade do desempenho. Defende-se, por isso, a introdução de medidas que visem a alteração de métodos de trabalho, uma melhor e mais eficaz gestão de recursos humanos (humanos, materiais e dos processos) e maior articulação dos tribunais com os serviços complementares da justiça. As reformas que visam ao reforço da capacidade de organização e gestão do sistema de justiça tornaram-se, assim, apostas centrais das agendas de reforma em muitos países. Nos últimos anos, o debate evoluiu para a reflexão sobre como implementar no Judiciário os novos conceitos de qualidade e de excelência.

As práticas administrativas que se originaram no setor privado, diz o autor, vêm sendo lentamente incorporadas na governança pública. Assim como as empresas foram forçadas a inovar e se adaptar às pressões da competição e à elevação dos padrões de consumo, desafios similares são impostos ao Judiciário. Orçamentos cada vez mais reduzidos e aumento do quadro de pessoal que não acompanha o crescimento do acesso à Justiça criam uma pressão para "fazer mais com menos". Ao mesmo tempo, a população, que "descobriu" o Judiciário a partir da Constituição Federal de 1988, demanda prestação jurisdicional que seja melhor, mais eficiente e menos onerosa. Nesse contexto, a teoria da Administração surge para aprimorar concretamente o serviço judiciário[1].

Em algumas lotações mais bem estruturadas, o Juiz Federal possui uma equipe relativamente grande para auxiliá-lo nessas diversas atividades. No entanto, o trabalho final acaba passando, invariavelmente, pela decisão do Magistrado. Além disso, nem todas as Varas da Justiça Federal dispunha de colaboradores suficientes para o bom desempenho das tarefas administrativas.

Hoje, é disseminada na Justiça Federal a percepção de que o Magistrado não pode mais possuir aquela antiquada postura de isolamento no gabinete, tal qual adotada por alguns Juízes no passado. O "juiz de gabinete", preocupado apenas com a atividade estritamente jurisdicional e totalmente alheio às rotinas administrativas da Vara, já não vinga mais. Tampouco pode prosperar a grosseria, a arrogância e de alheamento por parte

---

1. HADDAD, Carlos Henrique Borlido. Administração Judicial Aplicada. Porto Alegre: Sergio Antônio Fabris Ed., 2014, pp. 15-17.

dos Magistrados. São valores que não mais se coadunam com a figura do novo Magistrado perante a sociedade.

Não é preciso ter muito tempo na carreira para perceber que o Juiz Federal de hoje assume um compromisso social que vai muito além da "mera" prolação de despachos, decisões e sentenças.

A Justiça está permeada por diversos simbolismos e a luta por reconhecimento social passa pela atividade jurisdicional. Assim, a forma como o Magistrado se porta perante a equipe, os demais profissionais da área jurídica e, principalmente, os jurisdicionados reflete na imagem que a sociedade em geral fará não apenas da pessoa do Juiz, mas, do Judiciário enquanto o Poder que tem por função primordial aplicar a lei ao caso concreto e solucionar as lides. Em outras palavras: a má conduta eventualmente praticada por algum Magistrado reflete na imagem e na credibilidade do Judiciário como um todo.

Essa nova postura exigida pela Magistratura Federal é ensinada e repassada aos Juízes Federais desde o curso de formação. Os colegas mais traquejados – alguns com muitos anos de carreira – puderam compartilhar conosco experiências de sucesso. Apresentaram uma imagem da Magistratura muito mais condizente com os anseios sociais.

É evidente que os problemas ainda existem perante os três Poderes e muita coisa precisa ser melhorada. Nosso sistema jurídico como um todo está longe de ser o ideal, sobretudo quando começamos a conhecer alguns casos de sucesso no Direito comparado. Contudo, fiquei muito feliz por perceber tal evolução perante o Poder Judiciário. Isso mostra que a ideia não é nova e que, na verdade, os Magistrados mais experientes também incorporaram muito bem essa percepção da função social do Juiz.

Ao assumir o cargo da Magistratura Federal, percebi que as pessoas observam mais suas atitudes, comportamento e decisões. Antes de ingressar neste cargo, tive a oportunidade de ser servidor público de carreira e, assim, fui subordinado a vários tipos de gestores. Experimentei diversos modelos de liderança por parte dos meus antigos chefes. Isso contribuiu para eu exercer, hoje, uma liderança onde tento motivar os funcionários com meu exemplo: a dedicação ao trabalho, a pontualidade e o entusiasmo pelas tarefas do cargo exercido.

É fácil perceber que o bom humor, a educação e a dedicação motivam os colaboradores a trabalharem com mais disposição. O diálogo, aliás, permite aos servidores serem escutados com respeito.

## BREVE HISTÓRICO DA JUSTIÇA FEDERAL

A proposta da presente obra não é elaborar um estudo sobre a Justiça Federal. Para aqueles que pretendem algo semelhante, recomendo, por exemplo, o livro *Justiça Federal: Histórico e Evolução no Brasil*, de Vladimir Passos de Freitas (Desembargador do TRF-4). Minha preocupação nesse capítulo é apenas dar uma visão superficial da Justiça Federal para aqueles que pretendem seguir a carreira da Magistratura.

O Juiz Federal Alexandre Vidigal de Oliveira ensina que a história da Justiça Federal remonta aos tempos da proclamação do Estado Republicano, ainda no Governo Provisório, o qual, amparando-se na Constituição Provisória da República, publicada com o Decreto n. 510, de 22/0611890, expediu o Decreto n. 848, de 11/10/1890, tratando da criação, organização, composição e competência daquele órgão judiciário e instituindo o processo federal. Daquela origem da denominada Justiça Federal tem-se que fora instaurado, em realidade, o próprio Poder Judiciário da União[2].

2. OLIVEIRA, Alexandre Vidigal de. Justiça federal: evolução histórico-legislativa. Revista do Tribunal Federal da 1ª Região, Brasília, v. 8, n. 4, p. 107-115, out. /dez. 1996.

Advindo a Constituição Federal de 1988, são criados no âmbito da Justiça Federal, em substituição ao Tribunal Federal de Recursos, cinco Tribunais Regionais Federais, passando, assim, a Justiça Federal de 2ª instância. Em estudo sobre a história e evolução da Justiça Federal no Brasil, o Desembargador Vladimir Passos de Freitas mostra que o Tribunal Federal de Recursos (o antigo TFR) foi criado como uma Corte intermediária entre o Supremo Tribunal Federal e os Tribunais de Justiça dos Estados. A competência era, basicamente, a de julgar recursos contra sentenças cíveis e criminais em casos de interesse da União, uma vez que a competência, em 1ª instância, era dos Juízes de Direito[3].

A Lei n. 7.746/89 dispõe sobre a instalação do Superior Tribunal de Justiça, o que se concretiza em 07/04/89.

Na sequência, observa-se uma significativa ampliação da Justiça Federal, com uma progressiva interiorização.

Ou seja, a Justiça Federal foi instituída no Brasil logo após a Proclamação da República, em 1890, como decorrência da forma federativa de organização do Estado. Na época, a Justiça Federal era composta pelo Supremo Tribunal Federal e por juízes denominados Juízes Seccionais, indicados pelo presidente da República, investidos de forma vitalícia em seus cargos. Além dos seccionais, havia a previsão, ainda, de Juízes Federais Substitutos, também nomeados, que cumpriam mandatos de seis anos.

O modelo original foi radicalmente alterado ao longo dos anos. A Constituição Federal de 1988 reestruturou a Justiça Federal, com a criação de cinco Tribunais Regionais Federais – TRFs e do Superior Tribunal de Justiça – STJ.

3. FREITAS, Vladimir Passos de. Justiça Federal. Histórico e Evolução no Brasil. Juruá Ed., 2003.

Atualmente, a Justiça Federal se divide em seis Regiões, cada qual submetida à jurisdição dos respectivos Tribunais Regionais Federais: TRF-1, TRF-2, TRF-3, TRF-4, TRF-5 e TRF-6. Existe proposta legislativa pendente para a criação de novas Regiões.

Cada Região possui suas Seções Judiciárias, localizadas nas capitais, e suas Subseções Judiciárias, dispostas nas cidades interioranas do mapa brasileiro. As diversas Varas Federais são distribuídas, quantitativamente, entre as Seções e Subseções Judiciárias. Cada Vara Federal é composta por um Juiz Federal e por um Juiz Federal Substituto. Ambos dividem o acervo de processos da Vara conforme a numeração dos processos – par ou ímpar –, vedada a distribuição direcionada para garantir o princípio do Juiz Natural.

Especificamente no caso do Tribunal Regional Federal da 1ª Região, há uma peculiaridade. É que o TRF-1 possui dimensões continentais e abrange quase todo o território nacional. São 12 estados-membros, além do Distrito Federal: AC, AM, RR, RO, AP, PA, MT, MA, TO, GO, PI, BA e DF. São 13 Seções Judiciárias (uma em cada capital) e dezenas de Subseções Judiciárias.

Apenas para exemplificar, em Goiás existe a Seção Judiciária do Estado de Goiás (localizada em Goiânia/GO) e mais 08 Subseções Judiciárias (localizadas em Anápolis, Aparecida de Goiânia, Formosa, Itumbiara, Jataí, Luziânia, Rio Verde e Uruaçu). A SJGO possui 16 Varas Federais. A Subseção Judiciária de Anápolis/GO possui duas Varas Federais. As demais Subseções Judiciárias (Aparecida de Goiânia, Formosa, Itumbiara, Jataí, Luziânia, Rio Verde e Uruaçu) possuem apenas uma Vara Federal. Cada uma dessas Varas Federais é composta pelo gabinete do Juiz Federal e pelo gabinete do Juiz Federal Substituto, que trabalham de maneira independente e dividem o acervo de processos de forma igualitária. Não há qualquer relação hierárquica entre os Magistrados. O Juiz Federal titular fica responsável pela administração da Secretaria da Vara Federal.

## A ORGANIZAÇÃO DA JUSTIÇA FEDERAL

Os concursos públicos são realizados para o provimento dos cargos de Juiz Federal Substituto disponíveis nestas Seções e Subseções Judiciárias, conforme as necessidades de cada Tribunal. Como já exposto, na imensa maioria das vezes, os cargos disponibilizados no certame não são totalmente preenchidos. Assim, sempre permanecem muitas Varas Federais sem a presença do Juiz Federal Substituto. Às vezes, em razão da falta de Magistrados, sequer há Juiz Federal titular.

Os Tribunais Regionais Federais organizam os respectivos concursos públicos para provimento dos cargos de Juiz Federal Substituto de suas Seções e Subseções Judiciárias. Cada Região realiza certames com características próprias que devem ser observadas pelos candidatos. Os perfis de bancas examinadoras variam consideravelmente, sobretudo para aqueles TRFs que realizam o concurso com banca própria e dispensam as empresas organizadoras (p. ex., CESPE).

Além disso, o concurseiro deve se atentar para o fato de que as lotações possíveis após a aprovação ficarão restringidas ao âmbito do respectivo TRF. Ou seja, em razão das peculiaridades de cada candidato, a distância entre localidades pode ser um fator de estímulo ou desestímulo para a escolha de um determinado TRF. Vejo com alguma frequência que a ânsia de se tornar Magistrado pode levar o candidato a prestar concursos em diversas localidades, mas, após a aprovação, o sonho se torna um pesadelo em função do deslocamento.

A escolha das lotações é feita com base na classificação final do concurso, que passa a ser a ordem de antiguidade do candidato. Existe a possibilidade de remoção e permuta entre as seis Regiões, apesar das diversas dificuldades burocráticas.

## A COMPETÊNCIA DA JUSTIÇA FEDERAL

Neste tópico, será feita apenas uma referência genérica à competência a Justiça Federal com o intuito de situar o leitor, interessado no concurso da Magistratura, no universo de atividades desempenhadas pelos Juízes Federias. A proposta, evidentemente, não é de um estudo sobre os aspectos processuais civis e penais.

A estrutura e a competência da Justiça Federal vêm constitucionalmente estabelecidas nos arts. 92 e 106 a 110 da CRFB/88:

> Art. 92. São órgãos do Poder Judiciário:
>
> I – o Supremo Tribunal Federal;
>
> I-A – o Conselho Nacional de Justiça; (Incluído pela Emenda Constitucional nº 45, de 2004)
>
> II – o Superior Tribunal de Justiça;
>
> II-A – o Tribunal Superior do Trabalho; (Incluído pela Emenda Constitucional nº 92, de 2016)
>
> III – os Tribunais Regionais Federais e Juízes Federais;
>
> IV – os Tribunais e Juízes do Trabalho;
>
> V – os Tribunais e Juízes Eleitorais;
>
> VI – os Tribunais e Juízes Militares;
>
> VII – os Tribunais e Juízes dos Estados e do Distrito Federal e Territórios.
>
> § 1º O Supremo Tribunal Federal, o Conselho Nacional de Justiça e os Tribunais Superiores têm sede na Capital Federal. (Incluído pela Emenda Constitucional nº 45, de 2004)

§ 2° O Supremo Tribunal Federal e os Tribunais Superiores têm jurisdição em todo o território nacional. (Incluído pela Emenda Constitucional n° 45, de 2004)

[...]

Seção IV

DOS TRIBUNAIS REGIONAIS FEDERAIS E DOS JUÍZES FEDERAIS

Art. 106. São órgãos da Justiça Federal:

I – os Tribunais Regionais Federais;

II – os Juízes Federais.

Art. 107. Os Tribunais Regionais Federais compõem-se de, no mínimo, sete juízes, recrutados, quando possível, na respectiva região e nomeados pelo Presidente da República dentre brasileiros com mais de trinta e menos de sessenta e cinco anos, sendo:

I – um quinto dentre advogados com mais de dez anos de efetiva atividade profissional e membros do Ministério Público Federal com mais de dez anos de carreira;

II – os demais, mediante promoção de juízes federais com mais de cinco anos de exercício, por antiguidade e merecimento, alternadamente.

§ 1° A lei disciplinará a remoção ou a permuta de juízes dos Tribunais Regionais Federais e determinará sua jurisdição e sede. (Renumerado do parágrafo único, pela Emenda Constitucional n° 45, de 2004)

§ 2° Os Tribunais Regionais Federais instalarão a justiça itinerante, com a realização de audiências e demais funções da atividade jurisdicional, nos limites territoriais da respectiva jurisdição, servindo-se de equipamentos públicos e comunitários. (Incluído pela Emenda Constitucional n° 45, de 2004)

§ 3° Os Tribunais Regionais Federais poderão funcionar descentralizadamente, constituindo Câmaras regionais, a fim de assegurar o pleno acesso do jurisdicionado à justiça em todas as fases do processo. (Incluído pela Emenda Constitucional nº 45, de 2004)

Art. 108. Compete aos Tribunais Regionais Federais:

I – processar e julgar, originariamente:

a) os juízes federais da área de sua jurisdição, incluídos os da Justiça Militar e da Justiça do Trabalho, nos crimes comuns e de responsabilidade, e os membros do Ministério Público da União, ressalvada a competência da Justiça Eleitoral;

b) as revisões criminais e as ações rescisórias de julgados seus ou dos juízes federais da região;

c) os mandados de segurança e os habeas data contra ato do próprio Tribunal ou de juiz federal;

d) os habeas corpus, quando a autoridade coatora for juiz federal;

e) os conflitos de competência entre juízes federais vinculados ao Tribunal;

II – julgar, em grau de recurso, as causas decididas pelos juízes federais e pelos juízes estaduais no exercício da competência federal da área de sua jurisdição.

Art. 109. Aos juízes federais compete processar e julgar:

I – as causas em que a União, entidade autárquica ou empresa pública federal forem interessadas na condição de autoras, rés, assistentes ou oponentes, exceto as de falência, as de acidentes de trabalho e as sujeitas à Justiça Eleitoral e à Justiça do Trabalho;

II – as causas entre Estado estrangeiro ou organismo internacional e Município ou pessoa domiciliada ou residente no País;

III – as causas fundadas em tratado ou contrato da União com Estado estrangeiro ou organismo internacional;

IV – os crimes políticos e as infrações penais praticadas em detrimento de bens, serviços ou interesse da União ou de suas entidades autárquicas ou empresas públicas, excluídas as contravenções e ressalvada a competência da Justiça Militar e da Justiça Eleitoral;

V – os crimes previstos em tratado ou convenção internacional, quando, iniciada a execução no País, o resultado tenha ou devesse ter ocorrido no estrangeiro, ou reciprocamente;

V-A as causas relativas a direitos humanos a que se refere o § 5º deste artigo; (Incluído pela Emenda Constitucional nº 45, de 2004)

VI – os crimes contra a organização do trabalho e, nos casos determinados por lei, contra o sistema financeiro e a ordem econômico-financeira;

VII – os habeas corpus, em matéria criminal de sua competência ou quando o constrangimento provier de autoridade cujos atos não estejam diretamente sujeitos a outra jurisdição;

VIII – os mandados de segurança e os habeas data contra ato de autoridade federal, excetuados os casos de competência dos tribunais federais;

IX – os crimes cometidos a bordo de navios ou aeronaves, ressalvada a competência da Justiça Militar;

X – os crimes de ingresso ou permanência irregular de estrangeiro, a execução de carta rogatória, após o "exequatur", e de sentença estrangeira, após a homologação, as causas referentes à nacionalidade, inclusive a respectiva opção, e à naturalização;

XI – a disputa sobre direitos indígenas.

§ 1º As causas em que a União for autora serão aforadas na seção judiciária onde tiver domicílio a outra parte.

§ 2º As causas intentadas contra a União poderão ser aforadas na seção judiciária em que for domiciliado o autor, naquela onde houver ocorrido o ato ou fato que deu origem à demanda ou onde esteja situada a coisa, ou, ainda, no Distrito Federal.

§ 3º Serão processadas e julgadas na justiça estadual, no foro do domicílio dos segurados ou beneficiários, as causas em que forem parte instituição de previdência social e segurado, sempre que a comarca não seja sede de vara do juízo federal, e, se verificada essa condição, a lei poderá permitir que outras causas sejam também processadas e julgadas pela justiça estadual.

§ 4º Na hipótese do parágrafo anterior, o recurso cabível será sempre para o Tribunal Regional Federal na área de jurisdição do juiz de primeiro grau.

§ 5º Nas hipóteses de grave violação de direitos humanos, o Procurador-Geral da República, com a finalidade de assegurar o cumprimento de obrigações decorrentes de tratados internacionais de direitos humanos dos quais o Brasil seja parte, poderá suscitar, perante o Superior Tribunal de Justiça, em qualquer fase do inquérito ou processo, incidente de deslocamento de competência para a Justiça Federal. (Incluído pela Emenda Constitucional nº 45, de 2004)

Art. 110. Cada Estado, bem como o Distrito Federal, constituirá uma seção judiciária que terá por sede a respectiva Capital, e varas localizadas segundo o estabelecido em lei.

Parágrafo único. Nos Territórios Federais, a jurisdição e as atribuições cometidas aos juízes federais caberão aos juízes da justiça local, na forma da lei.

A Justiça Comum Federal é o órgão do Poder Judiciário que tem como missão primordial a pacificação dos conflitos que envolvem os cidadãos e a Administração Pública Federal, em diversas áreas. Nos processos que tramitam perante a Justiça Federal é comum a presença, de um lado, dos particulares e de outro da União, das Empresas Públicas, das Autarquias e das Fundações Públicas federais ou dos Conselhos de Fiscalização Profissional.

Julgam-se, diariamente, na Justiça Federal processos referentes ao meio ambiente, previdência social, direito tributário, licitações, contratos de financiamento habitacional firmados com empresas públicas ou autarquias, questões relativas a concursos e a imóveis da União, entre outras. Em matéria penal, a Justiça Federal tem na sua competência, por exemplo, o julgamento de crimes fiscais, de lavagem de dinheiro, de tráfico internacional de entorpecentes e diversos outros[4].

Também são comuns na Justiça Federal os chamados "conflitos de massa", que atingem um número muito expressivo de pessoas. Assim são as ações sobre a correção monetária do FGTS, as ações previdenciárias, os processos tributários e os que tratam dos financiamentos da casa própria. Estes processos ingressam individualmente ou sob a forma coletiva.

A competência da Justiça Federal de primeira instância está definida no art. 109 da CRFB. Podemos organizá-la, didaticamente, da seguinte forma.

**– Competência Cível**

Aos juízes federais compete processar e julgar:

a) os processos em que sejam autores, réus, assistentes ou opoentes, a União, as autarquias federais e as empresas públicas federais;

b) as causas entre Estado estrangeiro ou organismo internacional e Município ou pessoa domiciliada ou residente no país;

c) os mandados de segurança e os *habeas data* contra ato de autoridades federais;

d) as causas cíveis nas matérias de nacionalidade, naturalização, direitos indígenas, bem como as fundadas em tratados e contratos da União com Estados Estrangeiros ou Organismos Internacionais e, mais recentemente, as causas onde haja grave violação de direitos humanos.

São exemplos comuns de processos de competência da Justiça Federal os movidos pelos segurados contra o INSS

---

4. Fonte: *http://www.jfrs.jus.br/pagina.php?no=1.*

(Autarquia federal), as disputas sobre terras tradicionalmente ocupadas pelos índios, os mandados de segurança contra atos praticados pelo Poder Público Federal

**– Competência criminal**

São crimes de competência da Justiça Federal:

a) os cometidos contra bens, serviços e interesses da União;

b) os previstos em tratados internacionais;

c) aqueles em que tenha ocorrido grave violação de direitos humanos;

d) os cometidos contra a organização do trabalho;

e) os cometidos contra o sistema financeiro e a ordem econômico-financeira, nos casos previstos em lei;

f) os cometidos a bordo de navios ou aeronaves, ressalvados os crimes militares;

g) os crimes de ingresso ou permanência irregular de estrangeiro.

São comuns, com base nesta competência, os processos referentes a crimes contra a ordem tributária, os crimes de tráfico internacional de entorpecentes e os crimes de lavagem de dinheiro.

A competência da Justiça Federal de 2ª instância está prevista no art. 108 da CRFB e é exercida pelos seis Tribunais Regionais Federais.

## BREVE HISTÓRICO DOS CONCURSOS PÚBLICOS DA MAGISTRATURA FEDERAL

A ideia de concursos públicos – de caráter nitidamente objetivo e impessoal – para provimento de cargos públicos já é algo bastante sedimentado no nosso Estado Democrático de Direito. Atualmente, os princípios constitucionais que regem o Direito Administrativo, sobretudo nos arts. 37 da CRFB e no art. 2º da Lei n. 9.784/99, estão arraigados na nossa concepção jurídica mais elementar como garantia da igualdade, legalidade, impessoalidade, publicidade, eficiência etc.

Apesar dos inúmeros problemas relacionados com a corrupção e a frequente confusão entre o público e o privado na sociedade brasileira, é inegável que houve um avanço na ordem jurídica nacional desde a Constituição de 1988.

A vedação de indicações para cargos públicos com base em interesses pessoais dos governantes (os chamados "cabides de empregos" ou "cargos dos parentes") já faz parte da percepção geral do povo brasileiro. A exigência de concursos públicos é exemplo disso. Não é necessário ser Magistrado – aliás, não é necessário sequer ser formado em Direito – para saber que, salvo situações excepcionais, a ocupação de um cargo público, remunerado pelo Estado, depende da prévia aprovação em um concurso público que assegure a igualdade entre os candidatos. Indicar amigos e parentes para cargos públicos já não passaria mais pelo crivo da famosa "valoração paralela na esfera do profano", tão difundida entre os penalistas...

No entanto, nem sempre foi assim. Basta conversar com os familiares mais experientes para ver que essa exigência de concurso público – e, consequentemente, de obrigatoriedade dos princípios constitucionais – é muito mais recente do que imaginamos. Há algumas décadas, as escolhas dos "funcionários públicos" eram feitas quase sem critério e estava distante do cidadão comum.

Na história do Poder Judiciário, isso não foi muito diferente, apesar das exigências na formação dos juristas que assumiriam os tão relevantes cargos na prestação jurisdicional.

Para demonstrar esse cenário histórico sobre o perfil dos Juízes Federais, Vladimir Passos de Freitas ensina:

> "[...] Os Juízes Federais da antiga Justiça, no período de 1980 a 1937, eram homens maduros, oriundos de famílias bem situadas economicamente, com forte relacionamento político, vasta cultura geral, a maior parte graduados na Faculdade de Direito do Recife e com elevada média de idade, algo em torno de 45 a 55 anos. Os Juízes Federais nomeados a partir de 1967 e os que ingressaram nos concursos promovidos pelo Tribunal Federal de Recursos eram pessoas maduras, oriundas na sua maioria da classe média, com boa experiência profissional, de regra tendo exercido pelo menos um cargo público de importância, com média de idade entre 35 a 45 anos. Os Juízes Federais nomeados em decorrência de concursos promovidos pelos Tribunais Regionais Federais, na sua maior parte são oriundos da classe média, ingressaram com menos de 30 anos de idade, são destacados pelos conhecimentos jurídicos, postos à prova em época de disputa cada vez mais acirrada, e boa parte teve experiência profissional anterior" (FREITAS, 2006, p. 89).

Criada a Justiça Federal, a admissão dos primeiros Juízes Federais e dos Juízes Federais Substitutos foi feita através de indicação do Poder Executivo, aprovação pelo Poder Legislativo e nomeação pelo Presidente da República.

Em 30.05.1966, foi promulgada a Lei n. 5.010/66, que organiza a Justiça Federal de primeira instância. Assim, passou-se a disciplinar o ingresso na Magistratura Federal através de concurso público de provimento de cargos de Juiz Federal Substituto. No entanto, o art. 74 da Lei n. 5.010/66, nas disposições transitórias, estipulou que as primeiras nomeações dos novos Juízes Federais e dos Juízes Federais Substitutos seriam feitas por nomeação de livre escolha do Presidente da República, precedida do aval do Senado Federal. Vejamos:

> Lei n. 5.010/66.
>
> Art. 20. O provimento do cargo de Juiz Federal Substituto far-se-á mediante concurso público, de provas e títulos realizado na sede da Seção onde ocorrer a vaga, ou, a critério do Conselho de Justiça Federal, em outra sede de Seção da mesma Região.
>
> Art. 21. Com o pedido de inscrição o candidato apresentará:
>
> I – certidão que comprove ter mais de vinte e oito e menos de cinquenta anos de idade;
>
> II – prova de estar em dia com as obrigações concernentes ao serviço militar;
>
> III – título de eleitor e prova de ter cumprido seus deveres eleitorais;
>
> IV – diploma de bacharel em direito, devidamente registrado;
>
> V – certidão que comprove o exercício, por 2 (dois) anos, de advocacia ou de cargo para o qual se exija o diploma de bacharel em Direito; (Redação dada pela Lei nº 7.595, de 1987)
>
> VI – certidão negativa dos distribuidores criminais dos lugares em que haja residido nos últimos cinco anos;
>
> VII – fôlha corrida;
>
> VIII – quaisquer títulos que entenda devam ser apreciados.
>
> Parágrafo único. O limite máximo de idade, previsto no inciso I, não prevalecerá para magistrados e membros do Ministério Público.
>
> Art. 22. O Conselho da Justiça Federal sindicará a vida pregressa dos candidatos e, em sessão secreta, independente de motivação, e conclusivamente, admitirá ou denegará a inscrição. (Vide Lei nº 5.677, de 1971) (Vide Lei nº 7.595, de 1987)
>
> Parágrafo único. Os candidatos admitidos serão submetidos a exame de saúde e psicotécnico.

Art. 23. O Conselho da Justiça Federal organizará os pontos e o regulamento do concurso e os fará publicar, com antecedência mínima de trinta dias, no Diário Oficial dos Estados e Territórios da Região em que o concurso se deva realizar e no Diário da Justiça da União. (Vide Decreto Lei nº 253, de 1967)

Art. 24. O concurso constará de prova escrita e oral.

Parágrafo único. As matérias das provas escritas e oral serão fixadas pelo Conselho de Justiça Federal, no regulamento mencionado no artigo anterior. (Incluído pela Lei nº 7.595, de 1987)

Art. 25. A Comissão Examinadora, designada pelo Conselho de Justiça Federal, será constituída de 3 (três) Ministros do Tribunal Federal de Recursos, um Professor de Faculdade de Direito, oficial ou reconhecida, e um advogado indicado pelo Conselho Federal da Ordem dos Advogados do Brasil – OAB e será presidida pelo Ministro mais antigo. (Redação dada pela Lei nº 7.595, de 1987)

Art. 26. O prazo de validade do concurso para Juiz Federal Substituto será de três anos.

Art. 27. Os Juízes Federais e os Juízes Federais Substitutos tomarão posse perante o Presidente do Conselho da Justiça Federal.

Parágrafo único. É permitida a posse por procuração.

Art. 74. As primeiras nomeações de Juízes Federais e de Juízes Federais Substitutos serão feitas por livre escolha do Presidente da República, dentre brasileiros de saber jurídico e reputação ilibada. (Vide Lei nº 6.044, de 1974)

§ 1° A nomeação do Juiz Federal e do Juiz Federal Substituto será precedida do assentimento do Senado Federal.

§ 2° Para o primeiro provimento dos cargos dos serviços auxiliares da Justiça Federal poderão ser aproveitados servidores estáveis da União, inclusive das Secretarias dos Tribunais Federais e das Varas da Fazenda Federal do Distrito Federal, e, ainda, servidores estáveis das Varas da Fazenda Nacional dos Estados.

> § 3º – Nas Seções Judiciárias em que houver mais de uma Vara, os decretos de nomeação dos Juízes Federais designarão as Varas de que serão Titulares. (Incluído pelo Decreto Lei nº 253, de 1967)
>
> Art. 75. Os Juízes Federais e os Juízes Federais Substitutos tomarão posse e entrarão em exercício, dentro em sessenta dias, contados da publicação do decreto de nomeação cabendo ao Ministro Presidente do Conselho da Justiça Federal designar a data para êsse ato. (Redação dada pelo Decreto Lei nº 253, de 1967)

Perceba que várias disposições legais acerca da organização da Justiça Federal, da década de 1960, não são mais condizentes com o atual ordenamento constitucional inaugurado pela Constituição Federal de 1988. Assim, a interpretação dos dispositivos deve ser feita com base na percepção de evolução histórica da Justiça Federal brasileira.

O Desembargador Vladimir Passos de Freitas, em ampla pesquisa histórica sobre a organização judiciária federal[5], afirma que o Ministro Armando Rolemberg, presidente do extinto Tribunal Federal de Recursos – TFR, publicou em 21.09.1972, o edital daquele que seria o primeiro concurso público da Justiça Federal, que anunciava as poucas vagas para diversos estados-membros: Distrito Federal (1), Guanabara (6), Minas Gerais (3), Rio de Janeiro (1), Goiás (1), Amazonas (1), Acre (1), São Paulo (5), Paraná (2), Santa Catarina (1), Rio Grande do Sul (5), Pernambuco (3), Bahia (3), Ceará (2) e Sergipe (1).

Um detalhe interessante na exigência desse primeiro concurso público é que, de acordo com a redação original do art. 20, V, da Lei n. Lei n. 5.010/66, um dos requisitos para o provimento do cargo de Juiz Federal Substituto era a compro-

5. FREITAS, Vladimir Passos de. Justiça Federal. Histórico e Evolução no Brasil. Juruá Ed., 2003.

vação do exercício, por quatro (04) anos, de advocacia ou de cargo para o qual se exija diploma de bacharel em direito. Posteriormente, em 1987, o dispositivo foi alterado para prever a apresentação de certidão que comprove o exercício, por 2 (dois) anos, de advocacia ou de cargo para o qual se exija o diploma de bacharel em Direito.

Os sete primeiros concursos tiveram âmbito nacional. Eram os chamados "concursos nacionais" da Magistratura Federal. Não havia, portanto, a divisão de certames entre Regiões. Na época do primeiro concurso (1972), os vencimentos eram ínfimos, a quantidade de cargos era pequena (menos de 40 vagas para todo o país) e a Justiça Federal era praticamente desconhecida. Assim, não é de se estranhar que o primeiro certame contou com apenas 524 pretendentes habilitados. Em alguns Estados, o interesse era quase inexistente. Goiás e Amazonas, por exemplo, tiveram apenas dois inscritos.

Além disso, "os concursos nacionais eram longos. Havia uma inscrição preliminar e uma investigação sigilosa sobre o candidato, requisitos básicos. Depois, uma prova escrita desdobrada em dois dias. Os aprovados deveriam formalizar inscrição definitiva e só depois de deferida esta pretensão e submetidos a provas físicas e mentais, fariam a prova oral, no Tribunal Federal de Recursos, em Brasília. A nota final mínima era 7 (sete)" (FREITAS, 2003, p. 74).

Em junho de 1974, era divulgado no Diário Oficial o término do primeiro concurso público, com a aprovação de apenas 18 candidatos. Apenas uma mulher (Dra. Julieta Machado da Cunha Lunz, que exerceu a presidência do TRF-2). Dentre eles, alguns nomes que hoje são bastante conhecidos: Hugo de Brito Machado e Jorge Tadeo Flaquer Scartezzini. Os aprovados tomaram posse, em Brasília, no dia 13.09.1974. Percebam que, desde aquela época, os certames da Magistratura Federal eram muito longos e duravam cerca de dois anos...

O segundo concurso público foi aberto alguns meses depois, em 18.03.1975. Com duração mais rápida que o anterior, foram aprovados 22 candidatos. Cinco deles vieram a se tornar Ministros do Superior Tribunal de Justiça: José Augusto Delgado, Vicente Leal de Araújo, Adhemar Ferreira Maciel, Ari Pargendler e Fernando Gonçalves. Apenas duas mulheres dentre os candidatos aprovados.

O terceiro concurso público iniciou-se em 15.01.1977, para provimento de apenas 11 cargos em todo o território nacional. O certame foi lento. Somente em 16.05.1979, o Conselho da Justiça Federal divulgou o nome dos 59 candidatos habilitados nas provas escritas. A prova oral foi bastante rigorosa e, ao final, somente 24 candidatos foram aprovados. Três mulheres estavam entre os que lograram êxito. O primeiro classificado foi Fernando da Costa Tourinho Neto. A quarta colocada foi Eliana Calmon, que se tornou a primeira mulher a ascender ao Superior Tribunal de Justiça.

O interesse pela Justiça Federal aumentava a cada certame. O sexto concurso foi aberto em 1985, com uma relação de 1.816 candidatos inscritos. Em 11.09.1976, era divulgada a lista oficial de 36 aprovados. Em primeiro lugar, estava o candidato Sacha Calmon Navarro Coelho, renomado tributarista brasileiro. Na lista de aprovados, outros nomes que seriam consagrados como juristas brasileiros, por exemplo, José Eduardo Carreira Alvim.

O sétimo concurso público, instaurado em 1987, foi o último edital de âmbito nacional. Contou com a participação de 1.681 candidatos, sendo que 107 inscritos foram aprovados. O Desembargador Vladimir Passos de Freitas conta que "havia uma razão especial para a existência de um número maior de aprovados. É que a Constituição prestes a entrar em vigor criava os cinco Tribunais Regionais Federais, cuja composição seria feita com os magistrados de primeira instância. Era preciso que outros ocupassem os seus lugares. Além disso, iniciava-se a interiorização da Justiça Federal" (FREITAS, 2003, p. 76).

Com a Constituição da República, de 1988, houve a criação dos cinco Tribunais Regionais Federais. Com a descentralização da Justiça Federal, em 1989, os concursos passaram a ser realizados pelos respectivos TRFs. Com o passar dos anos, cada Região foi implementando mudanças e adaptações às realidades locais, de forma que os critérios de avaliação passaram a ter pequenas diferenças. Essa descentralização acabou agilizando a realização dos concursos e, consequentemente, a admissão de novos Juízes Federais. O número de inscritos cresceu significativamente ao longo dos anos e a participação das mulheres cada vez mais expressiva. Recentemente, foi criado o TRF-6. Existem propostas para ampliação do número de Regiões.

A partir da realização dos primeiros concursos públicos de ingresso na Magistratura, a Justiça Federal tem admitido pessoas das mais diversas origens e padrões sociais. Os certames promovidos pelas bancas examinadoras, felizmente, são reconhecidos pela seriedade. O nível técnico das provas também tem evoluído consideravelmente, sendo consideradas algumas das mais difíceis e exigentes do país. Não é por outra razão que o próprio perfil dos Juízes Federais tem se alterado desde as últimas décadas:

> "[...] Um fenômeno dos tempos mais recentes é o do aumento de juízes escritores, interessados nos cursos de pós-graduação e no magistério superior. Na década de setenta o fato era praticamente inexistente. Nos anos oitenta, Lúcia Vale Figueiredo Colarile cumulava a magistratura federal e o magistério, já portadora do título de mestre, à época pouco conhecido e valorizado. Hugo de Brito Machado lançou em 1979, pela Ed. Malheiros, a primeira edição de sua obra Curso de Direito Tributário, que se acha na 20ª edição (2001); nas últimas edições, tem sido impressa a expressiva quantidade de 10.000 exemplares. A partir dos anos noventa, multiplicaram-se os

magistrados federais com títulos acadêmicos e autores de livros. Seria impossível elencar todos, tal o número de obras publicadas" (FREITAS, 2006, p. 89).

Veja que o quadro de Magistrados Federais é composto por renomados juristas e doutrinadores de peso. Um deles teve destaque na minha experiência pessoal: o ex-Juiz Federal José Paulo Baltazar Júnior, autor do livro *Crimes Federais*, que considero uma das melhores obras de Direito Penal.

Estudei a obra do professor José Paulo Baltazar Júnior durante minha preparação para o concurso público da Magistratura Federal. É uma obra densa e muito bem elaborada. Fiquei impressionado com o conhecimento jurídico do autor. Alguns meses depois, aprovado no concurso e fazendo o curso de formação inicial, tive a honra de ter uma palestra com ele. Foi um momento muito marcante. Até alguns meses atrás, eu lia os livros do professor José Baltazar no estudo do concurso. Agora, estávamos indo todos juntos almoçar em um restaurante muito agradável em Brasília, após a palestra do professor para o curso de formação.

São vários os exemplos de sucesso acadêmico dentro da Magistratura. De certa forma, essa experiência mostrou a responsabilidade que é se tornar um Magistrado Federal e integrar uma carreira composta de homens e mulheres tão sérios e qualificados.

A valorização da carreira da Magistratura Federal, entre altos e baixos, possivelmente, acompanhou esse crescimento representado pelo interesse dos candidatos no concurso público para provimento de cargos de Juiz Federal Substituto.

## AS PERSPECTIVAS DA CARREIRA

O surgimento da Magistratura no Brasil remonta a própria formação do Estado de Direito. Como demonstrei no histórico acima, especificamente quanto à Magistratura Federal, trata-se de um órgão do Poder Judiciário que vem se estruturando, sobretudo desde a década de 1970, com os primeiros concursos públicos para provimento do cargo de Juiz Federal Substituto. Muito ainda precisa ser feito, mas, percebe-se que a carreira da Magistratura Federal está consolidada enquanto instituição essencial na prestação da atividade jurisdicional. O processo de expansão da Justiça Federal, inclusive da interiorização, é um caminho sem volta.

Fazer parte de uma carreira já consolidada é algo muito significativo. Sei bem disso, pois, sou egresso de uma carreira promissora, mas, ainda muito jovem e que luta por reconhecimento perante a estrutura estatal brasileira: a Defensoria Pública da União.

Percebo, na prática, que o longo histórico da Justiça Federal se reflete em duas situações: (i) a consolidação dos deveres e prerrogativas dos membros da Magistratura como um todo e (ii) a existência de uma "memória institucional" marcante capaz de colocar o Judiciário Federal em posição de reconhecimento perante os demais órgãos e entidades dos três Poderes da República.

Tornei-me defensor público federal com o 3º concurso da Defensoria Pública da União, de 2007. Foi uma época muito feliz da minha vida e sou bastante grato a tudo que pude vivenciar na prestação de uma das funções essenciais da Justiça. Contudo, na minha época como defensor público, me entristeciam as frequentes demonstrações de desconhecimento das autoridades públicas acerca das atribuições, prerrogativas e organização dos defensores públicos federais.

Apesar de ser uma instituição relevantíssima para a concretização do acesso à Justiça em um país de tantas pessoas economicamente hipossuficientes, pouco – ou nada – se sabia sobre a existência da Defensoria Pública Federal.

Lembro de um evento que me marcou bastante. Em 2011, quando atuava perante a Defensoria Pública da União no Estado de Goiás – DPU/GO, houve um evento em prol da Defensoria Pública na Assembleia Legislativa do Estado. A ideia era falar sobre a carreira da Defensoria Pública Federal e, sobretudo, cobrar do Poder Público a efetiva criação da Defensoria Pública Estadual, pois, o Estado de Goiás era um dos últimos que ainda não havia dado a menor importância para a atuação dos defensores públicos organizados em carreira. Foi uma sucessão de membros indo à tribuna para discursar sobre o papel da Defensoria Pública. Por sua vez, foi uma sucessão de "baboseiras" ditas em plenário... A mais marcante foi a confusão por parte de um dos representantes do Estado, que confundia "Defensor" e "Procurador". Sem falar a confusão entre "defensor público" e "advogado público". Era revoltante...

Por razões pessoais, acabei optando por me tornar Juiz Federal, apesar de ter sido muito feliz na Defensoria Pública da União.

Quando me tornei Magistrado Federal, percebi que integrar uma carreira já consolidada tem significativas diferenças na postura como seus membros são reconhecidos perante os demais Poderes. Não se trata, evidentemente, de desmerecimento quanto às demais carreiras. Absolutamente, não. Mas é que a Magistratura possui um longo histórico institucional que acaba consolidando na "consciência coletiva" estatal o papel igualmente importante dos Juízes na construção do Estado de Direito.

Em toda e qualquer carreira, existem períodos de altos e baixos. Em determinados momentos, há um maior reconhecimento não apenas em termos remuneratórios, mas também estruturais e organizacionais. Em outros, há uma sensação de relativo "abandono". Impossível traçar uma perspectiva a longo prazo.

A expectativa, diante do cenário de profunda crise econômica, social e política, é de um longo período de recessão para toda a esfera pública. Não podemos nos iludir. Tempos difíceis virão para todos os segmentos da sociedade nos próximos anos. Os cortes e reajustes orçamentários têm mostrado isso.

De qualquer forma, a consolidação da Magistratura Federal enquanto carreira de Estado permite uma certa "estabilização das expectativas" de seus membros para o futuro. Sabemos que períodos de altos e baixos virão nos próximos anos, mas, a Justiça Federal continuará seu longo – e inevitável – processo de reconhecimento perante o Estado brasileiro.

Digo isso por que, se a sua preocupação ao escolher um cargo público é meramente financeira, então prepare-se para fazer concursos públicos a vida inteira. Até 2016, época em que tomei posse, o valor do subsídio de Juiz Federal Substituto era de, aproximadamente, R$ 24.000,00. Inegavelmente, é um bom subsídio. Não é por outra razão que os concursos públicos da Magistratura são tão exigentes. O trabalho também é muito mais desgastante do que se imagina. No entanto, em cada momento, uma carreira está em "destaque" no aspecto remuneratório. Isso depende de uma conjunção de fatores que extrapola o âmbito desta obra. Opte pela Magistratura se você possui, realmente, o desejo de exercer a judicatura de maneira plena. Não faça da questão remuneratória a sua única pretensão, pois, com o passar do tempo, inevitavelmente, você irá se arrepender.

Há pouco tempo, alguns colegas aprovados no último concurso da Magistratura Federal do TRF-1 entraram em contato comigo para falar sobre a questão remuneratória. Recentemente, foram aprovados aumentos de subsídio para algumas carreiras e, assim, estavam na dúvida se valeria a pena abandonar seus cargos para tomar posse na Justiça Federal. Queriam uma opinião se "valeria à pena".

Disse a eles que, no meu caso, não tenho a menor dúvida de que optaria pela Magistratura Federal, independentemente de qualquer reajuste. É evidente que a questão financeira é importantíssima. Contudo, todas as carreiras passam por momentos de progressos e de regressos salariais. Tenho mais de quinze anos no serviço público e vi essa situação em absolutamente todos os cargos públicos que tive a honra de exercer. O sentimento das carreiras se alterna entre momentos de reconhecimento e de esquecimento. O profissional que se preocupa apenas com o aspecto remuneratório acaba sendo muito afetado por essa oscilação.

A atividade jurisdicional, definitivamente, é para vocacionados. Não se iluda. Integrar a Magistratura Federal como um novo membro não é nada fácil. Você enfrentará diversos desafios e trabalhará muito mais do que imagina. A cada mês como Juiz Federal você terá a impressão de que envelhece um ano, tamanha a cobrança e responsabilidade que recairá sobre suas costas. Definitivamente, o dinheiro por si só não será suficiente para pagar todo seu esforço. É necessário muito mais do que dinheiro para conseguir superar todos os desafios e retornar, dia após dia, ao trabalho árduo: é preciso gostar muito do que se faz.

Segundo informações do Tribunal Regional Federal da 1ª Região, os Juízes Federais Substitutos aprovados no XV Concurso Público têm idade média de 30 anos e já possuem, em sua ampla maioria, experiência na área jurídica, tendo atuado como magistrados, procuradores, promotores, defensores públicos e advogados da União, entre outros cargos.

Mais recentemente, houve um fator de "desestímulo" não apenas quanto à carreira da magistratura federal, mas quanto ao serviço público como um todo. Trata-se da reforma previdenciária. O regime próprio de previdência social sempre foi um dos atrativos das carreiras públicas. É inegável que os servidores públicos – de todas as esferas e escalões – serão profundamente afetados pelas inovações legislativas. Independentemente de ser boa ou ruim para o país - particularmente, acho que a reforma previdenciária é, sim, necessária –, o fato é que muitos dos atuais servidores públicos – é o meu caso! – acabam tendo as "regras do jogo" modificadas durante a partida. Tal contexto traz uma sensação de insegurança quanto ao futuro da carreira e, especificamente quanto aos concurseiros, acaba sendo um ponto a menos de incentivo para prosseguirem no propósito de se tornarem futuros(as) juízes(as) federais.

## EXEMPLOS DE SUCESSO DENTRO DA CARREIRA

"É junto dos bão que a gente fica mió".

São incontáveis os exemplos de sucesso profissional dentro da carreira da Magistratura Federal. Vários colegas Juízes Federais honram a toga dentro e fora dos tribunais. Seria impossível listar todos aqueles que se destacam, por exemplo, como grandes doutrinadores, escritores e professores.

Existem aqueles Magistrados que adquirem renome, inclusive internacional, graças à firme e irretocável atuação no exercício da jurisdição. Fazem do trabalho realizado o grande exemplo de que o Judiciário tem um papel importantíssimo na transformação da nossa realidade social, política e econômica. Todos eles são motivo de orgulho na carreira.

Contudo, a lista de exemplos de sucesso vai muito adiante e se estende por várias e várias páginas. Além desses nomes que acabam ganhando mais repercussão social (no bom sentido, obviamente), há tantos outros que honram a carreira com a dedicação diária em prol do engrandecimento do Judiciário.

Tive a satisfação de conhecer vários deles no curto tempo em que integro a Magistratura Federal. Fiquei surpreso com a grande quantidade de colegas que possuem, por exemplo, titulações acadêmicas (mestres, doutores e pós-doutores), inclusive com uma produção literária invejável. Muitos são Magistrados e Magistradas ainda bem jovens e que jamais abandonaram o ótimo hábito dos estudos, provavelmente adquirido ao longo dos muitos anos de preparação para concursos públicos.

Também existem aqueles que se destacam como ótimos gestores processuais e que realizam grandes feitos no atendimento ao jurisdicionado. Preocupam-se bastante com o aprendizado da Administração Judicial. Conseguem transformar os poucos recursos disponibilizados pelo Poder Público de forma a maximizar a produtividade do Poder Judiciário, sobretudo na celeridade processual. Tornam-se muito mais do que Magistrados: passam a ser grandes líderes na condução das equipes de colaboradores que atuam nas diversas Varas Federais (servidores, conciliadores, voluntários, estagiários, terceirizados etc.). Os melhores exemplos são reconhecidos e expostos aos demais colegas como "boas-práticas" no exercício da judicatura. O reflexo desse bom trabalho vem tanto nas estatísticas quanto no grau de satisfação dos destinatários do Judiciário.

Mas os maiores exemplos profissionais na Magistratura Federal que conheci foi em um momento bem especial. Há alguns anos, ainda como Defensor Público Federal, pude trabalhar em uma operação itinerante de atendimento jurídico às comunidades ribeirinhas do Rio Madeira, em Rondônia.

Tratava-se de um barco da Justiça Federal montado com uma grande estrutura para a prestação jurisdicional. Na parte inferior do barco, formam preparadas várias "salas de audiência", com todo o equipamento de áudio e vídeo para a gravação das audiências que seriam realizadas. Na parte superior, foram instaladas várias barracas que seriam utilizadas pelos tripulantes. A equipe era formada por Juízes Federais, membros do Ministério Público Federal, Defensores Públicos Federais, Procuradores Federais, Analistas e Técnicos Judiciários, médicos do

Exército etc. O barco saiu de Porto Velho/RO e navegou pelo Rio Madeira, dentro da floresta amazônica, rumo à Humaitá/AM.

A viagem durou uma semana. Durante o dia, de 08h até 18h, eram prestados atendimentos em uma determinada comunidade ribeirinha do Rio Madeira. Em seguida, o barco navegava durante a noite rumo à próxima comunidade. No dia seguinte, mesmo horário, iniciava-se o atendimento do próximo vilarejo. Assim, de comunidade em comunidade, de vilarejo em vilarejo, íamos com o barco da Justiça Federal levando a prestação jurisdicional àquelas comunidades tão isoladas e carentes da presença estatal.

Durante essa viagem, conheci alguns Magistrados Federais que, cada qual a sua maneira, mostravam profunda sensibilidade com os problemas sociais e econômicos da população economicamente hipossuficiente. Os exemplos de simplicidade e humildade desses Magistrados eram dados diariamente: no jeito amável de tratar a população, na cortesia com a equipe do barco e no teor das decisões judiciais proferidas durante os atendimentos.

Eu estava muito feliz pela participação nas atividades como Defensor Público Federal. Foi um momento de concretização na minha carreira anterior, pois, era exatamente o que eu imaginava como a maior relevância da Defensoria Pública. Por outro lado, foi nesse momento que, definitivamente, passei a ter uma visão mais "humanizada" do Poder Judiciário.

Faço questão de contar – e recontar – esse fato para mostrar que os exemplos de sucesso dentro da Magistratura Federal estão em todos os lugares. Como novo Juiz Federal, o futuro aprovado no concurso estará entre grandes nomes. Por outro lado, isso trará a grande responsabilidade de também se esforçar continuamente para engrandecer a Magistratura Federal.

## PERSPECTIVAS DE VAGAS PARA OS PRÓXIMOS ANOS

Os anos de 2016 a 2019 foram peculiares no cenário dos concursos públicos. Em razão do momento de austeridade fiscal e do contingenciamento de gastos públicos, confirmou-se a tendência de redução na quantidade de cargos públicos oferecidos aos candidatos durante algum tempo. Nada obstante as perspectivas de reformas econômicas, tudo indica que os próximos anos continuarão sendo difíceis para todos os setores da economia. De qualquer forma, uma das vantagens de estudar para o concurso da Magistratura Federal é que existe a garantia de concursos abertos com uma certa constância.

No passado, o concurso para Juiz Federal era unificado. Atualmente, conforme já exposto, os concursos para provimento de cargos de Juiz Federal Substituto são realizados de maneira descentralizada, ou seja, cada um dos atuais seis Tribunais Regionais Federais fica responsável pela realização dos respectivos certames.

Essa descentralização na realização dos concursos públicos permite que o candidato possa direcionar suas intenções de provimento conforme a região geográfica de cada um dos TRFs. Além disso, faz com que os concursos sejam realizados de maneira muito mais célere e, principalmente, com uma frequência ao longo dos anos.

Em outras palavras: os concursos para a Magistratura Federal vão ocorrendo pelo país afora, dentro de cada um dos seis TRFs, de maneira independente. É muito provável que durante todo o ano algum concurso para o cargo de Juiz Federal esteja sendo realizado. Isso permite que o candidato acompanhe todas as Regiões e participe dos diversos certames sucessivamente.

Além disso, apesar das diferenças entre o perfil das bancas examinadoras, os certames de todos os TRFs são bem parecidos.

Logo, estudando para um determinado TRF, o concurseiro já estará se preparando para todos os demais.

O número de vagas disponíveis também é algo que incentiva os concurseiros. Atualmente, centenas de vagas para Juiz Federal Substituto estão abertas pelo país afora. A carência de Magistrados é, realmente, muito grande. Os investimentos na estruturação do Poder Judiciário – inclusive com a preocupação de interiorização e de celeridade processual – acabam refletindo no aumento do número de cargos existentes. Por outro lado, apesar do excelente nível de preparação dos candidatos, as vagas nunca são completamente preenchidas. Assim, logo que se encerra um concurso, os Tribunais Regionais Federais já dão início a um novo certame para oferecer as vagas remanescentes.

É interessante essa característica dos concursos da Magistratura Federal, pois, com o tempo, os concurseiros acabam todos se conhecendo de uma maneira ou de outra. Cria-se um "pequeno" círculo de candidatos que sempre se esbarram pelos corredores das universidades, em dias de prova, nos diversos estados da federação. Os nomes nas listas de aprovados nas primeiras etapas, sobretudo nas provas objetivas, começam a se repetir com uma certa frequência. Na minha época, por exemplo, eu já tinha conhecimento de um grupo de candidatos que, certamente, encontraria nas fases subsequentes.

A posição de concorrentes acaba sendo um pouco mitigada pelo coleguismo de surge entre alguns deles. Além disso, alguns nomes se tornam famosos – quase lendários – dentre os concurseiros. Particularmente, sempre fui um sujeito meio "oculto" no meio dessas "celebridades". Como narrei nos capítulos antecedentes, para garantir a minha concentração e evitar o nervosismo, meu perfil sempre foi do tipo que "entra mudo e sai calado" nos dias de prova.

Os concurseiros devem acompanhar atentamente os diversos Tribunais Regionais Federais para se informar sobre os próximos concursos que serão lançados. A qualquer momento uma nova oportunidade pode surgir. Alguns se especializam em concursos da Magistratura Federal e percorrem todo o país, fazendo um *tour* pelos diversos certames. Não é uma maneira agradável de conhecer o Brasil – afinal, as viagens de provas são sempre dispendiosas e muito cansativas –, mas, há colegas que conseguem se divertir um pouco entre uma prova e outra. Os encontros pós-provas, por exemplo, são tradicionais entre aqueles candidatos mais animados. Desde que com moderação, é algo bem saudável para manter as relações sociais, se divertir um pouco e "recarregar" as energias.

## MENSAGEM FINAL

Fui um dos tantos outros "Rodrigos" espalhados pelo país que, humildemente, frequentam os bancos das universidades e dos cursos preparatórios no esforço diário pela vitória em certames tão difíceis, longos e exaustivos. Também tive meus momentos de angústia e de insatisfação. Cheguei a pensar que nada valia à pena nessa vida de concurseiro. Cogitei desistir, mas, logo afastei essa ideia da minha mente.

Degrau após degrau, fui conquistando aquilo que sonhei. "Paciência" talvez tenha sido meu maior aprendizado nesses anos. No imediatismo típico da juventude, ficava ansioso com meu futuro. Nada mais natural, afinal de contas, as coisas dos jovens são para ontem. Em várias oportunidades, meus pais percebiam meu cansaço e diziam para que eu descansasse um pouco. Brincando, respondia: "por acaso meu concorrente ligou para avisar que está descansando?". Na sabedoria que só o tempo proporciona às pessoas, minha mãe replicava: "vai dar tudo certo, viu?".

Todos os anos, milhares de candidatos investem suor, tempo e dinheiro na disputa por um dos mais cobiçados cargos públicos da nossa República. Todos colocam suas esperanças na conquista de um espaço no Poder Judiciário. Inscrição após inscrição; prova após prova; etapa após etapa; reprovação após reprovação, esses guerreiros e guerreiras vão se sucedendo nos quadros da Magistratura Federal como "os novos Juízes e Juízas Federais".

Há alguns anos, tive a honra de ser um desses "novos Juízes Federais". Um momento mágico que até hoje parece não ter passado. Foi a concretização de toda uma trajetória que me predispus, quando ainda era bem jovem, com meus poucos 19 anos de idade. Minha vida inteira de investimento em concursos públicos não foi em vão. Todo aquele suor, tempo e dinheiro que coloquei em busca de um sonho acabou gerando vários frutos: o mais especial deles foi colhido, exatamente, às 19h30min do dia 29 de janeiro de 2015, dia da minha posse como Juiz Federal Substituto perante o Tribunal Regional Federal da 1ª Região.

Minha família, meus amigos e muitos conhecidos testemunharam a consagração dessa vida de investimento. Todas essas pessoas sabem de uma parte significativa da minha história de dedicação aos concursos públicos. No entanto, nem todas elas sabem de um outro lado da minha biografia, igualmente importante, que são as derrotas e frustrações que acumulei ao longo dos anos. Toda batalha tem, no mínimo, duas versões: a dos vencedores e a dos vencidos. É exatamente essa segunda parte da história – as minhas derrotas – que decidi contar nas páginas desse livro, graças a um especial convite que recebi da editora.

Reservei esse último capítulo do livro para fazer uma confissão a vocês: sou um grande colecionador. Ao longo da minha vida, colecionei *derrotas* como ninguém...

Algum leitor desatento pode supor que esse livro foi publicado para "vangloriar" minhas conquistas no mundo dos concursos públicos e, assim, tentar motivar os concurseiros com histórias de sucesso. Contudo, definitivamente, não é essa a minha intenção.

A ideia central dessa obra foi compartilhar um pouco da minha experiência na luta pelo cargo público e enfatizar, justamente, as minhas muitas derrotas. Acredito que o sucesso não decorre da contabilização de vitórias, mas, da capacidade de persistência diante das adversidades da vida. A ênfase, portanto, não está nas conquistas, mas, na perseverança...

A postura interna do concurseiro é fundamental. No livro *Pai Rico; Pai Pobre*, Robert Kiyosaki faz uma reflexão interessante sobre a forma como um empreendedor (o "pai rico") enxerga uma derrota: "Nunca encontrei alguém que gostasse realmente de perder dinheiro. E em toda a minha vida nunca encontrei uma pessoa rica que nunca tivesse perdido dinheiro. Mas encontrei uma porção de gente pobre que nunca perdeu um tostão... investindo". O assunto do livro, evidentemente, é outro. Contudo, adaptando esse raciocínio ao nosso tema, eu diria que também nunca conheci um concurseiro que gostasse de ser reprovado. E em toda minha vida nunca encontrei uma pessoa que ocupasse um cargo público que nunca tivesse sido reprovada.

É a derrota, e não a vitória, que faz parte do cotidiano de qualquer concurseiro. A reprovação é regra; a aprovação, exceção. Conheço muitas pessoas que nunca foram reprovadas em um concurso, mas, em compensação, também nunca ocuparam um único cargo público. Por outro lado, como disse, nunca conheci um concursado que não tivesse algumas histórias de reprovação para contar.

A opção pela vida de concurseiro não é fácil. A disputa pelo cargo dos sonhos deve ser um projeto de longo prazo. Serão anos de restrição pessoal e de dedicação aos estudos. Não se iluda! O sucesso – em qualquer área profissional – cobra um preço muito alto. Portanto, independentemente dos seus motivos, a decisão de estudar para concursos é sempre sofrida.

Durante a trajetória de estudos, o concurseiro enfrenta várias reprovações. É muito importante estar preparado psicologicamente para encarar o fracasso e não desistir. A desilusão ao longo da trajetória de preparação para os concursos públicos pode fazer com que o candidato acabe desistindo de conquistar o que tanto sonha. No entanto, derrotado não é aquele que perde uma batalha, mas, o que desiste da luta.

Boa parte da minha vida foi dedicada aos concursos públicos. Sou concurseiro desde meus 18 anos. Fiz dezenas de provas. Reprovei em várias. Passei em algumas.

Somei no currículo quase 15 aprovações em concursos. Parece muito, mas, acredite, não é! Esse número é apenas a ponta de um enorme "iceberg" de derrotas que colecionei durante esses anos. Chega a ser engraçado falar isso, mas, só conquistei o que eu queria porque já fui um "grande derrotado". Mais importante do que o número de aprovações é, na verdade, o número de reprovações. Respeito muito os meus fracassos. Aprendi bastante com cada um deles e acumulei o conhecimento necessário para a futura aprovação. Sugiro que você também respeite os seus...

Aliás, já levei tanta "porrada" em concursos que fico zonzo só de lembrar... Algumas foram até engraçadas! Tive que rir para não chorar. Obviamente, eu sempre ficava muito chateado depois de uma reprovação. Com o tempo, comecei a me abalar menos. Fiquei um concurseiro "casca grossa".

No caso do concurso da Magistratura Federal, não tenha dúvidas de que as reprovações serão ainda mais frequentes. Os certames estão cada vez mais exigentes e concorridos. O nível de dificuldade aumenta progressivamente. As bancas examinadoras se tornam mais "técnicas".

Conheci muitas histórias de persistência. Há algum tempo, tive a oportunidade de conhecer dois colegas que foram reprovados em quase dez – isso mesmo, dez! – concursos da Magistratura até serem aprovados. Você consegue imaginar o que é isso? Os concurseiros levaram quase dez "nãos" até conseguirem o tão esperado "sim". Pensaram em abandonar o sonho algumas vezes, mas, nunca desistiram. Imagino que foram várias desilusões. Provavelmente, choraram. Contudo, como sempre, limparam os rostos e continuaram.

Como já diria Chico Buarque, ouça um bom conselho que eu lhe dou de graça: para ter sucesso nos concursos públicos, se prepare também para colecionar derrotas.

Faça dessas derrotas um aprendizado, sobretudo de humildade. Seja humilde antes, durante e depois dos concursos públicos. Meu pouco tempo de Magistrado já foi o suficiente para me mostrar que um Juiz Federal deve ter, além de firmeza, bastante humildade. Saber que é humano, falível e limitado. Ter a consciência de que todos nós somos ignorantes em alguma coisa e que mesmo o cidadão mais simples do cotidiano pode ser sábio em determinados assuntos que o Magistrado não domina.

Não se iluda. Todas as carreiras têm seus pontos positivos e negativos. Em todas as ocupações existem os bons e os maus profissionais.

Ser um Magistrado não é nada fácil, sobretudo no início de carreira. Não procure o concurso público pelo *status*. O cotidiano de um Juiz Federal é muito menos "*glamouroso*" do que se imagina. A profissão é extremamente exigente e irá consumir boa parte da sua vitalidade. O sentimento de solidão é uma constante e você terá que se acostumar com isso. Ter o poder-dever de decisão é uma tarefa árdua e que irá colocar sobre seus ombros um peso que você jamais pensou ser capaz de suportar. Se mesmo assim você se sentir realizado, certamente, estará no lugar certo. É como me sinto atualmente.

Sucesso a todos e humildade sempre!

***Rodrigo Gonçalves de Souza***

# PARTE VI

## DEPOIMENTOS DE COLEGAS DE CARREIRA

### *O estudo ativo*

*Alexandre Henry Alves*

Sempre digo que não há receita de bolo para a aprovação em um concurso, pois cada pessoa tem suas particularidades e desenvolve melhor de acordo com um tipo diferente de preparação. De qualquer maneira, acredito que o estudo ativo pode ajudar bastante.

Mas, o que é o estudo ativo? É aquele no qual você não fica apenas adquirindo informações, seja por meio de leitura, aulas presenciais ou vídeos. Eu chamo tais atividades de estudo passivo, vez que você apenas recebe conhecimento. Porém, na hora da prova, vai ser exigida de você uma atividade em sentido contrário: você terá que passar a informação que tem adiante. É uma ação diferente a ser exigida do seu cérebro, que pode ter dificuldades caso não esteja preparado para isso.

Claro, para além de trabalhar seu cérebro para transmitir conhecimento ao invés de recebê-lo, há estudos que indicam que um estudo ativo, principalmente por meio da resolução de exercícios, é um dos meios mais eficientes para a fixação do conteúdo. Uma das pesquisas mais famosas é a que foi publicada na revista "Psychological Science in the Public Interest" há poucos anos, sob o título "Improving Students' Learning With Effective Learning Techniques: Promising Directions From Cognitive and Educational Psychology". Provavelmente, você já leu ou ouviu algo sobre essa famosa pesquisa, que listou dez formas de estudo e as classificou da menos para mais eficiente. Entre as duas técnicas mais eficientes, estava justamente a dos testes práticos, os quais incluem os exercícios.

Eu estudei assim para a Magistratura. Fiz mais de 8.000 questões objetivas e redigi centenas de páginas de questões discursivas. Também redigi sentenças cíveis e criminais como preparação para essa fase específica. E, quando enfrentei as provas orais, fiz simulados com colegas para treinar minha capacidade de expressão oral.

Em relação às questões objetivas, eu respondia blocos de dez perguntas e depois verificava no gabarito meus erros e acertos. Somente relia as questões que tinha errado. Minha forma de resolução tinha várias explicações. Primeiro, conferir o gabarito a cada pergunta respondida poderia quebrar meu ritmo de resolução. Por outro lado, responder toda a prova e só depois conferir demandaria uma releitura mais demorada das questões que eu eventualmente errasse, principalmente aquelas respondidas no começo da prova, que não estariam mais "frescas" na minha memória. Já a releitura apenas das questões erradas era uma técnica para economizar tempo mesmo. Se eu compreendesse meu erro, seguia adiante. Se não compreendesse, eu marcava a questão para pesquisar sobre o tema posteriormente.

Quanto às questões discursivas, eu respondia no computador mesmo, para economizar tempo. Meu desafio inicial era responder sem consultar nada, mas, depois dessa atividade, eu sempre consultava os temas que eram mais complexos ou que me causavam alguma dúvida. As fontes? Livros doutrinários e jurisprudência. Sempre que possível, transcrevia trechos dos livros ou julgados nas minhas respostas. Assim, a primeira parte da atividade (responder com o que eu sabia apenas) ajudava a simular uma prova, a exercitar a minha redação, incluindo a capacidade de concisão e a rapidez na escrita. Já a segunda parte da atividade (pesquisas e transcrição de livros e julgados) servia para reforçar meu conhecimento sobre o tema e para formar um material de estudo próprio.

As sentenças seguiam a mesma linha. Comprei dois livros, um de cível e outro de criminal, e fui fazendo sentenças de concursos anteriores.

A pergunta que sempre me fazem é a seguinte: mas como você sabia que suas respostas às questões discursivas e às sentenças estavam corretas? Alguém corrigia para você?

Não, ninguém corrigia, ainda que fosse ideal que alguém fizesse isso. O importante para mim era o exercício em si, como um nadador profissional que, mesmo sem ter um treinador para orientar a melhor maneira de dar as braçadas, cai na piscina todos os dias para praticar.

Enfim, esse é o estudo ativo que me ajudou tanto a ser aprovado nos concursos de Juiz de Direito em Goiás, Juiz Federal Substituto do TRF da 5ª Região e Juiz Federal Substituto do TRF da 1ª Região, tudo com pouco mais de um ano de estudo.

***Alexandre Henry Alves***

Juiz Federal

*www.justutor.com.br*

## *Desmistificando ideias*

*Pedro Alves Dimas Júnior*

A maior parte dos candidatos que almejam aprovação nos concursos públicos federais mais exigentes, como os dos Tribunais Regionais Federais e o do Ministério Público Federal, acredita que o sucesso depende de vários anos de preparação e de uma grande carga horária de estudos diários. Há também aqueles que sustentam que não basta uma preparação adequada se o candidato não tiver uma "inteligência" acima da média. Ouso discordar. Como recém-aprovado no XVI Concurso Público para provimento de cargo de Juiz Federal Substituto do Tribunal Regional Federal da 1ª Região, irei descrever como minha breve preparação, porém efetiva, pode servir de exemplo para os candidatos de tão árduos concursos, em especial àqueles que estão iniciando a caminhada.

De início, reputo importante mencionar que não possuo o perfil do candidato que fez uma excelente faculdade e que continuou estudando após se graduar. Fui aluno da Faculdade de Direito da UFMG e confesso que era um aluno mediano, que estudava nas vésperas das provas e tirava notas suficientes apenas para passar. Ou seja, não possuía "inteligência" acima da média e estava distante de ser qualificado como "nerd". Porém, desde aquele período comecei a desenvolver um método de estudo que, mais tarde, iria ser fundamental para minha aprovação na magistratura federal. Falarei sobre este método mais para frente.

Após concluir o curso de Direito, fui aprovado no concurso da Polícia Federal e no da Defensoria Pública da União. Tomei posse como Defensor Público Federal em agosto de 2008. Durante vários anos não cogitei fazer outro concurso. Foram diversas as razões: gostava das minhas atribuições como defensor; estava lotado na minha cidade natal; e a diferença remuneratória com as demais carreiras jurídicas não era tão significativa. Porém, com o passar do tempo, o subsídio dos Defensores Públicos Federais ficou defasado em comparação com os da magistratura, sendo que não havia uma previsão concreta de pelo menos reduzir a diferença até então existente. Concomitantemente, passava a me interessar cada vez mais pela nobre função da magistratura federal. Contudo, ainda não eram razões suficientes para que eu retornasse aos estudos após mais de 07 anos da minha última aprovação em concursos.

Até que no dia 24/03/2015 o Tribunal Regional Federal da 1ª Região publicou edital de abertura de seu concurso público com a oferta de 228 cargos de Juiz Federal Substituto (posteriormente foi reduzida para 155 cargos). Era a chance que eu precisava. Se por um lado fiquei animado com o número de cargos ofertados, de outro fiquei extremamente ansioso com a proximidade da prova objetiva (estava programada para o dia 21/06/2015, um pouco menos de 03 (três) meses da publicação do edital), bem como com a enorme quantidade de matérias – algumas inéditas – que teria que estudar em tão breve espaço de tempo. Mas não podia desistir sem sequer tentar. Precisava pensar em um método efetivo de preparação, tendo em vista que não me contentaria em ser um mero “coadjuvante” neste concurso, embora justificativas para eventual reprovação não faltassem. O que fazer?

Preparei-me para a prova objetiva lendo o resumo das aulas de um curso preparatório que um amigo, hoje Juiz Federal Substituto do TRF-1, havia feito no ano anterior. O material não era completo, não contemplando algumas disciplinas que seriam exigidas na prova. Mas era o material que eu tinha à disposição. Abordava os principais temas com uma leitura agradável. Havia, ainda, diversos julgados transcritos nos textos, com as posições dos nossos tribunais superiores. Assim, optei por lê-lo, sendo que, sempre que possível, consultava a lei seca. Ler todas as matérias do programa em livros, mesmo que esquematizados ou resumidos, não era uma opção.

Foi um pouco mais de 03 (meses) de preparação intensa. Eu tinha uma meta: chegar no dia da prova objetiva tendo lido todo o material. Se seria ou não suficiente para aprovação, eu só iria descobrir depois. Eu precisava fazer o meu melhor. Conciliei os estudos com o trabalho como Defensor Público Federal. Estudava uma média de 08 (oito) horas diárias, incluindo finais de semana. Cada dia da semana era dedicado ao estudo de uma matéria específica. Aquelas que eu considerava como tendo um nível de dificuldade maior, tais como Direito Ambiental e Direito Financeiro, foram estudadas faltando poucas semanas para a prova, de forma que os principais conceitos ainda estivessem "frescos" na minha mente. Procurava sempre manter uma atitude mental positiva, evitando pensamentos de insucesso ou de desânimo. Não criava expectativas. Esse concurso seria uma possibilidade e cabia a mim, com o meu esforço, torná-la cada vez mais concreta. No dia da prova objetiva eu havia conseguido ler todo o material, tendo cumprido minha meta. Isso me deixou tranquilo. Fiz uma boa prova. Lembro-me que a banca examinadora cobrou questões sobre assuntos que eu não tinha a menor ideia. Mas isso não me abalou. Afinal, tinha plena consciência que a minha estratégia era arriscada, por não abranger todo o conteúdo programático. Mas no final tudo deu certo. Consegui obter 73 pontos, sendo esta a nota de corte para a próxima fase. O primeiro objetivo havia sido conquistado. Viria, então, a segunda fase.

Na minha concepção, a prova discursiva, que abrangia além da dissertação e das 02 (duas) questões abertas, a confecção de uma sentença cível e outra criminal, era a mais difícil. E o tempo de preparação, ainda mais reduzido. Entre o dia da prova objetiva e os dias da prova discursiva decorreu um pouco mais de 02 (dois) meses. Qual foi a estratégia que eu adotei nesta fase? Neste curto espaço de tempo não dava para ler todas as matérias faltantes. Precisava aprender a técnica de prolatar sentenças e treinar para que eu fosse capaz de cumprir tal mister em apenas 05 (cinco) horas, utilizando no máximo 06 (seis) laudas. Para tanto, contratei um curso à distância específico. Eu fazia as sentenças e os professores corrigiam. Não foi fácil. Cada sentença que fazia eu procurava simular o ambiente da prova, desligando o celular e cronometrando o tempo. Neste período eu também observava a forma como os juízes redigiam suas sentenças, de forma a ampliar o vocabulário. No fim do período de preparação, eu já era capaz de redigir sentenças no tempo estimado. Em relação à dissertação e às questões abertas, arrisquei ao não estudar o conteúdo restante do Edital. A estratégia era procurar colocar no papel tudo o que eu sabia, com uma escrita clara, coesa e agradável de ser lida, de forma a diferenciar minha prova das dos demais candidatos. Como consegui cumprir a meta estipulada, fiquei tranquilo nos dias das provas. A felicidade foi enorme após verificar que consegui ser aprovado nesta fase. Agora faltava a última etapa, a temida prova oral.

A preparação para a prova oral é completamente diversa das fases anteriores. Além do conhecimento jurídico, o candidato deve ser capaz de demonstrar com clareza o emprego adequado da linguagem, a articulação do raciocínio, a capacidade de argumentação e o uso correto do vernáculo. Essa fase apresenta uma característica peculiar. O candidato está muito perto de ser aprovado no tão sonhado concurso, o que pode trazer uma ansiedade maior. Além disso, não é fácil ser arguido por 05 (cinco) membros da banca, por mais de 01 (uma) hora. E como foi, então, minha preparação? Entre o fim da prova dissertativa (agosto de 2015) e o início da prova oral (junho de 2016) havia tempo suficiente para ler todo o conteúdo do edital. Assim, em um primeiro momento, optei por adquirir e reforçar o conteúdo jurídico. Para tanto, foi de fundamental importância a leitura do material disponibilizado pelos aprovados nos concursos anteriores e que foi atualizado pelos candidatos que iriam fazer a prova oral, o denominado "Graal". Neste período são ofertados diversos cursos preparatórios para a prova oral. Acho importante fazer pelo menos uns 02 (dois), de forma a já se ambientar com o clima da prova oral e corrigir eventuais falhas. Tenho como de fundamental importância o treino que é feito entre os próprios aprovados para a prova oral, seja presencial ou via Skype.

Enfim, essas foram as breves dicas que procurei apresentar aos candidatos de tão árduo concurso. Para concluir, não poderia deixar de mencionar que vale a pena todo o esforço despendido, bem como eventuais ausências em eventos com os amigos e familiares. Ao se conjugar uma estratégia adequada, com empenho, dedicação e uma atitude mental positiva, o sucesso é certo. Não há limites para aqueles que realmente acreditam nos seus sonhos.

***Pedro Alves Dimas Júnior***

Juiz Federal

Aprovado no XVI Concurso Público
da Magistratura do TRF-1.

## *Comemoração*

*Bruno Hermes Leal*

Como se fora brincadeira da Providência Divina, eis que, aos 27 anos, me encontro aprovado na 27ª posição do XVI Concurso para Juiz Federal organizado pelo Tribunal Regional Federal da 1ª Região, às vésperas dessa Corte completar seus 27 anos.

Este certame iniciou com quase 10.000 (dez mil) pretendentes, dos quais somente 8.309 (oito mil, trezentos e nove) obtiveram a inscrição. Dentre esses, pouco mais de 300 sobreviveram à primeira fase objetiva. Da aplicação da segunda fase (dissertativa), restaram aproximadamente 170 candidatos. Nas provas de sentença, lograram aprovação somente 120 candidatos, dos quais saíram apenas 103 futuros juízes federais substitutos.

A história de uma aprovação não costuma ter itinerário predefinido: são muitos os caminhos possíveis, com uma série de variáveis e algumas, poucas, constantes – fé, família e foco. Quando Deus quer, há um quarto elemento: vocação.

A quem não conhece, convém frisar que essas histórias não possuem nada do glamour inspirado pelos noticiários dos últimos meses, relativamente à Justiça Federal. São reprovações sucessivas, ano a ano, até que se alcance uma só vitória, a qual vai marcar o resto da sua vida. O desânimo emergente dessa desproporção entre êxitos e fracassos é o verdadeiro inimigo de todo estudante.

Na Igreja de Santo Antônio, onde me refugiei toda vez em que prestei provas na Capital Federal, eu relembrava os insucessos e o ensinamento de Antônio Vieira: "Pedi e recebereis, diz Cristo (Lc. 11, 9). Ponderai e reparai bem no que dizem as palavras, e no que não dizem: 'Petite et accipietis: Omnis enim qui petit accipit'. Não diz Cristo: 'Pedi e recebereis o que pedi', senão: 'Pedi e recebereis'. Se um filho, diz Cristo, pedir pão a seu pai, dar-lhe-á uma pedra? Se lhe pedir peixe, dar-lhe-á uma serpente? Ou se lhe pedir um ovo, dar-lhe-á um escorpião? Pois esta é a razão porque Deus, que nos trata como filhos, nos diz muitas vezes não e nos nega o que pedimos, porque pedimos pedras, porque pedimos serpentes, porque pedimos escorpiões".

No dia de hoje, todas as intermináveis viagens – cada uma delas – ao redor do Brasil, seguidas de aprovações parciais ou reprovações peremptórias, desde 2014, fazem sentido. Todas elas se integram em uma unidade divinamente clara, sintetizada, com felicidade, por Erasmo de Roterdã: "A felicidade é alcançada quando a pessoa está pronta para ser o que ela é".

Segurança patrimonial, estabilidade funcional, independência na atuação – todos esses predicados que a generalidade das pessoas atribui à judicatura – não seriam objetivos suficientemente grandes às modalidades de abdicação pessoal reclamadas por esse concurso. Só a contemplação da magistratura como sacerdócio encoraja um ser humano a se submeter ao peso da toga e à solidão de julgar os semelhantes, repetindo, murmurante e de olhos fechados, como a reviver o sacramento batismal, "Eis-me aqui!".

Em breve, o Tribunal Regional Federal da 1ª Região me receberá como Juiz Federal Substituto. Pedi e recebi, como diz o Padre Vieira.

Os méritos dessa conquista dizem menos com qualidades minhas, mais com o diáfano companheirismo proporcionado pelo ilustre rol de personagens citados nesta mensagem, cujos agradecimentos concentro em seus nomes mais especiais: Marion (e seus olhares), Rogério (e seus silêncios), Matheus (e seus gracejos), Rodolfo (e seus carinhos), Fátima (e seus abraços).

***Bruno Hermes Leal***

Analista Judiciário na Justiça Federal de Porto Alegre/RS

Aprovado no XVI Concurso Público
da Magistratura do TRF-1.

*Francisco Antônio de Moura Júnior*

Meu nome é Francisco e nasci em Jaciara, no interior do estado de Mato Grosso, município situado 160 km ao sul de Cuiabá. Deixei a casa dos meus pais e me mudei para a capital do estado com 13 anos de idade, a fim de me preparar para o vestibular da Universidade Federal de Mato Grosso (UFMT).

A opção pelo Direito não surgiu naturalmente para mim. Após atravessar alguns conflitos vocacionais que me fizeram oscilar do curso de medicina ao de Ciências Aeronáuticas, tanto que cheguei até mesmo a obter a licença de piloto privado de avião na época, iniciei, em 2001, o curso de Direito da UFMT.

No terceiro ano da faculdade (2003), por insistência da Ligia, minha esposa e à época minha namorada, ingressei no programa de estágio do Tribunal de Justiça de Mato Grosso, no Fórum Cível da Capital, ocasião em que tive a oportunidade de atuar no gabinete da 7ª Vara Cível com o Dr. Elinaldo Veloso Gomes. Este convívio possibilitou o meu contato com o dia-a-dia da magistratura e influenciou decisivamente a minha escolha profissional. Nesta época, já sabia que almejava ingressar na magistratura, e como no decorrer do curso de Direito fui me identificando mais com as matérias afetas à área federal, decidi que o meu objetivo seria a magistratura federal.

Após a colação de grau, em 2006, assumi o cargo comissionado de Assessor de Procurador no Ministério Público de Mato Grosso, com atuação exclusiva na área criminal. Foi uma oportunidade engrandecedora, que me permitiu desenvolver os conhecimentos adquiridos nos bancos da faculdade. Contudo, era um trabalho que me exigia muito, e não havia muito tempo para os estudos.

Em 2008 me inscrevi no concurso para o cargo de Analista Judiciário do Tribunal de Justiça de Mato Grosso. Na época a remuneração correspondia a pouco menos de 50% do que eu recebia no Ministério Público como assessor. Por outro lado, era um cargo que demandaria 6 horas diárias de trabalho, o que me possibilitaria retomar o programa de estudos rumo à magistratura federal.

Após muito ponderar, e com o apoio decisivo da Ligia, fiz a inscrição no concurso, escolhendo as vagas do interior do estado para aumentar a chance de aprovação, já que percebemos que ali as notas dos aprovados em concursos anteriores eram menores do que as notas dos aprovados da capital.

Em dezembro de 2008 tomei posse no cargo de Analista Judiciário do TJMT, no município de Lucas do Rio Verde, meu primeiro cargo efetivo. Um mês depois a Ligia, que na época era servidora efetiva do Estado de Mato Grosso, conseguiu transferência para Lucas do Rio Verde.

Pronto. Com uma vida mais tranquila no interior do estado e tendo que dedicar menos horas ao trabalho, reiniciei o programa do concurso de Juiz Federal Substituto.

Confesso que no início não tinha muita ideia de como iria fazer isso. Nunca fiz cursinho porque em 2009 não havia nenhum na cidade, nem mesmo telepresencial. Embora soubesse da existência de bons cursos on-line, a internet via rádio de que eu dispunha impossibilitava a tarefa. Então, sabia que teria que bolar em esquema de estudo para mim.

Imprimi as últimas provas dos concursos de Juiz Federal Substituto de alguns TRF's e tentei fazê-las. Esquadrinhei as provas e ali identifiquei as matérias que são mais cobradas, a importância que as bancas dão ao estudo da lei seca, sobretudo na fase objetiva, bem como a alta incidência de jurisprudência nas provas, seja em forma de súmula ou a veiculada em informativos dos tribunais superiores.

Assim, montei um quadro horário para mim, tal como li no livro Como Passar em Provas e Concursos, do William Douglas, e passei a me debruçar sobre as matérias do edital. Reservei um tempo para cada matéria de modo a estudar um pouco de cada uma durante a semana. Além disso, reservei também um tempo para o estudo da jurisprudência.

Fiz isso por alguns meses, até que realizei a minha primeira prova para a magistratura federal, que era a do XIII concurso de Juiz Federal Substituto do TRF da 1ª Região, em 2009. Não passei da primeira fase. Fiquei uns 09 (nove) pontos abaixo da note de corte. Considerei um resultado satisfatório, mas reconheci que precisava estudar mais um pouco antes de sair fazendo mais provas.

No final de 2010 pedi remoção para Diamantino-MT, a fim de acompanhar a Ligia que havia sido nomeada para o cargo de Técnico Judiciário da recém inaugurada Vara Federal de lá. Continuei trabalhando na Justiça Estadual, desta vez na secretaria de uma vara cível. Em fevereiro de 2011 nasceu a nossa filha Manu, o que exigiu um grande esforço de adaptação no programa de estudos.

Ainda no primeiro semestre de 2011 fiz o concurso do TRF da 5ª Região. Era o meu segundo concurso para a magistratura federal. Havia ficado todo o ano de 2010 só estudando, sem fazer provas. Fiz isso não só para me sentir melhor nas provas quando fosse fazê-las, mas também por medida de contenção de gastos mesmo.

Para a minha surpresa e felicidade, fui aprovado para a 2ª fase do concurso do TRF da 5ª Região, o que me deu uma grande injeção de ânimo e a sensação de que estava indo na direção certa. O desafio agora era me preparar para as provas dissertativas e de sentença. E isso tudo mantendo o ritmo de trabalho como Analista Judiciário e ainda aprendendo a cuidar da Manu, que havia acabado de nascer.

E aqui aproveito para fazer um agradecimento. Graças à compreensão e apoio da Ligia é que o projeto foi adiante. Com o suporte emocional dela e seu envolvimento nos cuidados com a Manu é que consegui manter uma rotina de estudos. Não deixei de ser pai no período, e nem de colaborar com as tarefas da casa e com a assistência à Manu, mas a previsibilidade de horários que a Ligia me deu foi fundamental para a manutenção da rotina de estudos.

Voltei para Fortaleza e fiz a 2ª fase do TRF5. Depois de alguns meses saiu o resultado. Fui reprovado por 1,4 pontos na primeira prova escrita. Sequer foram corrigidas as minhas sentenças.

Este concurso foi muito importante para mim, pois foi ali que eu estabeleci a rotina de estudos que eu levaria até o final. O meu foco nunca foi a quantidade de horas de estudo, mas a qualidade delas. Mas eu era ciente de que qualidade sem um mínimo de quantidade também não teria muito resultado.

Estudava em média de 03 a 04 horas por dia, de segunda a sexta-feira. E quando não viajávamos nos finais de semana para rever os familiares em Cuiabá (200 km de Diamantino), estudava no sábado e às vezes no domingo também, de 02 a 03 horas.

Mantive o revezamento das matérias, mas decidi revezar em grupos com menos matérias, para ter a sensação de que o programa estava andando. Procurava estudar um pouco antes que a Manu acordasse, de 05:30 às 06:30 da manhã, e depois encaixava mais 02 ou 02:30 horas de estudo até às 11 horas da manhã. Não era comum eu estudar à noite, mas de vez em quando estudava jurisprudência por no máximo 01 hora, sem meta ou compromisso. Em regra eu estudava jurisprudência aos finais de semana. Era a minha rotina.

Em junho de 2011 foi publicado o edital do XIV concurso de Juiz Federal Substituto do TRF da 1ª Região. O fato de Mato Grosso estar na jurisdição do TRF1 fazia com que este fosse o

TRF mais desejado. Pensei que tinha grandes chances, já que era o terceiro concurso da magistratura federal que faria, e além disso, tinha acabado de fazer uma segunda fase no TRF da 5ª Região. Alguma experiência eu haveria de ter.

Fiz a prova e sequer passei da primeira fase. Foi o meu pior desempenho em provas objetivas para a magistratura federal, inclusive, com nota inferior àquela do XIII concurso do TRF1, que eu havia feito em 2009 poucos meses depois de iniciar os estudos.

Após me recuperar da decepção, segui adiante. Aliás, precisei fazer isso por várias vezes. Já havia feito estes três concursos que mencionei, e fiz mais seis concursos para a magistratura federal até a aprovação.

Fui aprovado para a 2ª fase no TRF da 2ª Região, e reprovei na prova dissertativa por 1,1 pontos. Fui aprovado para segunda fase do TRF da 4ª Região, e também reprovei na prova dissertativa, desta vez por 0,81 pontos. Mesmo após fazer 3 segundas fases, fui reprovado na primeira fase dos concursos subsequentes dos TRF's da 5ª Região e da 2ª Região. Na sequência, fui reprovado na 2ª fase do concurso do TRF da 3ª Região, novamente na prova escrita, mas desta vez por 0,32 pontos.

As notas estavam melhorando, mas de forma muito lenta e gradual. Neste momento cheguei a questionar se eu teria condições de levar o projeto adiante, e principalmente de esperar até a chegada da aprovação. Embora estivesse consciente do que eu queria, comecei a sentir o cansaço do longo período de estudos, das reprovações consecutivas, e principalmente, da privação do convívio com a Ligia e com a Manu, que já estava quase completando 03 anos de idade. Foram dias difíceis, mas decidimos ir adiante. E graças a Deus que assim fizemos!

Inscrevi-me no XV concurso de Juiz Federal Substituto do TRF da 1ª Região, no segundo semestre de 2013. Confesso que embora tivesse a esperança de ser aprovado, não fui para este concurso com o mesmo ânimo com que fui para os demais. Estava sentindo um pouco a sequência de reprovações. Talvez por isso, por não esperar tanto um resultado favorável, fiz a prova objetiva bem mais tranquilo, exigindo bem menos de mim.

Em janeiro de 2014 fui aprovado para a segunda fase do concurso. Em fevereiro de 2014 fiz as provas escritas. Neste meio tempo, em junho de 2014, fui nomeado para o cargo de Técnico Judiciário, e passei a ser servidor da Justiça Federal.

Em abril do mesmo ano fui aprovado na prova discursiva; em julho nas provas de sentença cível e penal e em novembro na prova oral. Em 29 de janeiro de 2015 tomei posse no cargo de Juiz Federal Substituto do TRF da 1ª Região, alcançando, enfim, o objetivo.

Foi assim que aconteceu comigo. Não tive as piores e nem as melhores condições, mas aprendi a lidar com as minhas condições. Contei muito com o apoio da família e precisei me adaptar algumas vezes, de forma resiliente e persistente. Embora estivesse cansado em alguns momentos, descobri que a minha motivação não vinha só da esperança de alcançar o objetivo, mas em grande parte ela vinha mesmo é do prazer da caminhada. E foi uma caminhada incrível.

***Francisco Antônio de Moura Junior***

Juiz Federal

Aprovado no XV Concurso Público
da Magistratura do TRF-1.

*Agora, o depoimento da Ligia...*

Pouco antes você leu a visão do Francisco sobre tudo o que aconteceu. Agora vou contar pra vocês como eu enxerguei esses seis anos entre o sonho e a realidade.

O Francisco sempre foi muito dedicado nos estudos. A família sempre o apoiou na escolha do Direito, e, mesmo com condições financeiras limitadas o mantiveram estudando na capital. E ele sempre valorizou isso, se dedicando aos estudos, e economizando ao máximo. Verdade seja dita: sempre esteve entre os primeiros da turma.

O foco dele sempre esteve na magistratura. Era muito raro ele fazer outros concursos. Apenas uma vez ele se dedicou a um concurso para outra carreira, a de Delegado da Polícia Civil de Mato Grosso. Sabe quando começou a exigência dos 3 anos de atividade jurídica? Pois é, foi bem no ano em que nos formamos. Ele aproveitou a greve pra estudar integral, e passou ainda no 5° ano da faculdade, colando grau antecipado. Só não foi nomeado porque o governo da época não prorrogou a validade, preferindo fazer outro concurso. Era o destino dando uma ajeitada no curso, dizendo: “você consegue, mas ainda não é a hora”...

Casamos, e, dois anos depois, nos defrontamos com uma encruzilhada: como estudar quando se trabalha mais de dez horas por dia, num trabalho exigente? Morar no interior pra ter mais tempo pra estudar, ainda que com renda menor mostrou-se a melhor estratégia pra nós. Gostei da vida calma que tínhamos, e mesmo longe da família, desenvolvemos nossa vida de recém-casados nessa atmosfera de antecipação da alegria futura.

Com o tempo veio o desejo de aumentar essa família. A dúvida surgiu: espera passar ou não? A aprovação demorava, a gente sabia que não ia ser fácil, mas fomos em frente, dissemos “sim” e recebemos a Manu nos braços em 2011, no meio do turbilhão.

Mas o incrível é que, com menos tempo, desperdiçamos menos tempo. Cada segundo com a Manu e longe dela era precioso. E desistir não estava nos planos. As notas caíram, de início, é verdade, mas com o apoio da minha mãe, que ficava 5 dias da semana conosco, tivemos um pouco de estabilidade pras coisas voltarem pros eixos. Além do relacionamento, que sofre com a distância, mesmo estando ali do lado...

Quando as coisas ficavam tensas, com reprovações por notas cada vez mais ínfimas, ele tirava umas duas semanas pra curtir a "fossa" da derrota... e depois se reanimava, e seguia com o "cronograma", sempre animado. Às vezes me dava até medo: ele gostava tanto de estudar que eu me perguntava se ele não se deprimiria quando passasse! Assumo: dúvidas surgiam sobre fazer outras provas, mas como eu sabia que ele não desistiria enquanto não passasse para juiz federal, sempre o desencorajei de fazer outros concursos-meio. Já éramos ambos servidores, então tínhamos o suficiente pra pagar as contas, aquele mínimo existencial. Apenas a magistratura federal era o foco.

Só tive incerteza da persistência do Francisco quando aconteceu a reprovação da 3ª Região. Cara, 0,32 é o fim da picada. Até eu me indignei! Tão perto e tão longe... Nessa ele ficou quase um mês sem pegar num livro. Foi quando tive que intervir. Falei firme, praticamente como uma ordem: Já chega. Hora de recomeçar. Foram lágrimas e risos, a disposição já não era a mesma, mas a direção permanecia.

Logo depois veio a 1ª Região, e a fé no projeto foi renovada! Finalmente veio a aprovação na segunda fase, mas até ver o nome na lista a gente é só coração...

Há coisas durante essa etapa de preparação que só quem vive é capaz de entender: frustração, solidão, medo, raiva, alegria, esperança, expectativa, tudo se mistura e é extremamente difícil manter o equilíbrio dentro desse carrossel. Houve momentos de quase desistir – da prova, e até da nossa união.

Eu morria de ciúme, amor e ódio dessa "Magistratura", que me tirava meu marido... Mas, sem dúvida alguma, o fato de termos formado uma família nos manteve unidos (isso e respirar fundo de tempos em tempos!). Agora podemos retomar de onde paramos, e estamos colocando em dia nosso tempo juntos, a priorização da nossa felicidade dentro dessa realização. Vejo a felicidade no olhar de quem pôde alcançar a carreira desejada, e é inevitável pensar: valeu a pena!

***Ligia.***

*Hugo Leonardo Abas Frazão*

Quando alguém me pergunta se estou realizado com a carreira da magistratura federal, respondo sem rodeios: muito! É que essa carreira, como poucas, dá aos seus membros condições e estrutura para que possam agir como transformadores de realidades, pacificar conflitos, debater e julgar grandes temas da República, atividades que rendem imensa satisfação profissional. Hoje não imagino que exista outro cargo público ou privado capaz de me dar a felicidade que tenho como juiz federal.

O curioso é que não sonhava em ser juiz. Até o 5° período da faculdade de direito, sequer aspirava a alguma carreira jurídica. Queria mesmo era viver da música e fazer shows pelo país. Não digo que desisti desse sonho (continuo com o objetivo de gravar um disco autoral, risos), mas reconheço tornou-se adormecido a partir de quando cursei uma disciplina chamada hermenêutica jurídica e descobri o quanto um jurista preparado é capaz de contribuir com a sociedade. Ali me transformei num admirador do direito e iniciei, gradativamente, um gratificante projeto de superação do tempo perdido, que só ganhou consistência após o término da faculdade. Hoje uso essa história para subir a autoestima de estudantes e bacharéis de direito que ainda não se despertaram para o direito ou acham que perderam tempo demais sem levar os estudos a sério. Digo que, se se identificaram com o que contei, não pensem no quanto de estudo perderam, mas no quanto podem ganhar ao agirem com dedicação a partir do agora.

Eu concluí a faculdade de direito com 23 anos e passei a ter em mente a certeza de que queria tomar posse em um cargo público, embora não soubesse qual seria. Então tomei uma decisão importante e que indico como uma importante dica para a aprovação: ainda que, no começo da jornada dos concursos, você não saiba bem para qual cargo quer estudar, escolha um para ser seu norte, levando em contas as afinidades adquiridas durante as experiências de estágio ou de trabalho que vivenciou. Isso lhe permitirá sair da zona da incerteza e iniciar uma programação de estudo com foco e, se ocorrer de você se interessar por outro cargo no decorrer do estudo, você poderá aproveitar todo o conhecimento já acumulado, adaptando a rota sem constrangimentos.

No meu caso, assim que saí da faculdade, em 2009, optei, inicialmente, por estudar para os concursos de analista judiciário do TRT, mas como nas minhas primeiras tentativas não consegui a aprovação ou, quando aprovado, fiquei longe das vagas ofertadas, resolvi mudar a meta e voltar minha preparação para o cargo de procurador federal da AGU, cuja prova estava prevista para ocorrer no ano seguinte, em 2010.

Mas por que eu substituí o objetivo anterior antes da tão sonhada posse? Porque o estudo para analista passou a não mais me despertar ânimo e queria novos estímulos para manter meu potencial de estudo. Nesse instante, eu percebi que o cargo para o qual eu estudava precisava ter atribuições que me despertasse interesse e me provocasse aspirações, sob pena de eu não conseguir estudar com o máximo de dedicação e sacrifício. Já o cargo de procurador federal tomava conta da minha admiração, especialmente por seus membros prestarem uma atividade jurídica fim, elaborando e assinando suas próprias petições e pareceres. Isso fazia toda a diferença para estudar com esforço. Portanto, minha segunda dica é: decida estudar para um cargo público cuja função lhe desperte encanto, pois, nos momentos difíceis da preparação, o que vai reerguer o seu empenho é o quanto o objetivo que você escolheu vale a pena para a sua vida!

Embora não tenha passado no concurso de procurador federal de 2010, o estudo para esse concurso foi o ponto de partida às aprovações em carreiras da advocacia pública que tive, valendo citar a para: procurador do município de Parauapebas

(1° lugar, que exerci por dois anos e meio), advogado do Banco do Nordeste, procurador do Estado de Rondônia, procurador autárquico do Estado do Pará (que exerci por um ano e oito meses) e, para minha surpresa, procurador federal (2013), no concurso seguinte ao que reprovei (que exerci por sete meses, antes de ocupar o cargo de juiz federal).

Ocorre que antes mesmo de assumir o cargo de procurador federal, no ano de 2013, eu já havia voltado minhas atenções para a função de juiz federal e passei a sonhar com uma eventual posse no cargo. Li muitas matérias no site da AJUFE sobre a atividade profissional, assisti a reportagens de posse de juízes federais e tudo isso me encantava. Nem o fato de eu estar prestes a tornar-me procurador federal tirou a minha vontade de querer reformular meu projeto e aproveitar tudo o que já tinha estudado em nome de um novo desafio. Sabia o quanto passar no concurso de juiz federal era tido como "impossível" por muitos concurseiros e que poderia levar longos anos tentando, mas sentia que o sacrifício valeria a pena. Aqui a lição que fica é: se você deseja ser juiz federal, ao invés de dar ouvidos aos que tratam esse sonho como improvável, envolva-se com a carreira e investigue com quais temas trabalha um magistrado federal. Assim, você conseguirá encurtar o caminho entre a sua realidade e o sonho e fará do estudo diário uma atividade tão prazerosa quanto o próprio resultado da aprovação. E isso aliviará a pressão que gira em torno do concurso.

Depois de adquirir estímulos suficientes para correr atrás da aprovação na magistratura federal, decidi montar um método de estudo que me garantisse volume e evolução de conhecimento visando a superar os pontos mais importantes do edital no primeiro concurso para juiz federal substituto que prestei: o do TRF da 1ª Região, em 2013. Distribuí as matérias do edital em um ciclo de quinze dias (ou duas semanas) e, de preferência, estudava apenas uma matéria por dia (embora em alguns dias eu tivesse que estudar duas, pois o edital contempla mais que quinze disciplinas) por meio de uma bibliografia que fosse de minha confiança. Condicionei-me a estudar diariamente, inclusive aos sábados, domingos e feriados, seguindo uma média de cinco horas diárias. E, mesmo que num determinado dia da semana algum assunto pessoal ou profissional importante tomasse conta do tempo, impedindo que estudasse o tempo previsto, preferia estudar ainda que por trinta minutos no dia somente para ter o prazer de aprender uma coisa nova antes de dormir. É que, no estudo: a disciplina de seguir o hábito de buscar o conhecimento é mais importante que a quantidade de horas que você tem disponível. Essa é a razão pela qual muitos concurseiros com pouquíssimo tempo de estudo conseguem êxito em concursos públicos tão disputados.

Exigia-me uma meta de leitura de cerca de 40 páginas por dia (incluindo livros, legislação e informativos de jurisprudência) e, concluída a tarefa, fazia em seguida uma média de 20 questões de concursos sobre a temática estudada, avaliava meu rendimento pessoal de erros e acertos do dia e, enfim, reestudava partes do conteúdo que me levaram a errar questões. Com isso, eu assimilava o conhecimento com maior precisão e compreendia quais eram os assuntos e discussões mais abordados em provas de TRF sobre cada conteúdo. Foi internalizando progressivamente o método que descobri a seguinte estratégia: mais importante do que aprender todo o conteúdo do imenso edital é dominar os assuntos e temas principais para a carreira e concurso de juiz federal, tomando como referência boletins de jurisprudência dos TRFs, provas dos concursos anteriores e notícias em sites jurídicos sobre a atuação dos juízes federais.

Passei na primeira fase do concurso do TRF1/2013 e iniciei um treinamento específico para a fase seguinte. Sobre o que lia e me chamava atenção, criava argumentos jurídicos compactos e os anotava em um caderno. Denominei-os de "súmulas de argumento". Elas serviam para distinguir bem as teses e raciocínios principais tratados no conteúdo e, de quebra, foram úteis para que eu me relembrasse do conhecimento estudado na hora de responder as provas de dissertação e sentença, como gatilhos mentais. Além disso, fazia cerca de cinco sentenças por semana até a data das provas, o que me possibilitou aprender a estruturar bem uma sentença e a tomar cuidado na hora de abordar todos os pontos controvertidos narrados no enunciado da questão, por meio de tópicos e subtópicos.

Ao final de tudo, e para quem não fazia ideia de quando seria aprovado, mas ainda assim assumiu o "risco do tentar", tive a felicidade de ser aprovado no primeiro concurso da magistratura federal que prestei e logo no TRF da 1ª Região, cuja jurisdição engloba o Estado do Maranhão, onde nasci e fui criado. Reconheço esse acontecimento como um grande milagre de Deus porque, ainda que tivesse montado todas as estratégias do mundo, senti que aquela prova tinha sido feita pra mim, na medida certa. E aqui fica a última dica do meu depoimento: tenha fé. Permita-se experimentar as possibilidades do "impossível" e, mesmo que por várias vezes acredite que o projeto pode não dar certo, respeite o seu sonho e, ao invés de reduzir o esforço, intensifique a meta, pois, acredite, a cada dia produtivo de estudo você certamente terá maior capacidade de aprovação.

***Hugo Leonardo Abas Frazão***

Juiz Federal

Aprovado no XV Concurso Público
da Magistratura do TRF-1.

## *Aline Soares Lucena Carnaúba*

Falar sobre a minha preparação para as provas dos concursos públicos e, especialmente, para o ingresso na Magistratura Federal, me é uma tarefa muito grata: primeiro porque acredito muito na força do exemplo; segundo, porque me é prova de que tantos anos (isso mesmo! ANOS!) de dedicação, disciplina e fé, foram-me retribuídas na exata medida do meu empenho.

Eu decidi que seria Magistrada Federal no último ano da minha faculdade; lógico que no meio do caminho, fiquei tentada por outras carreiras, principalmente ante o volume imenso de trabalho de um Juiz Federal. No entanto, em que pese em alguns momentos ter estudado para outras carreiras – às vezes por motivo de ordem pessoal, como família – muitas vezes me pegava pensando naquela audiência que assisti e que me acendeu o desejo de ser Juíza Federal no coração.

Exerci o cargo de Analista de Ministério Público, Defensora Pública; inclusive, fui muito feliz quando era Defensora Pública, entretanto, sentia-me vocacionada para o que meu coração desejava. Por isso, não abri mão de ser Juíza Federal nessa existência.

Bom, como já deu para perceber, durante a minha preparação direcionada à Magistratura Federal, eu trabalhava. E muito. E isso exigia muito mais disciplina de mim, pois é óbvio que quando chegava do trabalho estava cansada e tinha vontade de ficar de bobeira. Só que eu sabia que isso não me ajudaria em nada na minha aprovação! Então, tinha uma rotina de estudos muito bem estabelecida ao ponto de, quando não estudava, sentia falta!

Organização é tudo na administração do tempo escasso. Trabalhava de manhã; chegava em casa por volta de 14h. A partir das 16h, estava estudando. Estudava até às 18h. 20:30, acabava o noticiário, ia estudar. E aí ficava até meia-noite, uma da manhã.

Essa era minha rotina de segunda a sexta-feira. Exatamente: sexta-feira de noite, para quem trabalha, é para estudar! Principalmente se quiser passar num concurso de alto nível como é a Magistratura Federal. Sábado estudava de manhã e de tarde; domingo, apenas pela manhã. Sempre acreditei que encontrar tempo é uma questão de prioridade. O que é prioridade para você?

Eu confesso que cometi muitos erros em minha preparação para a Magistratura Federal, por isso talvez tenha demorado tanto para passar, mas se teve um erro crucial que nunca cometi, foi o erro da indisciplina. Nunca fui indisciplinada com estudos. Chegava a ser desagradável.

Lembro que uma vez estava num shopping, sábado pela noite, com meu marido, encontramos um casal de amigos; eles nos chamaram para ir ao cinema. Eu estava no shopping porque a única papelaria que estava aberta para comprar marca texto ficava no shopping. Ou seja, fui lá rapidinho. Meu marido ficou com aquela cara de "vamos"; eu lhe rememorei na hora: "o combinado foi trocar a sexta à noite pelo sábado. Se você quiser ficar, não tem problema nenhum – e de fato não tinha! Quem tinha que estudar era eu! – mas eu, vou voltar para casa para estudar." Parece demais? Não sei. A verdade é que levo muito a sério os compromissos que assumo, inclusive aqueles firmados comigo mesma.

Portanto, mais do que qualquer coisa, seja fiel e leal a você quando estiver estudando. Não espere que a aprovação caia do céu se você não a merecer. Você tem que merecer e para isso, estude disciplinadamente.

Eu nunca gostei de estudar esgotando matéria; achava monótono e fora que você pode cair na armadilha de se valer mais da lei da compensação, por exemplo: "Ah! Amanhã dou uma corrida na leitura de Processo Civil!" E daí, quando você vê, um livro que era para você estudar em no máximo uma semana, viram duas semanas.

Sempre dividi meu cronograma diário por matérias, rodando-as pelo período máximo de 30 dias, assim: o mês tem, de regra, 4 semanas; 1ª Semana: Processo Civil na segunda, na terça e na quarta; consumidor na quinta; econômico na sexta; sábado jurisprudência e domingo fazia algumas questões do que tinha estudado durante a semana de manhã. Para fixar mesmo. 2ª Semana: Civil na segunda e na terça; Administrativo na quarta; Tributário na quinta, Financeiro na sexta e assim vai... Até fechar quatro semanas e voltar para o começo.

Sempre dedicava mais dias às matérias mais extensas e àquelas que tinha menos afinidade e JAMAIS desprezando nenhuma. A vida nos concursos públicos ensina que não se subestima matéria que consta no edital. Se está no edital, pode cair! Se pode cair, tem que estudar.

Ah! E estudava sempre com um cronômetro marcando o tempo de 50 minutos; estudava 50, descansava 10 minutos e voltava. E voltava! Não tem essa de ir no banheiro no meio dos 50 minutos, pois para isso existem os 10 de descanso.

Teve um tempo que deixei de fazer atividade física e meu desempenho nas provas caiu muito; sentia-me muito cansada, dores no corpo por tantas horas de estudo a fio. Por isso, voltei a fazer atividade física. Não tinha como dar 2 horas em uma academia, mas 30 minutos diários de caminhada numa esteira ou no calçadão, dava sim. Às vezes cedo, antes de trabalhar, às vezes no final da tarde.

Ou seja, com ordem e disciplinada, dá para se ter qualidade de vida durante os estudos para as provas dos concursos públicos! Dá para trabalhar e ganhar seu dinheiro – mesmo que sejam dois horários de trabalho! Não se dê essa desculpa! É mais cansativo? É! Mas chegue em casa, jante, assista o noticiário, tome um café e vá à luta! –; dá para fazer alguma atividade física; dá para ter vida social – não dá é para viver de noitada e balada o final de semana todo!

Eu não gosto de indicar livros, pois acho uma escolha muito pessoal. Teve um tempo que cai nessa pegadinha: saía um livro novo e fulano dizia que estudou por ele e se deu bem nas provas, lá ia eu catar o livro. E não foram poucas as oportunidades que gastei dinheiro à toa e não conseguia passar da primeira página do livro. Aconselho um bom manual de cada matéria maior como Direitos Processo Civil, Civil, Administrativo e bons resumos (mesmo!) de matérias menores como Direito do Consumidor, Direito Econômico. Mas lembre-se: essa é uma escolha que deve ser sua! Afinal, é você quem vai se debruçar sobre ele e o ideal é que a leitura não seja chata. Principalmente nas matérias que você menos tem afinidade, pois você terá que as estudar também!

Por fim, advirto que a era digital pode ser uma verdadeira faca: pode servir para partir seu alimento, porém pode te cortar também. Sempre tive páginas na rede social mais famosa do mundo. Para mim, serve, além de tudo, como meio de contato com as pessoas de minha cidade natal, já que moro fora há 6 anos. Frequentava um único fórum de concurseiros. Mas tudo com hora certa e predeterminada. A não ser, nos meus horários de lazer.

Portanto, aproveite o seu tempo, extraia das coisas o que elas têm de melhor e não desperdice oportunidades; prova de concurso público é a oportunidade daquele que soube trabalhar melhor a sua preparação!

Muito sucesso na vida e na carreira!

***Aline Soares Lucena Carnaúba***

Juíza Federal

Aprovada no XV Concurso Público
da Magistratura do TRF-1.

*André Coutinho da Fonseca Fernandes Gomes*

Foi com enorme prazer que recebi este convite para contar um pouco da minha experiência com a realização do sonho de aprovação no concurso da Magistratura Federal.

Desde os tempos da faculdade, nutria uma admiração pela nobre função exercida pela Justiça Federal. Já na vida profissional, enquanto Procurador Federal, pude ter um contato mais direto com essa carreira e a certeza de que era um grande objetivo a ser conquistado. Foi assim, então, que me lancei na preparação para o concurso da Magistratura Federal.

Como o trabalho na Procuradoria Federal sempre me exigiu bastante tempo e dedicação, precisei traçar um plano de estudos eficiente para encurtar a árdua batalha que iria travar. Nesse sentido, a primeira providência que tomei foi construir um material pessoal com as matérias do concurso, em forma de cadernos. Esse material, sobretudo por proporcionar acesso rápido, fácil e eficiente ao conteúdo do edital, além de estar com a "minha linguagem", acompanhou-me ao longo de todas as etapas de todos os certames da Magistratura Federal dos quais participei.

De forma associada a esse material pessoal, gostava de adquirir boas obras doutrinárias, as quais estiveram ao meu lado para constantes consultas pontuais e esclarecimento de dúvidas.

Outro ponto de fundamental importância foi o acompanhamento e estudo da jurisprudência, sobretudo dos tribunais superiores. Inicialmente, fazia esse estudo diretamente pelo site do Supremo Tribunal Federal e do Superior Tribunal de Justiça, por meio do sistema push. Todavia, avançando nos estudos, passei a realizar tal acompanhamento por meio de sites gratuitos na internet – de largo conhecimento geral –, que fazem a compilação e os comentários a respeito dos julgados mais relevantes. Além disso, diariamente, conferia as principais notícias desses tribunais, bem como do respectivo Tribunal Regional Federal de cujo certame eu estivesse participando.

Visando a aperfeiçoar ainda mais minha preparação, reservava um tempo para a resolução de questões dos concursos anteriores, o que me ajudou bastante. Isso não apenas para primeira etapa, mas também para todas as demais. Ou seja, dediquei-me a resolver diversas questões de múltipla escolha, questões dissertativas e provas práticas de sentença. E, para a prova oral, não foi diferente, pois fiz intensos treinamentos e simulações de banca juntamente com os demais candidatos que se encontravam na mesma fase do concurso.

Neste ponto específico de dedicação para a prova oral, não posso deixar de externar meu especial agradecimento ao autor deste livro e à sua esposa, que muito contribuíram e me auxiliaram através de um curso ministrado na capital mineira, verdadeiro divisor de águas na minha preparação para a prova oral.

De um modo geral, tive a constante preocupação de não relegar o estudo de alguma matéria a segundo plano, seja por distração ou mesmo por maior ou menor predileção por seu conteúdo. Para tanto, sempre estudei me valendo de um quadro em que lançava os pontos estudados de cada matéria, o que me forçava a ler contínua e sequencialmente todas as matérias.

Outro cuidado que tive foi com a distração em redes sociais. Se, por um lado, delas me valia para acompanhar alguns professores – o que recomendo –, por outro, mantinha desligadas essas redes sociais do celular, computador, etc. nos momentos de estudo doutrinário, jurisprudencial e de resolução de questões.

Como forma de relaxamento, sobretudo da mente, não deixei de praticar esportes, o que fazia três vezes na semana, ressalvados os momentos que precediam datas de provas, em que a preparação era a maior possível. Já a vida social, de fato, não dava para ser intensa, principalmente por ter que conciliar estudo e trabalho, o que me exigia constante dedicação nos finais de semana. Contudo, os momentos de lazer e de convívio social e familiar sempre foram muito importantes e necessários nesta caminhada.

Enfim, com muita disciplina, estratégia, fé e dedicação, tive a alegria de realizar este sonho, tendo sido aprovado no XVI Concurso para Juiz Federal Substituto do Tribunal Regional Federal da 1ª Região. Sem dúvida, trata-se de uma conquista ao mesmo tempo solitária e coletiva. Solitária, pois a luta diária foi comigo mesmo, dedicando-me, superando-me a cada dia e acreditando neste sonho. Coletiva, pois tenho o privilégio de estar cercado de pessoas maravilhosas, que sempre torceram e me apoiaram ao longo de toda a preparação.

A todos que buscam a aprovação neste concurso e que acreditam na importância das funções da Magistratura Federal, desejo bons estudos e muito sucesso na realização deste sonho.

***André Coutinho da Fonseca Fernandes Gomes***

Juiz Federal

Aprovado no XVI Concurso Público
da Magistratura do TRF-1.

## *Manoel Pedro Martins de Castro Filho*

O concurso de juiz federal substituto exige a acumulação de vasto conhecimento técnico-jurídico e a demonstração de uma série de habilidades cognitivas e práticas por parte do candidato.

Visando contribuir para a sua aprovação, vou expor, de forma objetiva e clara, o método que utilizei ao longo da minha trajetória nas mais variadas fases do certame.

Antes mesmo de iniciar a aquisição de livros e a leitura do edital, identifique qual é a sua memória prevalente. Isso será fundamental para a organização eficiente do seu estudo. Se você armazena informações lendo, meu caso, não adianta perder horas e horas vendo aulas de cursos preparatórios. Use seu tempo de estudo para ler, e muito! Do mesmo modo, se a sua memória é auditiva, assistir aulas e fazer uso de livros e legislação em áudio será muito mais produtivo do que investir a maior parte do seu tempo tentando ler uma infinidade de material impresso.

Feito isso, tenha sempre em mente que a aprovação no concurso só será atingida se o pretendente ao cargo for paciente (trata-se de projeto de médio-longo prazo), organizado (é fundamental estruturar um plano de estudos realista, ou seja, que efetivamente se encaixe na sua rotina) e disciplinado (comprometido a atingir as metas estabelecidas).

O primeiro passo da preparação consiste em angariar um bom material de estudo. Nessa fase, é normal que o candidato se sinta um pouco perdido por conta do volume de matérias e temas constantes no conteúdo programático do edital e pelo infindável número de livros disponibilizados para compra no mercado editorial. E aqui é preciso conter a ansiedade e racionalizar. Selecione, de forma criteriosa, apenas um livro de cada disciplina. Você precisa delimitar o seu material de estudo e aceitar a ideia de que nunca saberá todo o edital. Lembre-se: o importante é conseguir acumular conhecimento suficiente para ser aprovado.

Definido o material, separe pelo menos três horas por dia para estudar. No meu caso, eu trabalhava do meio dia até às oito horas da noite, e consegui estudar, em média, seis a sete horas brutas por dia. Claro, dentro desse número de horas diárias estavam compreendidos intervalos para alimentação, descanso, etc., de modo que o quantitativo real de horas líquidas efetivamente estudadas era de, aproximadamente, quatro horas. Assim, procure estudar sempre com o cronômetro em mãos. É primordial que você não se engane e tenha a noção precisa de quanto tempo efetivamente estudou. Acione o cronômetro quando começar a estudar e pause toda vez que for fazer um intervalo para descansar, beber água, assaltar a geladeira...

Eu enfrentava duas matérias por dia. Pela manhã lia um livro e sublinhava com caneta vermelha os trechos que não sabia ou achava que não iria lembrar. Concluído o tempo disponível de estudo, eu marcava a página que havia parado a leitura, ia trabalhar, e iniciava outra matéria no período da noite, outra na manhã seguinte, e assim sucessivamente, até passar por todas as matérias do edital. Concluído o primeiro ciclo, eu voltava ao primeiro livro e continuava a leitura do trecho marcado até concluir todos os livros.

Não se preocupe em decorar!! Você vai esquecer!! Isso é inevitável!! Nosso cérebro é formatado para guardar somente as informações que usamos. Por isso é tão importante trabalhar e estudar. Além de diminuir a ansiedade, o trabalho lhe traz experiência e conhecimentos que não podem ser adquiridos no mundo abstrato dos livros e da jurisprudência dos tribunais, contribuindo, sobremaneira, para que você se torne um magistrado mais preparado, humano, e inserido na vida que o cerca, o que é fundamental para a prolação de boas decisões. Assim, estude para compreender a matéria, os fundamentos básicos de cada ramo do direito, deixe a decoreba de lado e dedique-se a apurar seu raciocínio técnico-jurídico. Nesse exato momento você pode estar se perguntando: "E a prova objetiva?! Todo mundo fala que a prova objetiva exige enorme poder de memorização de diplomas normativos, súmulas e jurisprudência!?!?". Calma, já chegaremos à prova objetiva.

Eu demorei oito meses para concluir a primeira leitura de todos os livros. A partir daí, peguei novamente cada um deles e iniciei a revisão das matérias. Basicamente, folheava as obras olhando os títulos e subtítulos das matérias, perguntando a mim mesmo: "Consigo dissertar sobre o assunto se ele me for perguntado?". Se a resposta fosse sim, eu pulava as páginas. Se não, eu relia somente as partes do livro que havia grifado. Com essa metodologia, consegui rever todos os livros em três meses.

Esse estudo de base é fundamental para que o candidato possa compreender os princípios fundamentais e a forma de interpretação e aplicação dos ramos do direito. Sem esse entendimento fundamental, você pode chegar ao cúmulo de passar entre as primeiras colocações na prova objetiva e reprovar sistematicamente em todas as provas dissertativas e de sentenças.

Por isso, não seja seduzido por atalhos e fórmulas aparentemente mágicas, negligenciando o estudo de base. Sem ele a aprovação não será possível.

O estudo de base deve ser desenvolvido antes da abertura do edital. A partir do momento em que o ato convocatório for publicado, você precisará alterar a forma de preparação para conseguir atingir a nota necessária para ser aprovado na prova objetiva. Nesse momento, é essencial a leitura dos textos legais, da jurisprudência dos tribunais superiores, das súmulas e dos conceitos nucleares das disciplinas, bem como a resolução de questões de provas anteriores.

Uma observação importante: eu sempre tive muita dificuldade em ler legislação seca. Deste modo, optava por ler resumos/sinopses que já condensam no texto os principais artigos de lei e os conceitos básicos de cada uma das matérias. Assim, eu me limitava a estudar os resumos, informativos dos tribunais superiores, súmulas, e a solucionar questões.

Seguindo esta ordem, você estará preparado para vencer a prova objetiva.

A segunda fase exige enorme capacidade de raciocínio jurídico dos candidatos. Nela, é preciso demonstrar ao examinador que você conhece a teoria, a jurisprudência, os entendimentos sumulados pelos tribunais superiores e sabe aplicar cada uma dessas ferramentas na prática. Mais uma vez, quem estuda e trabalha sai na frente, pois a atuação diária nada mais é do que a aplicação da teoria, da jurisprudência e dos preceitos legais para a resolução de casos concretos.

E como estudar para a prova dissertativa? Resposta: pelo estudo de base que você já desenvolveu antes da publicação do edital. Se o estudo de base foi realizado com seriedade e comprometimento, você será aprovado na prova objetiva com vários quilômetros de vantagem. Basta continuar revisando os conceitos principais de cada ramo do direito, as súmulas e a jurisprudência. Os textos de lei não precisam ser revistos, pois você poderá consulta-los no momento da prova.

No dia da prova escrita você precisa ser conceitual e dar respostas completas. Seja didático, como se estivesse produzindo um texto explicativo para alguém que não entende nada da matéria, acrescentando conhecimentos periféricos associados ao assunto central da questão e enriquecendo a resposta com exemplos. Não caia na armadilha de responder objetivamente à pergunta que lhe está sendo feita. Não basta saber a resposta: o examinador deseja ver se o candidato possui proficiência na disciplina, ou seja, se consegue aproveitar a oportunidade para demonstrar conhecimento sobre a matéria. Para alcançar este nível de exigência é preciso treinar. Responda questões de provas anteriores com a ideia de exaurir os temas que foram cobrados. Seguindo essa linha de raciocínio você terá êxito na prova dissertativa.

As provas de sentença exigem o emprego acurado da técnica-jurídica, principalmente no que se refere ao direito processual. Para superar esta etapa do concurso, é fundamental se preparar lendo muitas sentenças e resolvendo provas anteriores. Construa um esquema mental que lhe permita ser didático, organizado e claro dentro do tempo que lhe será disponibilizado no dia da prova.

Ao treinar, resolva os enunciados apenas com a consulta da legislação seca, simulando, ao máximo, as mesmas condições reais que serão enfrentadas no dia da prova, cronometrando o tempo. Um conselho: habitue-se a fazer as sentenças nos treinos em tempo inferior aquele que você terá no dia da prova. Se a banca examinadora disponibilizar cinco horas, treine a resolver os enunciados em quatro horas e meia, por exemplo. Assim, você ficará acostumado a fazer sentenças sobre pressão e sentirá maior confiança no dia da prova. Com esta sistemática, a aprovação nas provas de sentenças será questão de tempo.

Em breve seu nome estará na lista de convocação para a prova oral e você sentirá, ao mesmo tempo, imensa alegria e receio. Nada mais natural. Toda nossa formação é focada na leitura e na escrita. Somos habituados a ler e escrever bem, mas não a falar em público. Para superar a insegurança você precisa treinar. Convide colegas que passaram contigo e crie um grupo de estudos para a prova oral. Marque encontros semanais com eles, ao vivo ou por Skype, para simular rodadas de perguntas e respostas. Indague seu colega por aproximadamente uma hora e, depois, peça para ele fazer o mesmo com você. Com o tempo, você perceberá um considerável incremento das capacidades de assimilação de perguntas e construção de respostas.

Quanto à preparação jurídica, siga exatamente a mesma metodologia de estudo para a prova objetiva.

No dia da arguição pública, inicie cada uma das respostas atacando o núcleo dos temas objeto de questionamento para, só então, demonstrar conhecimento periférico. Noutros termos, inicie respondendo objetivamente a questão e, em seguida, disserte sobre os fundamentos históricos, constitucionais e legais, concluindo com um exemplo. Se o examinador lhe der espaço, siga esta ordem para demonstrar conhecimento e pontuar. Se o examinador lhe interromper pare de falar imediatamente! Não discuta com o examinador! Ele tem a primazia na prova oral e você está ali para demonstrar conhecimento jurídico dentro do que lhe for perguntado.

Responda às perguntas da forma mais completa possível, fale tudo que lembrar sobre o tema, e seja organizado na exposição das ideias. É preciso concatenar cada frase dita, de modo que o examinador e todos os demais presentes na sessão pública consigam entender com clareza o que você está falando.

Além do conhecimento jurídico, é preciso demonstrar postura e controle emocional. Juiz vive sob pressão, precisa decidir em curto espaço de tempo, e precisa fazer isso de forma acertada e com serenidade. Deste modo, você precisa se expressar usando um tom de voz firme e linear, sem se exaltar ou gritar. É preciso manter o corpo ereto, ter postura, falar com calma e de forma imperativa, passando confiança e credibilidade ao interlocutor.

Os aspectos corporais da prova oral também precisam ser treinados. Sente na cadeira com o corpo reto, não deixe os ombros caídos e olhe sempre nos olhos do examinador. Demonstre frieza e convicção, ainda que você esteja nervoso. O nervosismo é normal, mas você precisa aprender a lidar com ele de modo a não ser dominado por esse sentimento.

Concluída a prova oral, levante-se com calma, despeça-se à distância dos examinadores, vire as costas, e saia caminhando tranquilamente do plenário do tribunal sem olhar para traz, com a consciência de que você fez o melhor possível.

Por fim, é preciso ter fé na aprovação, independentemente da sua religião. Inicie os estudos sabendo que o caminho é árduo, trabalhoso e exigirá várias concessões. Seu sonho estará lá, do outro lado da estrada, esperando por ti de braços abertos. Não duvide da sua vitória e não questione a sua capacidade de conquista. Você vai conseguir!! A nomeação é um sonho possível e a sensação é maravilhosa!! Desejo sucesso a cada um dos leitores!! Que todos alcancem seus objetivos e sintam a inexplicável euforia da posse!!

***Manoel Pedro Martins de Castro Filho***

Juiz Federal

Aprovado no XV Concurso Público
da Magistratura do TRF-1.

# PARTE VII

## DISCURSO DE POSSE (XV CONCURSO PÚBLICO DO TRF DA 1ª REGIÃO)

*Eduardo Ribeiro de Oliveira*

Excelentíssimo Senhor Presidente do Tribunal Regional Federal da Primeira Região, desembargador federal Cândido Ribeiro, em nome de quem cumprimento os membros da mesa e as demais autoridades presentes;

Meus cumprimentos, em especial, aos novos colegas juízes federais substitutos, familiares e amigos;

Senhoras e senhores.

Coube a mim a difícil, mas igualmente honrada, missão de ser o porta-voz dos novos juízes federais substitutos da 1ª Região nesta sessão solene.

Considero a missão difícil porque não há como traduzir em palavras a exata medida do esforço de cada um até a chegada deste dia, e qualquer tentativa de fazê-lo, certamente, já nasce condenada à superficialidade. Honrada, porém, porque falo em nome de um seleto grupo de pessoas, que se notabilizou não apenas pelo seu conhecimento jurídico, mas, também, pelo seu espírito de solidariedade durante o processo seletivo.

É com essa compreensão que dou início a este discurso, o qual buscará ser o mais fiel possível aos sentimentos envolvidos neste ato, sem descurar, contudo, do compromisso hoje assumido pelos novos magistrados com a sociedade e com o Estado Democrático de Direito.

A palavra "esperança", no sentido que lhe foi atribuído por Aristóteles, é dizer, "o sonho do homem acordado", reflete bem o caminho percorrido até a celebração desta conquista.

Cada um dos novos juízes federais tomou a importante decisão de ingressar na carreira da magistratura, com a consciência de que, para isso, necessária seria a submissão a um dos concursos públicos mais difíceis do país.

Nasceu, assim, um sonho. Mas sonhar é apenas um primeiro passo para se alcançar a meta. Como bem escreveu o poeta Carlos Drummond de Andrade, "fácil é sonhar todas as noites / Difícil é lutar por um sonho".

E isso é inteiramente verdadeiro. Quem trilha o caminho do concurso público sabe que, não raro, trata-se de um percurso sinuoso, com muitos obstáculos. Derrotas são comuns nesse caminho. A meta idealizada, algumas vezes, parece inalcançável.

Mas a esperança tem paciência e funciona como alimento da alma. Impede que fiquemos paralisados. Leva-nos a seguir em frente, com ainda mais determinação, cônscios de que o melhor está por vir.

Com fé em Deus, somos levados a crer que tudo na vida tem o seu tempo, e que, do Senhor, vem a vitória.

As dificuldades são superadas. Chega, então, o dia tão sonhado e pelo qual tanto lutamos.

Luta que não foi individual, é preciso reconhecer. Pais, irmãos, cônjuges, filhos, familiares e amigos, cada qual à sua maneira, participaram ativamente desse processo, ora nos incentivando e dando forças – acreditando em nosso potencial quando nós mesmos chegamos a questioná-lo –, ora nos auxiliando na preparação para as provas ou, ainda, quando simplesmente compreenderam as razões de nossas ausências, decorrentes de jornadas de estudo extenuantes. A vocês, a nossa eterna gratidão.

Em especial, peço licença aos nobres colegas para agradecer aos meus pais, Waldemir e Ivanda, cujos ensinamentos e exemplos de vida foram determinantes para a minha formação e me permitiram a realização de mais este sonho; ao meu irmão Marcelo, que, por razões profissionais, não pôde compartilhar comigo este momento, mas que, certamente, está vibrando com esta conquista; e à minha linda esposa Demianne, a pessoa mais meiga que conheço e a minha companheira de todas as horas.

Do mesmo modo, impõe-se enaltecer a contribuição de nossos professores nessa trajetória, os quais, desempenhando a nobre missão de produzir e compartilhar conhecimento, fizeram nascer em nós, desde as primeiras aulas na faculdade, o amor pelo Direito.

Especificamente no meu caso – e creio que os meus colegas também pensem assim –, reconheço a ajuda de cada novo magistrado para o resultado que hoje se comemora. Apesar de a expressão "concurso público" transmitir a ideia de concorrência, e de parecer contraditório, em um ambiente à primeira vista competitivo, falar em auxílio prestado pelo concorrente, relativamente ao XV Concurso para o Cargo de Juiz Federal Substituto da 1ª Região, foi exatamente o que ocorreu. "Ninguém vai ficar pelo caminho (!)". Frase simples, mas com acentuada carga valorativa para os aprovados no referido certame. Foi enunciada pelo colega Frederico Pereira Martins após o resultado final da prova de sentença, e tornou-se, por assim dizer, o lema de nossa turma. Ao se expressar de tal maneira, o nobre amigo demonstrou estar preocupado não apenas com o seu resultado, falando na responsabilidade que cada um teria na aprovação dos demais. Essa preocupação com o outro contagiou todos os candidatos e, assim, da competição, fez-se a cumplicidade; da concorrência, a solidariedade. O estudo solitário deu lugar ao trabalho conjunto e à divisão de tarefas, coordenados pelo amigo Marciano, a quem também rendemos os mais sinceros agradecimentos. E dessa forma, com muito esforço e fé em Deus, transformamos o sonho em realidade.

Vencida a difícil batalha do concurso público, é hora de refletirmos sobre os novos desafios que se avizinham.

Meus colegas juízes, nossas histórias de vida ganham, a partir de hoje, um novo capítulo. A cada um de nós, caberá escrevê-lo. O conteúdo desse novo capítulo será ditado pelo nosso comprometimento, pela nossa dedicação.

A realidade da atual sociedade brasileira, que será o pano de fundo de nossas práticas judiciais diárias, deixa claro que haverá muitas dificuldades pelo caminho.

Trata-se de uma sociedade em que predominam o individualismo, o materialismo e o consumismo. Uma sociedade, ademais, marcada pela concentração de renda e pela desigualdade social, em que mais de dez milhões de brasileiros vivem em situação de miséria, e outros vinte e oito milhões, em situação de pobreza.

Nesse contexto, não é fácil falar em justiça, o que somente aumenta a responsabilidade da magistratura.

Além disso, o momento atual é de acentuada descrença em relação às instituições estatais. Não são raras as notícias de esquemas de corrupção envolvendo desvio de dinheiro público, arquitetados ou executados por autoridades que deveriam representar os interesses do povo. O abuso e o desvio de poder, a confusão entre o público e o privado, provocam um sentimento generalizado de que não existe espaço para a moralidade no âmbito estatal.

Esse descontentamento repercute no âmbito do Poder Judiciário, tido por alguns como incapaz de frear o ciclo de desmandos. Nada obstante, relativamente a esse Poder, opera-se um movimento inverso e simultâneo, pois parcela significativa da comunidade deposita no Judiciário a esperança de resgate da moralidade maltratada. Fala-se, então, com JOSÉ RENATO NALINI, em um "paradoxo ético do juiz brasileiro": "confia-se no Judiciário como a última alternativa. Daí a multiplicação das demandas, a busca do justo concreto sob suas várias exteriorizações, o recurso à Justiça em crise como fenômeno que não se pode negar. Entre os frangalhos institucionais de um aparelho estatal desprestigiado, emerge a Justiça como esperança de retempero da vida social. Depende da postura do juiz encarar o desafio ou somar-se ao passivo do descrédito coletivo".

A justiça constitui uma virtude, aliás, a maior delas, exatamente porque coloca o outro na mira do agir humano, a ele se dirigindo diretamente. Assim, conquanto seja difícil falar em justiça em um cenário de tantas desigualdades sociais, ela é a meta a ser alcançada.

Justiça pressupõe democracia, esta compreendida não como o somatório das vontades individuais, mas sim como mecanismo conducente à construção de uma sociedade inclusiva, em que se assegure mesmo às minorias, nos processos deliberativos, a participação em condições de igualdade, com respeito e consideração.

Nessa perspectiva, forçoso reconhecer a importância do Judiciário no contexto da sociedade plural contemporânea. Diante de uma crise de representatividade e de funcionalidade dos demais poderes, considerados, não raro, representantes apenas de setores específicos da sociedade, mas não do povo em geral, muito menos das minorias, questões complexas e da mais alta relevância do ponto de vista político, social ou moral, são deslocadas, cada vez mais, para a arena jurídica, compreendendo-se o Judiciário, pois, como o refúgio último dos direitos fundamentais, o guardador das promessas republicanas, indispensável ao Estado Democrático de Direito e à construção de uma sociedade mais justa e solidária.

Caros colegas magistrados, nesta data, somos investidos de forma legítima no cargo de juiz federal substituto. Exerçamos, igualmente de modo legítimo, o poder, com temperança, retidão e firmeza. Não confundamos poder do Estado com poder pessoal. Nossa autoridade deve respeitar os limites de nossas funções, para além dos quais somos simples cidadãos.

Tenhamos a consciência de que a lide, tal como posta nos autos, esconde, com certa frequência, as causas reais do conflito, os sentimentos das partes. Assim, é importante ouvir, considerar e se imaginar na situação daquele que canalizou para o Judiciário a sua última esperança de efetivação do direito, conferindo-se ao ato de julgar uma feição mais democrática, menos fria e mecânica.

Deixemos, ademais, que nosso conjunto de pré-compreensões ou, com Gadamer, nosso "horizonte de sentido", seja influenciado por outras visões de mundo. Não nos consideremos os donos "da verdade". Na velocidade com que se operam as transformações sociais, culturais e científicas, todo conhecimento traz em si as ideias de precariedade e de falibilidade.

Antes de ingressar na magistratura federal, fui juiz de direito no Estado de Minas Gerais. Lá, pude constatar que o saber jurídico é apenas mais um componente de nossas complexas atividades. Diariamente, nossos conceitos e compreensões são desafiados por outras visões de mundo, por problemas e fatos novos, seja nos autos processuais ou nas salas de audiência, seja em sessões plenárias do Tribunal do Júri ou, ainda, nos corredores dos fóruns. Consideremos tais desafios não uma afronta ao nosso modo de pensar, mas sim uma oportunidade de crescimento e de ganho qualitativo. Aprendamos com o outro.

Costuma-se dizer que o povo goiano tem orgulho de suas tradições, um orgulho do interiorano, que construiu o seu próprio universo cultural e afetivo. Para confirmar a regra, como um bom goiano, recordo os dizeres de Cora Coralina, segundo quem "o saber a gente aprende com os mestres e os livros. A sabedoria se aprende é com a vida e com os humildes".

Já me encaminhando para o encerramento de minha manifestação, observo, com RODOLFO LUIS VIGO, que o exercício da judicatura reclama quatro idoneidades básicas do magistrado: a física-psicológica, a técnica-jurídica, a gerencial e a ética. A ética, como bem destacou NALINI, é a principal delas, pois "um juiz ético, ainda sem estímulos ou a despeito das vicissitudes que atormentam a função judicial [...], cuidará de manter-se física e psicologicamente hígido, de se aperfeiçoar técnico-juridicamente e de investir em sua capacidade gerencial. Já o juiz desprovido de ética, por mais aquinhoado que seja nas outras idoneidades, longe estará de se converter em artífice da harmonia e da paz", disse NALINI.

Meus colegas juízes, que o entusiasmo e a vontade de servir à sociedade brasileira, neste momento, contagiantes, acompanhem-nos até o dia que preceder o de nossa aposentadoria. O jurisdicionado não apenas deseja, ele precisa de pessoas motivadas e comprometidas com a realização da justiça.

E que, quando já houvermos trilhado um longo caminho, possamos olhar para trás e ver que fizemos um bom trabalho em prol da sociedade brasileira, orgulhando-nos de que aquele capítulo de livro que começamos a escrever no dia 29 de janeiro de 2015 tornou-se um belo romance.

Que Deus nos abençoe.

Muito obrigado a todos.

## DISCURSO DE POSSE (XIV CONCURSO PÚBLICO DO TRF DA 1ª REGIÃO)

*Pedro Felipe de Oliveira Santos*

Excelentíssimo Sr. Presidente do Tribunal Regional Federal da Primeira Região, Desembargador Mário César Ribeiro, em nome de quem cumprimento todos os membros da mesa e as demais autoridades presentes;

Cumprimento igualmente os familiares e os amigos, e saúdo os novos colegas Juízes Federais Substitutos.

Os novos Juízes trajados com a toga, defronte da mesa de honra e ladeados pelos Desembargadores integrantes desta Corte; por trás, as autoridades, os familiares e os amigos convidados, atentos ao desenrolar da sessão solene: toda esta cena, que hoje se encontra no plano da realidade, um dia já foi um sonho distante. Não há realidade sem sonhos. O espírito livre, crítico e empreendedor não enxerga distâncias inalcançáveis, metas insuperáveis ou obstáculos intransponíveis. Das inquietações, faz surgir os sonhos; dos sonhos, as metas e os planos; dos planos, as realizações. O espírito livre sabe que entre a inquietação e a concretização há um longo caminho, mas não fraqueja. Conhece, em inúmeras ocasiões, o gosto amargo da derrota, mas não arrefece. Planeja, calcula, mergulha em reflexões, tenta manter o equilíbrio. Ora sofre, ora se regozija. Refaz planos e cálculos. Não tem pressa. Obtempera. Ousa. Resiste. Finalmente, vence. E sente a leveza sobre os seus ombros.

O homem que vence não é um mártir, um herói ou um ser distinto. O homem que vence é um ser determinado. Nesta data especial, cinquenta trajetórias dignamente construídas se entrelaçam e descortinam histórias de determinação, de renúncia e de disciplina. Somos homens e mulheres comuns, simples, do povo, que trazemos nos ombros as nossas trajetórias, os nossos valores e as nossas vivências. Como numa cerimônia de ofertório, apresentamo-nos, humildemente, para servir ao Estado brasileiro na função em que acreditamos melhor desempenharemos nossas competências e nossos talentos. Vestiremos a toga, honrosamente, mas permaneceremos homens e mulheres simples e comuns. Quem escolhe a Magistratura não pode desejar fama ou glória como fim imediato, mas decerto deve se recolher na retidão e na discrição.

O drama do Juiz é a solidão. Toma conhecimento da lide. Ouve cada uma das partes e desenrola o ir e vir do iter processual, tal como um espiral dialético. Recolhe os argumentos. Contrapõe fatos e provas. Sopesa. Soma e integra, como se formasse em sua mente um mosaico de informações e de inferências. Ao fim, decide. Só. Sozinho. Não pode dividir a responsabilidade ou as agruras do cargo com qualquer outra pessoa. Decidir é um ato íntimo de solidão.

Todavia, a mesma solidão que consubstancia um drama, é, sob a perspectiva institucional, o corolário da garantia de independência do magistrado. Trata-se de tema sensível numa época em que os Juízes, aos olhos da sociedade, têm rosto e têm nome. As pessoas sabem os nomes dos magistrados e os reconhecem nas ruas, comentam as decisões judiciais e se interessam pela pauta de julgamentos das cortes pátrias. Na sociedade aberta dos intérpretes em que vivemos, trata-se de saudável sintoma do perfil inclusivo de nosso sistema democrático. No entanto, em nenhuma hipótese, essa situação pode desaguar na submissão acrítica do magistrado à opinião pública.

A atividade jurisdicional dirige-se à sociedade, mas deve ser inspirada na Constituição e nas Leis. O Judiciário é o único ramo de Poder estatal cujos membros não são eleitos pelo povo. Essa opção institucional tem íntima relação com o nosso projeto de democracia. Democracia não se resume à obediência à vontade de uma maioria. É também o respeito à opinião das minorias, com a consequente consolidação de espaços comunicativos e deliberativos, que permitam a todos os grupos terem vez e voz. Nesse sentido, em sua função contramajoritária, em diversas ocasiões, o Juiz regularmente age contra a vontade da maioria e da opinião pública, para não sufocar as vozes e os direitos fundamentais dos grupos minoritários. Do contrário, não há processo inclusivo, mas processo totalitário. Muito menos se construirá democracia, mas sim demagogia.

O Poder Judiciário não governa. No entanto, uma vez provocado, evita o desgoverno. O Poder Judiciário não legisla. Todavia, soluciona crises legislativas. Para tanto, age sempre com cautela e com prudência, de modo a não transgredir a tênue linha entre evitar o desgoverno e governar; entre solucionar a crise legislativa e legislar. Eis o fundamento da legitimidade da atuação do Juiz, que equilibra o mosaico de forças de sustentação do Estado Democrático de Direito.

Nas últimas décadas, o Poder Judiciário vive uma efervescência de reflexões institucionais acerca de suas próprias bases e dos resultados que tem produzido à sociedade. Efetividade é a nova palavra de ordem. Inúmeras têm sido as transformações do modo de se pensar e de se fazer a Justiça, com o intuito de dinamizar a atuação do magistrado, não mais restrita à figura do Juiz-julgador (perdoem-me o pleonasmo), mas também englobante do Juiz-conciliador, do Juiz-mediador, do Juiz-gestor da vara em que atua, entre outras funções interdisciplinares.

As instituições são as pessoas que a elas se integram. Normas programáticas, regimentos, projetos e qualquer outro arcabouço formal são letra morta se desacompanhados do nosso compromisso em torná-los efetivos. O Poder Judiciário, embora uma instituição multissecular, encontra-se em permanente construção e nós, Juízes Federais e servidores deste Tribunal, somos os construtores dessa obra. É NOSSO dever assumir esse projeto coletivo. Em verdade, tornamo-nos hoje servidores de milhões de brasileiros. Sem demagogias e retóricas, devemos nos despir das formalidades excessivas e adotar um espírito de servir em relação àqueles que nos buscam. O jurisdicionado é a razão do nosso trabalho.

O Judiciário é a porta última dos angustiados. Quem percorre os corredores dos fóruns depara-se com as mais profundas mazelas humanas, personificadas por faces marcadas ora pela dor, ora pela culpa, mas, em ambos os casos, sempre pontificadas por um grau de esperança. Quem chega a uma audiência ou a um julgamento, seja como autor, seja como réu, nunca se encontra em tranquilidade plena, uma vez consciente de que o curso de sua trajetória poderá ser significativamente alterado pela decisão a ser ali emanada. O Juiz é um senhor de destinos: decide trajetórias e altera rumos de vida. Essa circunstância não o torna um ser superior, mas apenas aumenta a responsabilidade de seu trabalho. O resultado do agir imprudente ou parcial acarretará o infortúnio a quem merecia a tranquilidade, numa situação temida por qualquer magistrado: em busca da Justiça, causar a injustiça.

Todo direito deve ser uma tentativa de direito justo. Justiça... Essa palavra polissêmica, densa, indecifrável. Desde a antiguidade grega até os mais profundos estudos da contemporaneidade filosófica, o homem pensador tenta definir a Justiça. Sócrates, Platão, Aristóteles, Santo Agostinho, São Tomás de Aquino, Hobbes, Rousseau, Kant, Kelsen, Nietzsche, Rui Barbosa, Rawls, Alexy, Dworkin, Amartya Sen e muitos outros se debruçaram na busca de uma definição objetiva do que seja o justo. Cada valiosa contribuição descortinou novos horizontes, mas revelou as próprias limitações. Afinal, a Justiça, como valor, não se esgota no plano da racionalidade pura, mas reverbera no polo oposto, o plano da sensibilidade. Justiça não se define em abstrato. Justiça se sente no caso concreto.

Quem não é capaz de sentir a Justiça, jamais saberá o que é o Direito. Adverte-se: sentir a justiça não é fazer poesia, tal como este discurso, repleto de elucubrações. Sentir a Justiça é, antes de decidir, colocar-se no lugar do réu e do autor, vislumbrando o caso em sua concretude e singularidade. Somente ao sair de sua capa, sendo capaz de ir à dor do outro, pode o Juiz apreender, com a sua racionalidade, aquilo que cabe à razão pura apreender, bem como aprisionar, com a sua sensibilidade intelectual, aspectos do caso concreto que escapam à razão lógica.

Os mais avançados estudos da neurociência asseveram que, ao decidir, o homem estabelece uma ponte entre a razão e a sensibilidade. São dois polos inseparáveis, em franca comunicação permanente. Quando pondera princípios, realiza um juízo de proporcionalidade, ou inspira-se na lógica do razoável, o magistrado admite que, sendo o Direito uma criação humana, a interpretação da norma também incorpora essa inquebrantável relação. O bom Juiz saberá dosar e equilibrar o saber lógico e o saber prudencial, o conhecimento técnico e a percepção da realidade. Afinal, as nossas decisões e sentenças não se isolarão nas coletâneas de jurisprudência. Precisarão ser cumpridas – e bem cumpridas – no mundo dos fatos. Assim, ao tempo em que pautadas pela legalidade, também necessitarão dar respostas adequadas aos problemas e conflitos propostos.

O Juiz é um homem, um ser do mundo. Tem uma história de vida, tem valores, tem percepções pessoais. Essa constatação nunca implicará a realização de julgamentos que recaiam no mero subjetivismo, muito menos o abandono à Constituição ou às leis. No entanto, a ciência jurídica somente progride se razão e sensibilidade se complementarem. Que a razão não invada o domínio da sensibilidade; que a sensibilidade não invada a autoridade da razão.

Por fim, um último registro, consistente na mais importante homenagem a ser realizada nesta noite e que, por esse mesmo motivo, encerra este discurso.

Não somente ao nosso mérito e à nossa determinação devemos esta vitória significativa em nossas vidas. Nenhuma vitória é órfã. Ninguém vence sozinho. Daqui a alguns minutos, quando encerrada esta sessão solene, encontraremos os nossos familiares e amigos, oportunidade em que lhes daremos aquele abraço afetuoso e emocionado, e lhes diremos carinhosamente: MUITO OBRIGADO.

Eles não leram os nossos livros; não enfrentaram jornadas exaustivas de aulas e de estudos; não responderam as nossas provas. Entretanto, eles nos deram o que há de mais essencial para estarmos aqui: amor. Ofereceram-nos o estímulo e a força para tomarmos decisões valiosas e seguirmos adiante; acreditaram em nosso êxito, mesmo nos momentos mais incertos; doaram-se por inteiro e, por vezes, adiaram os seus próprios sonhos para que pudéssemos realizar os nossos. Pais, irmãos, cônjuges, filhos, familiares e amigos: sabemos que, durante esses longos meses, a nossa angústia foi também a sua angústia; hoje, a nossa imensa alegria também é o motivo de sua imensa alegria. Estejam ou não aqui presentes, vocês são parte essencial deste momento, pois o nosso sucesso também é a sua vitória.

Meus colegas Juízes, ingressamos hoje no Tribunal Regional Federal da 1ª Região, uma Corte de jurisdição continental, envolvendo terras e culturas tão distintas, mas unas, todas integrantes do mesmo Brasil. Tão longo e árduo caminho aqui nos trouxe; tão longo e árduo caminho nos aguarda. É como, simultaneamente, chegar e partir. Sigamos prudentes e éticos. Tenhamos garra. Não deixemos que os obstáculos e as frustrações com que nos depararemos arrefeçam a nossa força, mas que apenas nos tornem mais maduros. Nunca nos deixemos perder a confiança nas nossas instituições, mesmo nos momentos mais tormentosos, pois um Juiz sem esperança deixa a Constituição em perigo. A humildade, a sensatez e a disciplina guiarão as nossas jornadas.

Lembremos ainda da advertência do filósofo Friederich Nietzsche, em seu emblemático livro "Assim Falou Zaratustra":

"Ninguém pode construir em teu lugar as pontes que precisarás passar, para atravessar o rio da vida. Ninguém, exceto tu, só tu. Existem, por certo, atalhos sem números, e pontes, e semideuses que se oferecerão para levar-te além do rio; mas isso te custaria a tua própria pessoa; tu te hipotecarias e te perderias. Existe no mundo um único caminho por onde só tu podes passar. Onde leva? Não perguntes, segue-o!".

Colegas, não há vitória sem luta. Não há realidade sem sonhos. Mediante sonhos, lutas e ações, saibamos contribuir valiosamente para a construção de uma efetiva democracia em nosso país. Este é o nosso tempo!

## NOTÍCIAS DIVULGADAS PELA IMPRENSA DIGITAL

### *Justiça Federal ganha reforço com posse de 56 Juízes Federais Substitutos*

*Publicado por Tribunal Regional Federal da 1ª Região*

A noite de quinta-feira, 29 de janeiro de 2015, foi especialmente memorável para 56 novas autoridades do Poder Judiciário Federal e será lembrada como a data em que o Tribunal Regional Federal da 1ª Região (TRF1) adicionou aliados no seu esforço contínuo para aprimorar a prestação jurisdicional. Em solenidade realizada na Sala de Sessões Plenárias, no Edifício Sede I, em Brasília, os aprovados no 15° Concurso para Juiz Federal Substituto, promovido pelo Tribunal, tomaram posse no novo cargo e passarão a atender a demandas judiciais em diversas cidades da Primeira Região, composta por treze estados e pelo Distrito Federal.

A cerimônia de posse prestigiada por centenas de convidados, entre magistrados, servidores da Casa, familiares dos empossados e autoridades dos Três Poderes da República foi conduzida pelo presidente do TRF1, desembargador federal Cândido Ribeiro, que dividiu a mesa de honra com a procuradora-chefe da Procuradoria Regional da República da 1ª Região (PRR1/MPF), Raquel Branquinho; o presidente da Associação dos Juízes Federais do Brasil (Ajufe), Antônio César Bochenek; o presidente da Associação dos Juízes Federais da 1ª Região (Ajufer), Newton Ramos, e o presidente da Ordem dos Advogados do Brasil do Distrito Federal (OAB-DF), Ibaneis Rocha Barros Junior.

Após a execução do Hino Nacional, pela Fanfarra de Música do 1° Regimento de Cavalaria de Guarda do Exército, e a abertura da solenidade pelo presidente Cândido Ribeiro, os novos juízes federais substitutos prestaram o compromisso solene de posse e assinaram, um a um, o respectivo termo de posse. Em seguida, o desembargador federal João Batista Moreira deu as boas-vindas aos empossados. No discurso, o magistrado classificou o volume de trabalho e a pressão por produtividade como as primeiras características que distinguem a atuação do juiz das demais profissões. Nesse sentido, o desembargador fez críticas ao que chamou de industrialização judicial e alertou os novos julgadores quanto à necessidade de se tomar decisões com qualidade e eficiência, mesmo diante da carga excessiva de trabalho resultante do número crescente de ações judiciais no Brasil. O juiz não pode predestinar-se ao mecanicismo, advertiu João Batista Moreira.

O desembargador federal apresentou um breve panorama do atual cenário da magistratura brasileira, sob a ótica das atribuições, da remuneração e da cobrança social, e citou os conselhos do personagem Dom Quixote quando o amigo Sancho Pança passaria a governar uma ilha no romance de Miguel de Cervantes, para ilustrar o dualismo dos caminhos de dificuldades e de prestígio que os novos juízes enfrentarão na atuação profissional. O magistrado recomendou que os juízes tenham uma vida simples e que sejam humildes e piedosos quando da aplicação do rigor da lei. Se seguires estes preceitos e estas regras, juiz, teus dias serão longos, tua fama será eterna, muitos os teus prêmios e indizível a tua felicidade, parafraseou o desembargador.

Após o discurso, o primeiro colocado na classificação final do certame tomou a palavra. O goiano Eduardo Ribeiro de Oliveira, 32, agradeceu aos familiares pelo apoio e pela compreensão e elencou como característica mais marcante em todo o processo seletivo a união dos 56 classificados que venceram a concorrência de 90 candidatos por vaga, considerando os 5.209 inscritos que fizeram a prova escrita. Segundo ele, a frase dita por um dos colegas após a prova de sentença virou lema durante o processo: ninguém ficará pelo caminho.

Essa preocupação com o outro contagiou todos os candidatos e, assim, da competição fez-se a cumplicidade, e da concorrência, a solidariedade (...). Dessa forma, com muito esforço e fé em Deus, transformamos o sonho em realidade, declarou Eduardo Oliveira. O empossado, que já atuava na magistratura como juiz de Direito, ressaltou a importância da atividade judicial numa sociedade propensa à desigualdade social e à corrupção, em que predomina o individualismo, o materialismo e o consumismo. Nessa perspectiva, não é fácil falar em justiça, o que somente aumenta a responsabilidade do juiz, considerou. O jurisdicionado não apenas deseja, ele precisa de pessoas motivadas e comprometidas com a realização da justiça (...). Que o entusiasmo e a vontade de servir a sociedade brasileira acompanhem-nos até o dia que preceder o de nossa aposentadoria, finalizou o juiz.

Em entrevista, o presidente Cândido Ribeiro externou sua satisfação com a posse dos novos magistrados. São cinquenta e seis colegas que vão se juntar ao nosso grupo de juízes de primeiro grau para prestar, da melhor forma possível, a jurisdição na Primeira Região, afirmou. Desejo a todos sucesso e felicidade na nova missão.

Após a cerimônia, os empossados receberam os cumprimentos dos convidados no Espaço Miguel Reale, localizado ao lado da Sala de Sessões Plenárias.

**Perfil**

Na próxima segunda-feira, dia 2, os magistrados iniciam o curso de formação promovido pela Escola de Magistratura Federal da 1ª Região (Esmaf), com sede em Brasília. Dividido em 17 módulos, o treinamento tem duração de quatro meses, com término no dia 29 de maio. No último módulo, os juízes federais substitutos desenvolverão atividades práticas nas seções judiciárias do Distrito Federal (SJDF), da Bahia (SJBA), de Goiás (SJGO), de Minas Gerais (SJMG) e do Pará (SJPA). Em seguida, serão lotados nas respectivas varas federais mediante designação da Presidência do Tribunal.

*Fonte: ASCOM/TRF1ª Região*

*www.trf1.jus.br*

***Ricardo Cassiano/Thainá Salviato***

### *A Diretoria da AJUFER se reuniu com os novos juízes empossados do TRF da 1ª região*

*Publicado por Associação dos Juízes Federais da 1ª Região - AJUFER*

Na quarta-feira, dia 04, o presidente da Ajufer Newton Ramos, a vice-presidente Maria Cândida e a diretora de projetos especiais Candice Jobim, acompanhados dos membros da diretoria da Ajufe Antônio César Bochenek, Alexandre Infante e Fernando Mendes, estiveram reunidos com os juízes recentemente empossados do TRF da 1ª Região.

O encontro ocorreu durante o curso de formação dos novos juízes e teve como objeto a importância do movimento associativo para o fortalecimento da Justiça Federal.

Na ocasião houve maciça filiação à Ajufer, além dos novos associados terem tido a oportunidade de esclarecer dúvidas sobre a atuação associativa da entidade regional.

Fonte: Site AJUFER
(*www.ajufer.org.br/p240.aspx?IdNoticia=3814&idme=2769*)

## *Novos Juízes Federais Substitutos iniciam Curso de Formação pela ESMAF*

*Publicado por Tribunal Regional Federal da 1ª Região*

Na última segunda-feira, 2 de fevereiro, os 56 juízes federais aprovados no XV Concurso e empossados no dia 29 de janeiro iniciaram o curso de capacitação promovido pela Escola de Magistratura Federal da 1ª Região (Esmaf). Agora, e pelos próximos quatro meses, os magistrados frequentarão as aulas, que têm tem como objetivo inseri-los nos diversos assuntos relacionados ao trabalho e à realidade atual da magistratura na 1ª Região.

O curso, que ocorre nas dependências da Esmaf, localizada no Centro de Treinamento da Justiça Federal (Centrejufe), em Brasília, foi aberto pelo presidente do Tribunal Regional Federal da 1ª Região, desembargador federal Cândido Ribeiro. Ele deu as boas-vindas aos novos magistrados e destacou os princípios aqui vivenciados. O diretor da Escola de Magistratura Federal da 1ª Região, desembargador federal João Batista, enfatizou a nova formatação do curso de formação, agora com duração de 570,4 horas/aula, e que terá como principal foco o treinamento prático, o que deverá facilitar as atividades dos novos juízes no dia a dia. Nós realizamos até agora apenas um curso de formação de novos magistrados, com duração de 480 horas/aula, e que foi muito bem avaliado. Este é o segundo que promovemos, e a experiência que tivemos é que ele deverá ser mais prático ainda, disse o magistrado. Para o diretor da Escola, os quatro meses de treinamento representam o momento certo para a formação dos novos juízes.

O segundo curso de formação dos juízes federais substitutos é composto por quatro blocos principais, sendo dois blocos de abordagem teórica e metodologia predominantemente participativa e dois blocos de atividade prática. Serão ministrados 17 módulos, cada um coordenado por um juiz federal da 1ª Região. O coordenador será responsável por todo o conteúdo do módulo assim como pelos facilitadores que vão palestrar aos novos magistrados sobre os diversos assuntos ligados à atividade judicante.

Para o recém-empossado juiz federal substituto Gabriel Zago de Paiva, o curso de formação inicial é uma grande oportunidade de se preparar para o futuro desempenho de suas funções. Ele acredita que a forma como o curso foi concebido, aliando teoria e prática, seja o correto. Sabemos da importância dos processos que tramitam na Justiça Federal e como eles refletem na sociedade brasileira; então, estamos buscando nos preparar para um bom desempenho das nossas atividades, concluiu o magistrado.

As atividades no Centrejufe se estenderão até o dia 29 de maio. Depois da conclusão do curso, os novos juízes assumirão suas funções em varas distribuídas por toda a Primeira Região.

*Fonte: ASCOM/TRF1ª Região*

*www.trf1.jus.br*

## *OAB/DF Prestigia Solenidade de Posse dos Novos Juízes no TRF1*

Brasília, 30/1/2015 – O presidente da OAB/DF, Ibaneis Rocha, prestigiou, nesta quinta-feira (29), a solenidade de posse dos 56 novos juízes substitutos que atuarão na Justiça Federal da 1ª Região. Os novos magistrados foram aprovados no XV Concurso para Juízes Federais Substitutos, que teve início em julho de 2013.

A solenidade, conduzida pelo presidente da Corte, desembargador federal Cândido Ribeiro, ocorreu na Sala de Sessões Plenárias do Tribunal, e reuniu dezenas de autoridades, entre desembargadores, juízes federais e membros dos três poderes da República.

Após a execução do Hino Nacional, pela Fanfarra de Música do 1° Regimento de Cavalaria de Guarda do Exército, e a abertura da solenidade pelo presidente Cândido Ribeiro, os novos juízes federais prestaram o compromisso solene de posse e assinaram, um a um, o respectivo termo de posse. Em seguida, o desembargador federal João Batista Moreira deu as boas-vindas aos empossados.

Compuseram a mesa de honra com a procuradorachefe da Procuradoria Regional da República da 1ª Região (PRR1/MPF), Raquel Branquinho, o presidente da Associação dos Juízes Federais do Brasil (Ajufe), Antônio César Bochenek, e o presidente da Associação dos Juízes Federais da 1ª Região (Ajufer), Newton Ramos.

*Reportagem – Sussane Martins*
*(com informações do TRF1)*

*Fotos – Valter Zica*

*Comunicação social – Jornalismo*

*OAB/DF*
*(www.oabdf.org.br/slide/oabdf-prestigia-solenidade-de-posse--dos-novos-juizes-no-trf1/)*

## *POSSE: 48 novos magistrados tomam posse na Justiça Federal da Primeira Região*

04/11/16 21:27

A Justiça Federal da 1ª Região ganhou nesta sexta-feira, dia 04, o reforço de 48 novos magistrados para o cumprimento de sua missão institucional nas diversas cidades sob a jurisdição do Tribunal Regional Federal da 1ª Região (TRF1), composta por treze estados e pelo Distrito Federal. Durante solenidade realizada na Sala de Sessões Plenárias, no Edifício-Sede I, em Brasília, os aprovados no 16º Concurso para Juiz Federal Substituto, promovido pelo Tribunal, tomaram posse no cargo.

A cerimônia de posse – prestigiada por autoridades, centenas de convidados, entre magistrados, servidores da Casa e familiares dos empossados – foi conduzida pelo presidente do TRF1, desembargador federal Hilton Queiroz, que compôs a mesa de honra com o corregedor-geral da Justiça Federal, ministro Mauro Campbell Marques; a procuradora-chefe da Procuradoria Regional da República da 1ª Região (PRR1/MPF), Raquel Branquinho; o presidente da Associação dos Juízes Federais do Brasil (Ajufe), juiz federal Roberto Carvalho Veloso, e o secretário-geral adjunto do Conselho Federal da Ordem dos Advogados do Brasil (OAB), Ibaneis Rocha Barros Junior.

Após a execução dos Hinos Nacional e da Independência, pela banda de música do Batalhão de Polícia do Exército Brasileiro, e a abertura da solenidade pelo presidente Hilton Queiroz, os novos juízes federais substitutos prestaram o compromisso solene de posse e assinaram, um a um, o respectivo termo de posse, sendo declarados oficialmente empossados pelo presidente do TRF1. Em seguida, o desembargador federal Jirair Aram Meguerian discursou em nome do Tribunal dando as boas-vindas aos empossados. Entre as mensagens dirigidas aos novos integrantes da Justiça

Federal, o magistrado os aconselhou: "Devemos agir no exercício da nossa função com lealdade aos nossos princípios, aos ideais de uma sociedade justa, colocando-nos sempre na posição daqueles que recorrem ao Estado para obterem uma solução justa da sua demanda, sentindo suas angustias, seu sofrimento e sua esperança".

Em nome dos novos magistrados, o 2º colocado no Concurso, André Jackson de Holanda Maurício Júnior, natural de Ouricuri, em Pernambuco, cumprimentou a todos e falou do orgulho e da expectativa em exercer o novo cargo. "Nós, agora empossados, embora tenhamos histórias de vida diversas, compartilhamos de algo em comum na nossa trajetória: a paixão pelo estudo do Direito e a firmeza na vontade de exercer a função de juiz federal mesmo diante das incertezas e dos obstáculos encontrados".

Ciente dos novos desafios, o empossado ressaltou ainda a importância da atividade judicial diante da sociedade brasileira. "A responsabilidade dos juízes é enorme. Os impactos sociais das decisões judiciais se tornam cada vez mais relevantes no cotidiano das pessoas, especialmente diante do reconhecimento da força normativa dos preceitos constitucionais e do desenvolvimento de técnicas coletivas de resolução de conflitos", disse André Jackson.

Dando prosseguimento à solenidade, após o discurso do recém-empossado juiz federal, o Coral Habeas Cantus do Poder Judiciário do Distrito Federal entoou o Hino da Justiça Federal da 1ª Região.

Em entrevista, o presidente do TRF1 Hilton Queiroz ressaltou que a posse dos novos magistrados representa muito mais que um reforço no quadro de magistrados da Primeira Região. "Eu destaco a vinda da nova geração de juízes. Pessoas já sincronizadas com o seu tempo, vivendo este momento de transformação do País, mostrando que têm ciência dos problemas que o Brasil está atravessando, além da disposição para dar o melhor de si na prestação jurisdicional", afirmou.

Do total de empossados, 47 são oriundos do 16° Concurso para Juiz Federal Substituto e um do 13° certame promovido pelo Tribunal. Após a cerimônia, os empossados receberam os cumprimentos dos desembargadores federais membros da Corte e de convidados no Espaço Miguel Reale, localizado ao lado da Sala de Sessões Plenárias.

Curso de Formação - Na próxima segunda-feira, dia 7, os novos magistrados iniciam o curso de formação promovido pela Escola de Magistratura Federal da 1ª Região (Esmaf), com sede em Brasília. Dividido em 19 módulos, o treinamento será realizado no período de 07 de novembro de 2016 a 24 de fevereiro de 2017, totalizando 489,8 horas/aula. Em seguida, os juízes serão lotados em diversas cidades que compõem a Primeira Região que abrange o Distrito Federal e os seguintes estados da Federação: Acre, Amapá, Amazonas, Bahia, Goiás, Maranhão, Mato Grosso, Minas Gerais, Pará, Piauí, Rondônia, Roraima e Tocantins.

*Assessoria de Comunicação Social*

*Tribunal Regional Federal da 1ª Região*

*(http://portal.trf1.jus.br/portaltrf1/comunicacao-social/imprensa/noticias/posse-48-novos-magistrados-tomam-posse--na-justica-federal-da-primeira-regiao.htm)*

## *Novos juízes federais iniciam Módulo Nacional oferecido pela Enfam*

08/11/2016

O curso de Formação Inicial – Módulo Nacional para os novos juízes federais do Tribunal Regional Federal da 1ª Região (TRF1) teve início, nesta segunda-feira (7), e continua até a próxima sexta-feira (11), em Brasília. O presidente do TRF1, desembargador Hilton Queiroz, fez o discurso de abertura do curso e enfatizou que quem assume a magistratura precisa estar convencido da importância de servir o Brasil como um todo, sem priorizar os estados de origem de cada um.

O presidente destacou que todos os juízes são servidores públicos: "É a oportunidade de, começando, o juiz já ter a consciência da sua missão como servidor público e, depois, a necessidade de se aperfeiçoar para a construção de uma sociedade melhor e um aprimoramento da sua atividade profissional".

O desembargador e diretor da Escola de Magistratura Federal da 1ª Região (Esmaf), Cândido Ribeiro, deu boas-vindas aos novos juízes e lembrou que os participantes estão iniciando uma atividade que exige muita responsabilidade. O magistrado destacou ainda a importância de os juízes proferirem decisões possíveis de serem cumpridas.

Também participou da abertura do curso, o presidente da Comissão de Desenvolvimento Científico e Pedagógico da Enfam, desembargador Eladio Lecey, que teceu comentários sobre a própria experiência profissional e o propósito do curso. Salientou que o juiz precisa trabalhar com bastante ética: "nós precisamos saber nos colocar no lugar do outro; nós vamos julgar pessoas; vamos julgar interesses extremamente relevantes para elas e precisamos saber compreendê-las. E eu já dou meu primeiro conselho: não é nos encastelando no poder que vamos ter a segurança necessária para o exercício da magistratura. Ao contrário, é saber ter humildade para compreender o outro", lembrou o desembargador.

Após a explanação dos membros da mesa, começou o primeiro módulo do curso de formação. O módulo nacional, ministrado pela Enfam, é uma etapa obrigatória do curso de formação, e as aulas tratam de temas como ética e humanismo, políticas raciais, questões de gênero, impacto social, econômico e ambiental das decisões judiciais e a proteção do vulnerável, dentre outros.

Os 48 novos magistrados que participam do curso tomaram posse no cargo de juiz federal substituto no TRF da 1ª Região no dia 4 de novembro. Todos devem fazer o curso de formação inicial dividido em 19 módulos até o dia 24 de fevereiro de 2017, cumprindo 489,8 horas/aula.

Para o juiz federal substituto Maurílio Maia, a experiência foi positiva: "Eu gostei bastante. Venho da carreira privada e acho muito interessante esta troca de experiências dos magistrados e a conotação social que a Primeira Região faz questão de enfatizar, principalmente por atender à grande extensão do País. Eu acho que vai ser muito produtivo".

Leonder Magalhães, também juiz substituto, considera a etapa fundamental: "Este curso é muito importante para o início da carreira para passar as experiências dos magistrados mais antigos, como lidar com a atividade jurídica do dia a dia, e verificar o que a gente já aprendeu e colocar estes ensinamentos em prática", destacou.

*Fonte: Com informações da Ascom/TRF1*

## *Novos magistrados federais da Primeira Região iniciam curso de formação*

24/01/2017

Os novos juízes federais substitutos do Tribunal Regional Federal da 1ª Região (TRF1) iniciaram nesta segunda-feira (23) o curso de formação promovido pela Escola de Magistratura Federal (Esmaf). Os 48 magistrados participam da capacitação, que será realizada até o dia 28 de maio, na sede da Esmaf, em Brasília, com o objetivo de serem inseridos nos diversos assuntos relacionados ao trabalho e à realidade atual da magistratura.

O curso de formação é dividido em 20 módulos, o primeiro, denominado Módulo Nacional, com duração de 5 dias é ministrado pela Escola Nacional de Formação e Aperfeiçoamento de Magistrados (Enfam). Essa etapa da formação apresenta temas como ética e humanismo; políticas raciais; questões de gênero; impacto social, econômico e ambiental das decisões judiciais e a proteção do vulnerável; o juiz e o mundo virtual; direito da seguridade social; gestão de pessoas; o juiz e o controle de convencionalidade; o juiz, a sociedade e os direitos humanos.

O curso foi aberto pelos desembargadores federais Olindo Menezes, designado pelo presidente do Tribunal Regional Federal da 1ª Região (TRF1) e Hilton Queiroz, diretor em exercício da Esmaf.

O desembargador Olindo Menezes deu as boas-vindas aos juízes e, durante sua explanação, citou alguns temas que serão abordados durante a capacitação – segundo ele, de suma importância para a formação dos novos membros da Justiça Federal da 1ª Região. “O curso vai agregar uma série de conhecimentos que vocês ainda não têm e que dizem respeito à estrutura do Tribunal, dos seus dirigentes, mecanismos institucionais, noções de ética e de deontologia da profissão”.

Além do diretor em exercício, compuseram a mesa da solenidade o corregedor-regional da Justiça Federal da 1ª Região, desembargador federal João Batista Moreira; o presidente da Comissão de Desenvolvimento Científico e Pedagógico da Enfam, desembargador Eladio Lecey; o juiz federal em auxílio à Corregedoria, Marcelo Velasco Nascimento Albernaz, o juiz federal da Seção Judiciária do Distrito Federal, David Wilson de Abreu Pardo.

Um dos coordenadores do curso, o juiz federal Marcelo Albernaz, explicou que o atual curso terá poucas alterações em relação ao anterior, com uma carga horária maior, totalizando 493,4 horas/aula. "Foram feitos pequenos ajustes na programação, com objetivo de atender demandas decorrentes das avaliações elaboradas pelos próprios alunos da turma anterior. O módulo que diz respeito a direitos indígenas foi ampliado, o módulo *Media Trainnig* também foi ampliado porque houve observação dos alunos do curso anterior sobre a necessidade de aumentar essa atividade, além de outras como, por exemplo, a intervenção da Assessoria da Magistratura da Justiça Federal da 1ª Região, do Pró-Social, que são assuntos de interesse dos novos magistrados e que demandavam um pouco mais de tempo para a abordagem", observou.

Depois da conclusão do curso, os novos juízes assumirão suas funções em varas distribuídas por toda a 1ª Região.

*Fonte: Com informações da Ascom/TRF1*

### *Presidente da Ajufe participa de solenidade de posse de novos juízes federais substitutos*

23/01/2017

O presidente da Associação dos Juízes Federais do Brasil (AJUFE), Roberto Veloso, participou da solenidade de posse do segundo grupo dos aprovados no 16º Concurso para Juiz Federal Substituto do Tribunal Regional Federal da 1ª Região (TRF1), realizada sexta-feira (20), na Sala de Sessões Plenárias da corte. Os novos juízes federais substitutos reforçarão a prestação jurisdicional no Distrito Federal e nos 13 estados que compõem a 1ª Região.

Participaram da Mesa de Honra – que deu boas-vindas a 48 novos magistrados o presidente da AJUFE – a procuradora-chefe da Procuradoria Regional da República da 1ª Região (PRR1/MPF), Raquel Branquinho, o presidente da Associação dos Juízes Federais da 1ª Região (Ajufer), juiz federal Leonardo Tocchetto Pauperio e o vice-presidente do Conselho Federal da Ordem dos Advogados do Brasil (OAB), Luís Cláudio da Silva Chaves. A cerimônia foi conduzida pelo presidente do TRF-1, o desembargador federal Hilton Queiroz.

A Mesa de Honra prestou homenagem ao ministro Teori Zavascki, morto em acidente aéreo na última quinta-feira (19), com um minuto de silêncio. Em respeito ao luto de três dias decretado pelo presidente da República, Michel Temer, o Hino Nacional não foi executado durante a cerimônia.

*Fonte: Site AJUFE (http://www.ajufe.org/imprensa/ajufe-na-imprensa/presidente-da-ajufe-participa-de-solenidade-de-posse-de-novos-juizes-federais-substitutos)*

---

JUS3063